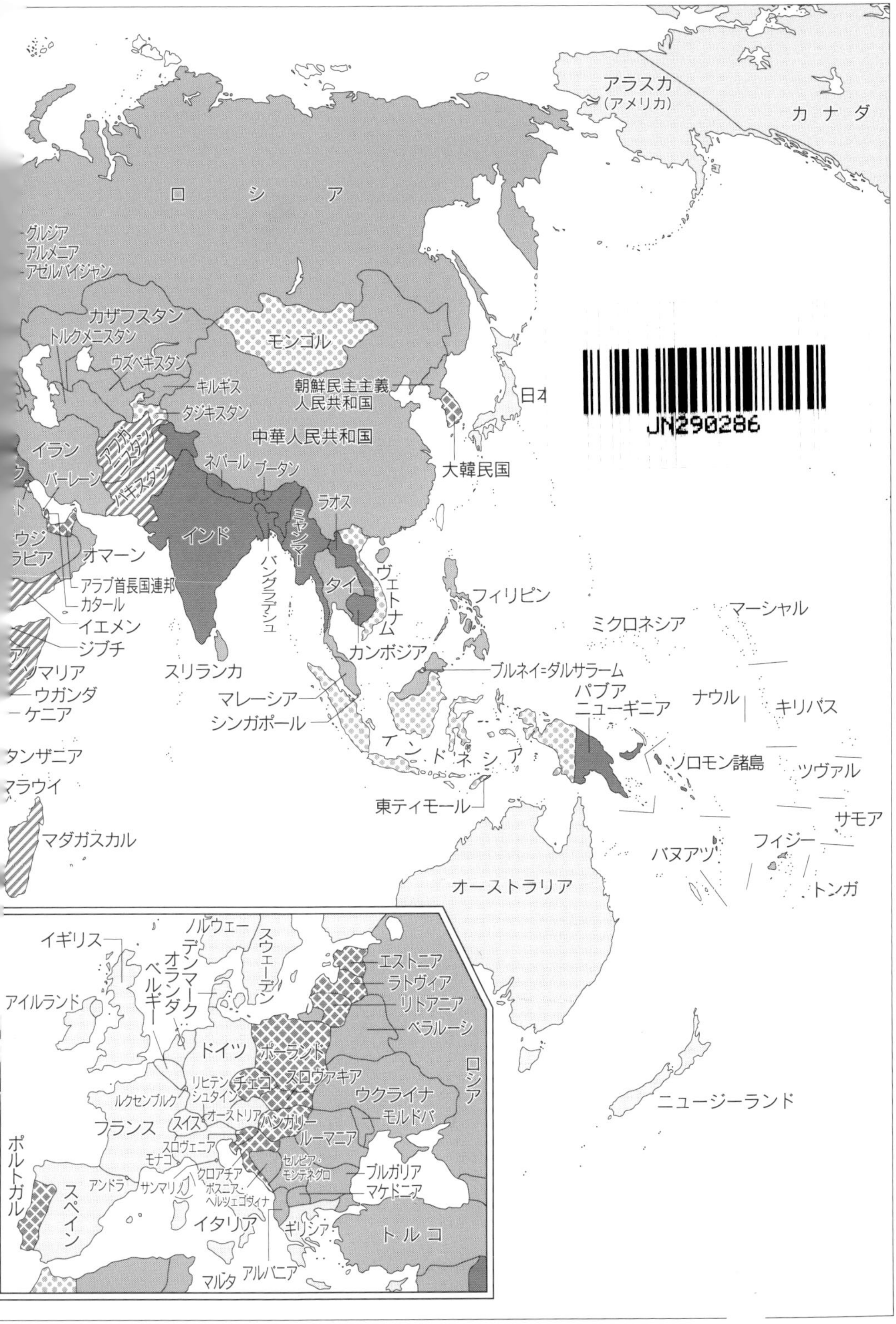

アラスカ
（アメリカ）
カナダ
ロシア
グルジア
アルメニア
アゼルバイジャン
カザフスタン
トルクメニスタン
ウズベキスタン
キルギス
タジキスタン
モンゴル
朝鮮民主主義人民共和国
日本
大韓民国
中華人民共和国
イラン
アフガニスタン
パキスタン
ネパール
ブータン
バーレーン
インド
ミャンマー
ラオス
サウジアラビア
オマーン
アラブ首長国連邦
カタール
イエメン
ジブチ
ソマリア
ウガンダ
ケニア
タンザニア
マラウイ
マダガスカル
バングラデシュ
タイ
ヴェトナム
カンボジア
フィリピン
スリランカ
ミクロネシア
マーシャル
ブルネイ=ダルサラーム
マレーシア
シンガポール
インドネシア
パプアニューギニア
ナウル
キリバス
ソロモン諸島
ツヴァル
東ティモール
サモア
フィジー
バヌアツ
トンガ
オーストラリア
ニュージーランド
イギリス
アイルランド
ノルウェー
スウェーデン
デンマーク
オランダ
ベルギー
エストニア
ラトヴィア
リトアニア
ベラルーシ
ドイツ
ポーランド
ロシア
リヒテンシュタイン
チェコ
スロヴァキア
ルクセンブルク
ウクライナ
スイス
オーストリア
ハンガリー
モルドバ
フランス
ルーマニア
スロヴェニア
ポルトガル
モナコ
クロアチア
セルビア・モンテネグロ
ブルガリア
アンドラ
サンマリノ
ボスニア・ヘルツェゴヴィナ
マケドニア
スペイン
イタリア
ギリシア
トルコ
マルタ
アルバニア

国際開発論

ミレニアム開発目標による貧困削減

SAITO Fumihiko 斎藤文彦

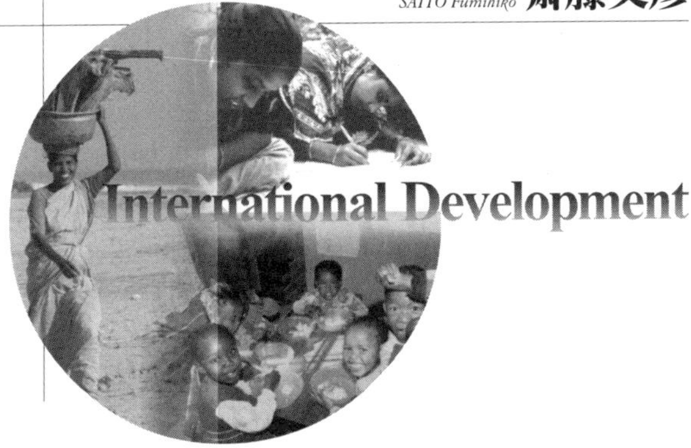

日本評論社

はじめに

発展途上国と呼ばれるアジアやアフリカの国々を特徴づけるのは「貧困」である、と普通は説明される。その解決のためにさまざまな「開発」が実施されてきた。20世紀後半の世界を特徴づけたのはまさに開発の世界的広がりであったともいえる。さらに過去10年ほどの間で世界の各地の出来事は他の地域に急速に影響するようになり、各種の意味でグローバル化が進行してきた。

このような状況下において、先進諸国と途上諸国の間の政治的・経済的格差である南北問題を議論することは、以前にもましてその意義を増している。なぜなら、途上国の貧困は途上国の人々にとっての苦難であるだけではなく、全世界的課題であるからである。

くしくも、本書が刊行されるこの2005年は世界の貧困問題にとってきわめて重要な年である。それは本書で詳しく説明するように、2000年に採択されたミレニアム開発目標（MDGs）は2015年までに世界の貧困を半減することを目指している。採択から５年目の2005年には、国連を中心にこの目標の達成可能性が評価される。それを受けて、世界の貧困問題に関して新たな議論が展開されるからである。

その意味で貧困の解消を目指す「開発」は理論的に真摯に探求されなければならないと同時に、実践的にその解決方法が求められている。国際開発研究はきわめて実際的課題であり、机上の空論では無意味である。

また日本は、先進国として、貿易立国の国として、しかるべき責任を負う。あるいは日本に住むわれわれにとっては、地球市民の一員として、「アフリカではなく、日本に生まれて幸運であった」という意識から脱却し、問題解決のための学習の必要性も意識されなければならない。

しかしながら日本では新聞やテレビもミレニアム開発目標（MDGs）に関してあまり取り上げていない。それどころか21世紀の貧困と開発の全体を展望するような開発研究の体系的書籍はいまだ刊行されていない。このように聞くと驚かれる読者もあるであろう。日本で近年「開発経済学」と銘打った書籍はいくつも刊行されている。ところが開発というテーマを学際的視点から、なおかつ体系的に一人の著者が記述した書籍は見当たらない[1)]。

途上国の社会がいかに変化するかについて総合的に考察するためには、経済的分析は必要であっても決してそれだけでは十分ではない。なぜなら経済成長を何の疑いもなく肯定するというよりも、成長の質や恩恵の分配のあり方が問われる必要があるからである。そうなれば、開発をめぐる価値・価値観の問題が必然的に伴うが、従来の経済学は必ずしも、自尊心やアイデンティティーの問題を主要な関心とはしていない。また開発を本書で見るように究極的には人間にとっての自由の充足ととらえるにしても、自由としての開発がどのような選択の可能性を導き出すのか、また自由と自己実現がどう関連するのかは経済学的視点から十分に考察されているとは言い難い。

私は龍谷大学国際文化学部に1996年に着任以来、国際開発論を主に学部生向けに講義してきたが、その間ずっとこのような体系書がないことに悩まされつづけていた。そのため、大学の教員となって10年目の節目にあたる本年に、この書物を世に問うことにした次第である。

以上のような背景から生まれた本書の一つの目的は大学・大学院の授業においてできる限り汎用的に使えるオーソドックスな「教科書」としての役割を果たすことである。本書は開発を理解するうえで必要な諸課題をバランスよく取り上げようと試みたので、大学の３・４年生ならびに大学院での演習にも価値があると考える。

本書刊行の第二の目的は開発研究の確立への試みである。「開発研究」はヨーロッパとりわけイギリスでは development studies として定着しているが、

1）先駆的研究としては斎藤優［1995］がある。

日本ではこのような課程が開設されたのはようやく1980年代以降のことである。開発研究者の集まりとしての日本国際開発学会が設立されたのも15年前の1990年と比較的新しい。おりしも同学会の15周年記念事業として５巻からなる『シリーズ国際開発』が日本評論社より逐次刊行されているが、開発研究という分野自体がようやく定着しつつある時期であるといって差し支えないであろう。このような時期に開発研究の全貌解明を試みることは時宜を得たものであると思われる。そのために、本書では現在の開発研究の内容を、できる限り水準は落とさずに、なおかつ読みやすく書くことに努力した。とりわけ本書は生計アプローチという立場で一貫して貧困と開発を議論しようと試みている。読者は開発研究の到達水準を垣間見ることができるものと期待している。

また、開発研究が独立の学問分野として成立しうることを確認することは[2)]、途上国と先進国の間で実施されるさまざまな国際協力の実践的要請に応えるためにも意義ある作業であると考える。

さらに、本書が読者に提起したい第三の目的は、開発研究の当事者性である。すなわち、発展途上国諸国と本書を読まれる読者は一見別の世界に住んでいるように思われる。しかしそれは決して事実ではない。われわれは食糧の多くを途上国から輸入することで生存している。またわれわれ自身の生産物も世界の各地に及んでいる。またわれわれの考えが、直接・間接に他の地域の人々の幸せに結びついている。仮に本書によって貧困と開発に関連する諸問題への理解が進んだとして、現実の諸問題への解決にどのように役立つのであろうか。学問の当事者性とは、国際開発論を学ぶ人々が「人ごと」としてではなく、「わがこと」として、自己実現のあり方に関して考えることである。そのような意識が芽生え、自分自身の生活行動が変化しない限り、世界の貧困問題は解決しないであろう。

他方、本書の限界に関してもあらかじめ記しておきたい。まずこの本の独自

2）無論、学問分野として開発研究が成立することと、どのような開発をも肯定することはまったく別のことである。言い換えれば開発の内容はさまざまな面から批判的に考察されなければならないことはいうまでもない。

性を明確にするために、経済分析はあえて必要最小限の記述にとどめた。経済分析についてはすでに書かれている開発経済学の優れた文献を参照していただきたい[3]。

また記述はできるだけ平易にわかりやすく行うことを心がけたが、第二次世界大戦後の政治的・経済的変化をすべて解説することは本書の目的ではないので、個別の説明が難しいと思われる読者は、適宜さまざまな参考資料を見ていただければ幸いである[4]。

無論、目次を見るだけでもわかるように、本書の内容は多方面にわたり、私の理解が十分ではない個所は少なくないであろう。総合的考察を試みる反面、一つひとつの領域の理解はその分野の専門家には及ばないことを自覚しつつ、私の意図がどの程度実現されているかは、読者の判断を仰ぎたい。

さらに、本書ではインターネットにある有用な情報源をできる限り脚注で表記した。確認には十分注意しているが、インターネットは変化の激しい空間であるので、出版準備の過程で変更されている場合はご容赦願いたい。

＊　＊　＊

以下に本書の構成について簡単に説明をしておこう（図参照)。第1章では開発とは何かに関して導入的考察を行う。開発主義は第二次世界大戦後のさまざまな状況によって生み出され、変容していった。途上国の貧困の解消を目指す開発は正義であるとされるが、開発研究が普遍的な学問であるかどうかという問題も提起する。

途上国の開発は先進国での近代化の経験を生かそうとした取り組みであるが、第2章では開発をめぐる異なった立場を概観する。違いは主に資本主義をどうとらえるかの差に起因する。そのうえで、ミレニアム開発目標（MDGs）やそれを実現するための現在の仕組みの長所・短所について考察する。

3）比較的最近刊行され、なおかつ優れた開発経済学の書籍としては、渡辺［2004］；ジェトロ・アジア経済研究所編［2004］がある。

4）たとえば野林ほか［2003］；田中・中西編［2004］を参照。

図　本書の構成

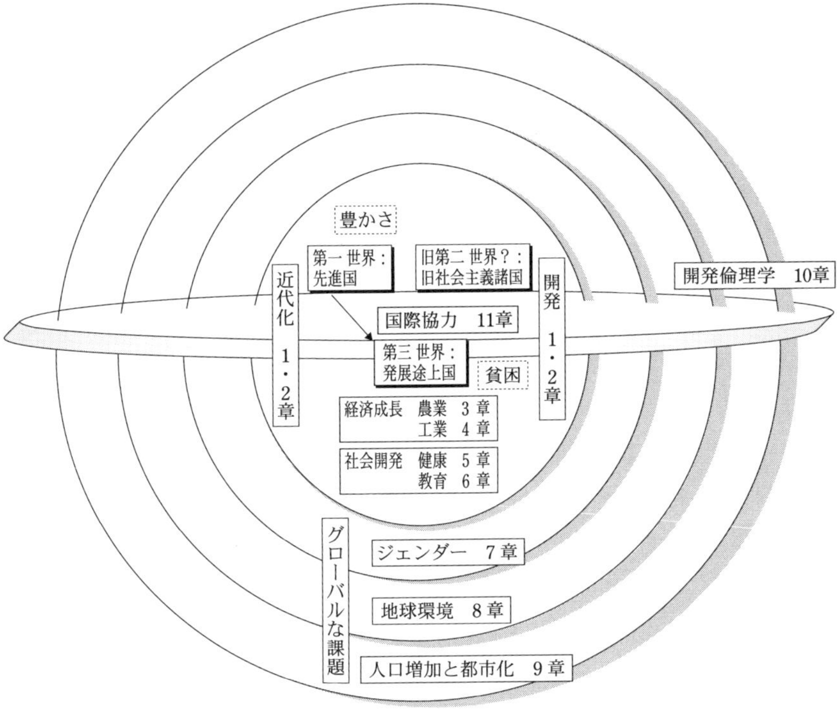

第3章と第4章では、経済活動を活発にすることで貧困を解消するための経済開発を扱う。第3章では農業を、第4章では工業を、それぞれ取り上げる。両者ともに生産を近代化することが試みられた。農業では緑の革命が、工業では輸入代替や輸出志向の工業戦略がとられた。そして、それぞれの試みは、成功と失敗の両側面をもっている。

第5章と第6章では人間の能力を開花させることを重視する社会開発を取り上げる。今までの経済成長重視の考え方はしばしば人間を経済に隷属させてきたとの反省から、人間中心の開発を模索するなかで、とりわけ健康であるための保健や医療（第5章）、また知識を得たり人格を形成するための教育が重要であると思われるようになってきた（第6章）。もちろん、社会開発は経済成長に取って代わるのでなく、両者は同じ目的に向かって進む車の両輪のような関係にある。

第７章から後の３章では、地球的規模の課題に関して取り上げる。第７章ではジェンダーに、第８章では環境に、第９章では人口増加と都市化に、それぞれ焦点を当てる。これらは地球的規模の課題のほんの一握りにすぎないが、途上国・先進国を問わず、それぞれの国々がおのおの責任を全うしなければ問題はいずれも解決しない点で、人類にとって重要な課題である。

第10章では新しい言葉である開発倫理学を用いて、開発とは何かについて再度考察する。意図した開発が失敗するなど、過去の経験は開発をめぐる議論を熱くしてきた。そのなかには開発が倫理的に見て正しいかどうかという根元的問いかけが含まれる。図においては開発倫理学はすべてを横断するように描かれているが、その意味は開発のあり方の再考にある。

第11章は通常、先進諸国と途上国の間で実施される国際協力の概要を説明する。政府間で実施されるODAや市民団体が活動する場合など、多様な事例と、さらに近年の援助での重要テーマである人間の安全保障や平和構築についても説明する。

最後に第12章では短く結論として、ミレニアム開発目標（MDGs）の達成への課題、途上国のなかでもとりわけ深いアフリカの苦悩、日本の経験を途上国支援に生かす重要性を考察し、本書を締めくくる。

国際開発論

目　次

はじめに……i

1 国際開発論とは何か ……… 1

1 開発の20世紀……1

2 開発主義の定着……4

3 発展途上国の貧困……5

4 貧困とは何か……9

物質的欠如としての貧困……9
自由の欠如としての貧困……10
絶対的貧困と相対的貧困……12
人間開発と HDI……13

5 オリエンタリズムとしての開発主義……14

6 国際開発論の分析枠組みと学問的総合性……16

7 まとめ……21

2 開発をめぐるさまざまな考え方 ……… 25

1 経済成長と社会開発……25

2 近代化論……27

3 資本主義と開発……30

介入主義（Interventionism）……31
新自由主義（Neo-liberalism）……32
マルクス主義（Marxism）……33
新ポピュリズム（Neo-populism）……33
脱開発論（Post-development）……34

4 開発をめぐる五つの立場……35

5 貧困と開発を21世紀において考える……39

新しい貧困削減方式……40

6　まとめ……45

3　経済成長1 …… 49
：農業・農村開発

1　農村貧困の現状……49

2　これまでの農業・農村開発をめぐる取り組み……55

1960年代：緑の革命……57
1970年代：小農の積極的位置づけと国家主導の対策……59
総合農村開発……60
1980年代：市場自由化の時代……61
1990年代：参加とエンパワーメント……63
21世紀：生計アプローチの時代……64

3　農業・農村開発の今後……65

多様化した環境適応型農業……66
農村地域の非農業収入源の多角化……68

4　まとめ……70

4　経済成長2 …… 73
：工業化と産業育成

1　一次産品輸出による工業化……74

2　輸入代替工業化……76

3　輸出志向工業化……78

4　東アジアの奇跡……81

5　1997年のアジア経済危機……83

6　今日の途上国の工業化をめぐる状況……84

貿易悲観論と貿易楽観論……85
南南貿易と経済統合……87

インフォーマル・セクター……89
フェアー・トレード（fair trade）……91

7　経済成長と民主主義……94

8　経済成長と開発のまとめ……98

5　社会開発1　……　101
：保健と医療

1　社会開発……101

2　健康とは……103

3　ミレニアム開発目標における保健と健康……104

妊産婦の健康の改善……104
疾病予防……105

4　健康確保の取り組み……107

歴史的推移……107
プライマリー・ヘルス・ケア（Primary Health Care, PHC）……108
ヘルス・セクター改革へ……113

5　今後の保健・医療を考える……116

経済政策との整合性……116
ジェンダーとリプロダクティブ・ヘルス……117
サービスの地方分権化……119

6　まとめ……121

6　社会開発2　……　125
：教育

1　ミレニアム開発目標と教育を受けることができない人々……125

2　開発と教育……128

3 教育をめぐる歴史的推移……132

第1期：第二次大戦後から1960年代……133
第2期：1960年代から1970年代……133
第3期：1980年代……134
第4期：1990年代以降……135

4 教育改革の現状……138

EFAにいくら必要か？……138
セクター・ワイド・アプローチ……141
教育サービスの地方分権化……142
サービスの民営化……143

5 教育のまとめ……144

6 社会開発のまとめ……146

7 地球的規模の課題1 ……… 151
：ジェンダー

1 地球的規模の諸課題……151

2 セックスとジェンダー……153

3 ミレニアム開発目標とジェンダー……155

4 国際社会のこれまでの取り組み……161

第二次大戦後1970年代まで：近代化論と福祉アプローチ……161
1970年代後半：平等アプローチの登場……162
1980年代：構造調整と効率アプローチ……163
1990年代以降：人間開発とエンパワーメント・アプローチ……164

5 日本におけるジェンダー格差……168

6 まとめ……169

8　地球的規模の課題２ …… 171
：環境保全

1　地球環境の課題……171

2　ミレニアム開発目標と環境……172

3　第二次大戦後の国際社会の環境問題への取り組み……176

第二次大戦後1970年代まで：近代化論の黄金期……176
1970年代：先進諸国での公害と近代化論の衰退……178
1980年代：持続的開発の時代へ……179
1990年代以降：人間開発における環境の位置づけ……180

4　開発と環境の両立は可能か?……186

5　まとめ……190

9　地球的規模の課題３ …… 195
：人口爆発と都市化

1　ミレニアム開発目標と人口問題……195

2　人口増加の現状……196

3　人口増加をめぐる指標と理論……199

4　国際社会の取り組み……202

5　現代世界の人口問題……205

エイズと人口……205
高齢化と社会保障……207
都市化……210

6　まとめ……215

7　地球的課題のまとめ……216

10 開発倫理学への接近 ……… 219

1 開発とは何か……219

2 開発倫理学の志向するもの……221

3 開発倫理学の台頭……223

開発をめぐる考え方の変遷……223
開発経験……226
現在のグローバル化……228

4 開発と文化……230

5 誰が価値判断を下すのか……234

6 まとめ……237

11 国際協力の役割 ……… 241

1 南北をつなぐ多様な関係……241

2 国際協力の種類……244

政府開発援助（Official Development Assistance, ODA）……244
民間資金……246
NGO・NPO の協力……247

3 ミレニアム開発目標における開発パートナーシップ……248

4 日本政府による国際協力……250

5 日本の市民団体による国際協力……257

6 人間の安全保障……259

7 まとめ……263

12 むすびにかえて …… 267

1 ミレニアム開発目標を達成するためには何が必要か……267

2 アフリカ地域の重要性……270

3 日本自身の開発経験を途上国支援に生かす……273

あとがき……275

参考文献……277

索　引……297

1 国際開発論とは何か

世界のなかでも最も貧しい国の一つネパールの農民

世界には63億人の人がいますが、もしもそれを100人の村に縮めるとどうなるでしょう。……すべての富のうち６人が59％をもっていて、みんながアメリカ合衆国の人です。74人が34％を、20人が、たったの２％を分けあっています。20人は栄養がじゅうぶんではなく、１人は死にそうなほどです。……村人のうち、１人が大学の教育を受け、２人がコンピューターをもっています。けれど14人は文字が読めません（池田・ラミス［2001］より）。

❶ 開発の20世紀

ここに見るように、現在の世界には厳然として貧富の格差が存在する。貧しい人々が多く住む国々が気候的に南の亜熱帯地域にあり、それに対して豊かな人々は北の温帯地域に生活するため、これを一般に**南北問題**（the north-south problem）と呼ぶ。このような恵まれない人々の貧困を解決するためのさまざまな活動を、現在私たちは「**開発**」としてひとくくりにすることが少なくない。しかしこのような考え方が定着するのは、歴史的に見れば第二次大戦後の世界のことである。

日本語で「開発」や「発展」と表記される英語の言葉は development である。英語の development とは、閉じられたものを開くことを意味する de-envelop に由来する（川田［1997］p.12）[1]。そこから転じて「潜在的、原初的、未成熟的などの状態から、可視的、活動的な状態や、精緻さや大きさ、完成度が向上した状態になったり、そうさせたりすること」を指すとされる（江原［2001］p.23)。日本語の「開発」は他動詞で、ある特定のものや地域を開発する、という意味合いが強い。江戸時代に山地を切り開き新田開発を行ったところではいまでも開発という名前の地名が残っている。また明治時代の北海道開拓は開発の歴史そのものである。他方、「発展」は自動詞で、地域のみならず個人や集団の活動が活発になったり、進歩していくという意味合いを含んでいる。

実は英語の使い方を見ても、昔といまでは development の意味にかなりの差がある。たとえば赤ん坊が育っていく過程を child development と表現したように、自然にある主体が育っていくという意味合いがかつては強かった。これは先ほどの日本語の自動詞的使い方である。しかし現在の development はときには経済開発と訳されるように、外からの行為によって発展途上国を変革するという意味合いが強い。そしてそのような行為が、価値的にも当然是認されるべき「正義」であるかのように語られる。富める先進国から貧しい途上国への「援助」は私たちが背負うべき当然の人道的義務であると、議論されることも珍しくない。

しかし、このような開発という用語の定着にはさまざまの要因がかかわっており、それを明らかにすることは大変重要な課題である。とりわけ「援助疲れ」ともいわれるように、先進国から途上国への支援が多大に実施されてきたにもかかわらず、成果が十分でないことが援助する先進国の少なくとも一部の

1）Development という用語や考え方の（西欧における）歴史的起源に関する力作として Cowen and Shenton［1996］がある。

人々に疲弊感を与えている状況において、これは緊急の課題であろう[2)]。

実は開発という考え方の定着は戦後の世界の事情に深くかかわっている。その一つは国際情勢である。アメリカをはじめとする先進国主導の国際秩序の形成過程を見ると、そのいきさつが明らかとなる。1949年１月のトルーマン（Harry S. Truman, 1884-1972）大統領の就任演説において underdeveloped（低開発）という言葉が使われた。

われわれは、新しく、大胆な試みに着手しなければならない。科学の進歩と産業の発展がもたらしたわれわれの成果を、低開発国の状況改善と経済成長のために役立てようではないか（for the improvement and growth of underdeveloped areas）（エステバ［1996］p.18）。

このトルーマン演説とアメリカによる戦後のヨーロッパ復興への大規模な援助（マーシャル・プラン）の実施によって、世界を先進諸国と発展途上国に二分する発想方法がその後一般化することになる。

また、開発という考え方が定着した第二の理由は、戦後植民地から独立した新興諸国の国内事情であった。これら諸国が独立達成後の国家建設の過程で直面した課題の一つは、国内を統一できる考え方の必要性であった。独立達成以前は、反植民地運動の柱は何といっても独立の達成自体であった。いったんこれが達成されると、それに代わるべき新たな考え方が必要となった。とりわけ多民族・多宗教・多言語社会であることが多い、アジア、アフリカ、ラテンアメリカの諸国は、これらの諸民族を束ねて国家全体をとりまとめる政治思想が

2）自動詞的「発展」と他動詞的「開発」は類似性と相違点の両面を有している。自動詞の側面を強調し、自立的発展とか**内発的発展**（endogenous development）という概念も提示されている。本書ではあえて説明をしない限り、「発展」ではなく「開発」という表記で統一する。しかし、内発的発展が強調する、①狭い経済学から広く人間の全人格的発展を目指す、②ほかから支配されない共生の社会を指向する、③参加・協働を重視した組織形態を重んじる、④環境にやさしい多様な発展形態を尊重する、という主張は大変重要であり、本書も基本的に同じ方向性を試みる（鶴見・川田［1989］）。

必要であった。実は「開発」という考え方はそのためには格好の思想であると考えられた。

このように**開発主義**（developmentalism）の定着は先進国主導の国際秩序形成と、独立後間もない途上国の指導者にとっての望ましい政策という二つの側面から生まれてきた[3)]。

❷ 開発主義の定着

このように定着した開発主義とは、ではどのような考え方であろうか。それはたとえば「工業化の推進を軸に、個人や家族や地域社会ではなく、国家や民族などの利害を最優先させ、そのために物的人的資源の集中的動員と管理を図ろうとするイデオロギー」と定義されている（末廣［1998］p.2)。末廣は以下の 3 点を強調する。第一に、開発の単位と目的が個人や地域ではなく、国家であること。第二に、国家が広範に経済や社会変革を推進するために強力に関与すること。第三に、経済成長を国是とする方針が打ち出され、それが国民の間に定着していくこと[4)]。

強調されるべきは国家が開発を推進するという点である。その意味で第二次大戦後の途上国の多くは、少なくとも表明された方針においては、多くが**開発志向国家**（developmental state）であった。そこでは、行政のみではなく、警察や軍を含めて権力をもつ国家が強力に社会に介入し、望まれる変革を推進するという姿勢が見られる（Evans［1995]）。開発主義は戦後の日本の高度経

3）無論、国際環境と国内政策の間に矛盾が歴史的になかったわけではない。冷戦期の1960年代から70年代にかけて、石油などの資源をもつ途上国のグループが、先進国に有利な国際秩序をより公平にすることを目指し**新国際経済秩序**（New International Economic Order）を1974年の国連特別総会において採択した。

4）また速水［1995］は、開発主義とは「経済の発展とくに途上国にとって先進国をキャッチ・アップするための発展には、それがもたらす物質的満足を超えた価値（たとえば民族的自尊心の満足）を認めるべきとの考え方である。それは市場での自由な選択とそれがもたらす消費効用の最大化に価値を置く市場主義経済（market liberalism）と対立する理念である」と述べている（p.232)。さらに村上［1992］とりわけ第 9 章参照。

済成長期にも見られたように、経済成長を国家的目標とし、それに向かって国家が指導的役割を果たすのみならず、国民がその目標を正当なものとして受け入れて、その実現に努力する過程である。

このような開発主義はアジアではしばしば独裁的政権によって推進されたため、**開発独裁体制**（developmental dictatorship）とも呼ばれる。政治的には権威主義体制であるが、経済成長の恩恵を国民に還元することで、政権の正当性が一定程度確保される体制である。このような体制の下では、国民が経済的な生活水準の改善が続く限り、政治的自由の制限をある程度やむをえないものとして受け入れるのである。

❸ 発展途上国の貧困

それでは開発主義を謳歌したアジアやアフリカをはじめとする発展途上国とはどのような国々であり、いかなる特徴が見られるのであろうか[5)]。

一口に発展途上国といっても、その内容はさまざまである。たとえばインドや中国のような面積や人口において「大国」である国々がある反面、太平洋の島嶼《とうしょ》国のような「小国」も存在する。また民族構成において、国内に多様な民族を含み民族間対立が厳しい国々もある。1990年代には民族紛争がアフガニスタンやスリランカなど多数の国で発生した[6)]。その一方で、あまりそのような厳しい国内対立を経験していない国々もある。さらに歴史的に植民地支配を経験し、その後の独立国家建設にとりかかろうとするときの初期条件において、たとえば天然資源や人的資源に比較的恵まれた国もあれば、そうでない国もある。さらに政治体制や経済運営のあり方においてはさまざまな類型をあてはめることもできる。

5）本書においては一国内における貧富の格差の問題はほとんど取り上げられない。UNDPによれば、データが入手できる24カ国のうちわずかに３カ国だけが子どもの死亡率において富める人々と貧しい人々の格差が縮まったとしている（UNDP［2003］p.3）。

6）近年民族の多様性や民族対立と経済成長の相関関係についての興味深い統計的研究がいくつか発表されている。たとえばEasterly and Levine［1997］。

このような多様性を考える基準はいくつもあるが、以下の項目がとりわけ一般的に重要であろう。

1．生活全般における低水準：低所得、不平等、不健康、不十分な教育。
2．経済的に低い生産性：農業・工業ともに技術水準の遅れ。
3．高い人口増加率：人口増加により資源と環境に負荷を与える。
4．高い失業率と不完全雇用：増えつづける人口に雇用が追いつかない。
5．農業生産と一次産品輸出への大きな依存：限られた農産品が経済生産額の大半を占めるゆがんだ経済構造。
6．不完全な市場と不十分な情報の伝達：売買価格などの情報が十分行き渡らないため市場での競争が不完全であり、市場の競争原理が働かない[7]。
7．国際関係における従属性・脆弱性：途上国は先進国の政策動向に大きく影響され、国際関係では弱い立場にある（Todaro and Smith 邦訳［2004］p.50）。

このなかの項目には一般に先進国が途上国に対してもっている固定観念化された**貧困**（poverty）の特徴も含まれている。つまり途上国の人々がみずからを貧しいと思わなくても先進国の基準で判定されると貧困のレッテルを貼られてしまう。一方では所得における南北格差は図１－１に著しく見られるように、これらの途上国に共通する特質はそれ自体誤りではない。しかし他方、すぐ後に見るようにより注意深い考察が必要でもある[8]。表１－１は途上国の一般的特徴をいくつかの代表的指標で見たもので、同じ途上国であっても地域ごとに違いがある。

なかでも貧困は人口増加と密接な関連性がある。世界人口は第二次大戦後増加の一途をたどり、その急速な増加は**人口爆発**（population explosion）と呼ばれることもあった。21世紀の初頭の人口は約61億人であったが、最新の国連の推計によれば2300年にはこれが約90億人へと増加するとされる。図１－２に

7）経済学における情報の重要性はジョセフ・スティグリッツの功績により新たな展開を見せ、開発研究にも刺激的である。わかりやすい解説としてはたとえば薮下［2002］参照。
8）途上国の貧困に関してはイギリスのサセックス大学の貧困研究所が数多くの興味深い資料を提供している（http://www.sussex.ac.uk/Units/PRU/）。

図1－1　世界の貧富の格差

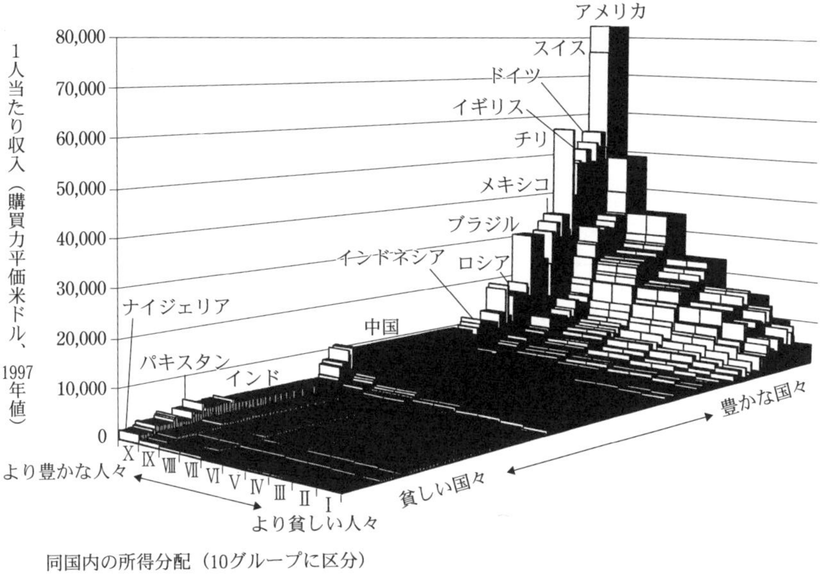

注：世界銀行*World Development Indicators 1999*に基づく。
出所：Sutcliffe [2001] p.16.

表1－1　途上諸国の貧困状況（2000年）

（単位：百万人）

地　域	1日1ドル(PPP US $)未満で生活する人	栄養不良の総人口*	初等教育学齢期の学校に通っていない児童	初等教育学齢期の学校に通っていない女児	5歳未満児年間死亡数	改善された水源を利用できない人	適切な衛生設備を利用できない人
サハラ以南アフリカ	323	185	44	23	5	273	299
アラブ諸国	8	34	7	4	1	42	51
東アジア・太平洋諸国	261	212	14	7	1	453	1,004
南アジア	432	312	32	21	4	225	944
ラテンアメリカ・カリブ諸国	56	53	2	1	0	72	121
中東欧・CIS諸国	21	33	3	1	0	29	－
世　界	1,100	831	104	59	11	1,197	2,742

注：*1998-2000
出所：UNDP 邦訳［2004］p.169.

図1－2 世界の人口増加

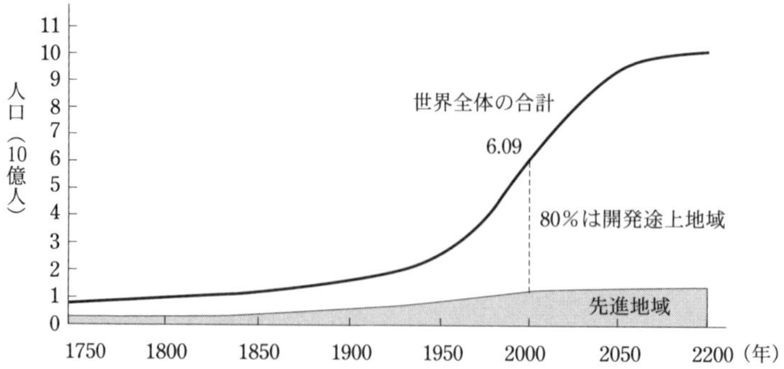

出所：Todaro and Smith邦訳［2004］p.325.

あるように、先進諸国の人口もわずかに増えるが、増加の大半は途上国の人口によって占められ、2000年末で約49億人の途上国人口は2300年には77億人に達すると予想される。そのなかでもアフリカの増加は多く、2300年には世界人口の約4人に1人はアフリカ人となる。また21世紀後半には世界一の人口大国は中国からやがてインドとなる。さらに世界的に高齢化は進み、2300年には世界の半分は48歳以上となる。また国連は日本人女性は2300年には108歳、男性は105歳の寿命になると推計している（United Nations［2004a］）[9]。

このような貧しさを別の視点から見ればさらに南北格差が明らかとなる。たとえば有名なコンピューター企業のマイクロソフトの会長ビル・ゲイツ（William Gates, 1955-）は世界一豊かな人物とされている。その資産は480億ドル（約5兆円）以上といわれる[10]。これはクロアチアの1年間の国民総所得（GNI）と同等である[11]。たとえていえば、ゲイツはクロアチア一国を1年間買いとろうとすればそれが可能なほどの金持ちである。同国よりも貧しいアフリカの国々の所得レベルと比べるとその資産額の突出ぶりがうかがえる。

9）国連人口部による最新の世界人口の推計予測はhttp://www.un.org/esa/population/unpop.htmを参照。またPopulation Reference Bureauは信頼性の高い情報を提供している（http://www.prb.org/）。

10）アメリカの経済誌『フォーブス』の資料（http://www.forbes.com）。

11）2003年時点の購買力平価による統計値（世界銀行統計）。

また世界中でビジネスを展開する大企業のなかには、その経済規模において途上国より大きなものも見受けられる。たとえばエクソンモービルはパキスタンとほぼ同じ経済規模であり、トヨタ自動車はクウェートと同規模の経済力を有している[12)]。

❹ 貧困とは何か

このような途上国のとらえ方は一般に貧困という概念に集約できる。しかし他方で貧困とは何かを定義することは、一見簡単そうで実は大変困難な作業である（絵所・穂坂・野上［2004］）。一般的に貧困は裕福であることの反対であると考えられる[13)]。十分に満足がいかない生活状況を貧困と考える。その意味では、貧困は当然充足されるべき何かが満たされない状況、すなわち何かが欠如していることであると考えられる。

物質的欠如としての貧困

表１－２にあるように、欠如としての貧困においては、ではいったい何が不足しているのであるかによって、その内容が異なっている。最低限の生活を送るために必要な所得が不足しているとする**所得貧困**（income poverty）の考え方が最も一般的である。貧しい国を低所得国と規定するのはその典型である。現在一日中働いても１ドルに満たない賃金を得るのがやっとである人々が世界人口の５分の１の12億人以上いると考えられている（UNDP［2003］）[14)]。また健康な生活を送るために必要な最小限の食糧を取ることができない、食糧の不足を貧困の基準として考える方法（**食糧貧困**、food poverty）もある。一日に必要なカロリー摂取量をたとえば2200（Kcal）と規定

12）国連貿易開発会議（UNCTAD）資料。

13）ラーネマ［1996］は中世においては貧困の反対は裕福ではなく権力者であると指摘する。これは貧しい人々が社会的弱者であることを再度想起させる重要な点である。

14）同様に、2003年時点で世界の労働者数の約半数にあたる14億人は１日２ドル以下で生活していると国際労働機関（ILO）は推計している（ILO［2004］）。

表１－２　貧困の関連用語

用　　語	内　　容
飢餓（hunger）	十分な食糧を得ることができない状況の一般的表現。慢性的飢餓と一時的飢餓に分けられる。
食糧安全保障（food security）	すべての人が健康な生活を送るためにいつでも安心して十分な食糧を確保すること。
栄養不足（undernourished）	国連食糧農業機関（FAO）による、一定のカロリー摂取量以下の状況。
栄養不良（malnutrition）	栄養が良好でない状況で、栄養不足、肥満、その他の栄養上の問題をさす。
児童栄養不良（child malnutrition）	年齢のわりに体重が不足していたり、身長が低い子どもたち。

出所：Runge *et al.* [2003] p.17.

し、それすら満たすことができない人々は世界に約８億人弱存在すると推定されている（FAO [2002]）。さらに、人間が生活を送るために必要な社会的諸施設の不足を貧困と考えることもできる。震災のときに水やトイレといった「ライフライン」の確保が叫ばれるのはこの考え方に近い。

これらは比較的広く受け入れられてきた貧困の考え方である。たとえば所得が低い人よりも高い人のほうが貧困の度合いが低い。入手できる食糧が少ない人よりも多い人のほうが豊かである。ライフラインがより充実しているほうが、そうでないよりも豊かである。このように考えられてきた。

自由の欠如としての貧困

とりわけ1990年頃から、貧困を物質的欠如ととらえる従来の考え方は表面的すぎるとして、より根本的見直しがされることとなる。それによれば貧困の本質はお金や食糧といった物質の欠如ではない。お金や食糧といった物質もそれ自体に価値があるのではなく、それがどう使われるのかのほうが大切である。すなわちそれらの物質によって人々が何ができるようになるのか、人間の何の役に立つのかが本質的課題である。

このような批判的考察は**アマルティア・セン**（Amartya K. Sen, 1933-）によって展開された。彼は、人が生きていることを実感できるのは、日常のさまざまな活動を十分に行えるときであるとの立場から出発した。そして、日常活動にしばしば各種のモノや財が必要となるが、特定の性質を持つモノや商品によって人が何をなしうるのかをファンクショニングズ（機能している状態、functionings）という概念で呼んだ。何をなしうるのかは、たとえば食糧により空腹を満たすといった単純な欲求の充足から、地域社会への参加により公的な問題を解決するなどさまざまな内容が含まれる。センはこのような「なしうること」の総体に対して、別の用語である**潜在能力**（ケイパビリティー、capability）をあてた。すなわち人の潜在能力とはその人にとって達成可能な異なったファンクショニングの組み合わせである。そして、特定の状況の下で人々は異なった選択を行う以上、どのようなモノで何を達成しようとするかという選択は、人々にとって一種の自由である。本来人間はさまざまな事柄を達成したいと思っているが、他方いろいろな原因によってその実現を阻まれている[15)]。

突き詰めて考えれば、貧困とは単なるモノの欠如ではなく、モノをそれぞれの人が活用しようとする際の**自由**（freedom(s)）の欠如であるとされる（Sen［1999］; Sen［2002］）。ここでは、**何が**欠如しているかよりも、**どのような状況の下で**欠如が発生しているかのほうがより重要である、という指摘が繰り返しなされる。さまざまな物質的欠如も実は社会制度的障害のために発生している場合も多く、欠如が発生する仕組みの理解が進まなければ貧困は解決しないと考えられるようになってきた[16)]。

たとえば**児童労働**（child labor）の問題は典型的である。南アジアを中心に、たとえば親が少しの借金をしてしまいその返済に困った結果、子どもたち

15）センは特定のモノが思ったように役立つかどうかを左右する条件として少なくとも以下の五つがあるとしている。①性別や年齢や障害の有無といった個人の特性、②さまざまな環境的要因、③社会状況、④文化などに影響される人間関係のあり方、⑤家庭内の分配、である（Sen［1999］pp.70-71）。

16）センはアジアで最初のノーベル経済学賞を1998年に受賞し、それを契機に彼の業績全般が再評価されている。一例として *Journal of International Development* 2000年10月号が特集を組んでいる。

が自分の意思に反して長時間強制的に低賃金で働かされている。2000年において５歳から17歳の年齢層では約２億4600万人の子どもたちが世界中でこのような労働に従事していると推測される（ILO［2002b］)。この現代の奴隷制度ともいえる状況に拘束された子どもたちには、自己決定権としての自由が文字どおり認められていない[17)]。

この議論は物質的な欠如を貧困と見る考え方に対して大きな問題を提起することとなる。貧困を自由の欠如と考えると、価値観の問題と向き合う必要が出てくる。さらに以下のような課題の解明が必要になってくる。欠如をだれがどのような基準で判定するのか？　開発という正義は誰によって定義されるか？[18)]　そのような定義の根拠とされる科学的な知識にははたして普遍性があるのか？[19)]

絶対的貧困と相対的貧困

自由の欠如としての貧困は、人間が社会で生きていく過程においては、自己決定権をもっており、それが確保されることが社会的正義であるとの考え方を反映している。つまり、開発を自己実現に関する決定権と考えれば、開発は**人権**（human rights）そのものである[20)]。もし仮に自分の生活にかかわることが他人によってほとんど決定されているとすれば、そのような社会の意思決定のあり方は効果的であるとも、正しいとも考えられない。反対に貧しい人々でも社会に参加し、みずからの生活に関係する事柄についてはその決定過程で自分の意見を表明し、決定に参加していくことができれば、そのほうがより望まし

17）児童労働は近年注目されている国際的課題である（http://www.ilo.org/public/english/standards/ipec/)。また2003年末時点で国連高等難民弁務官（UNHCR）の保護対象である970万人の難民の問題も自由の剥奪において児童労働と似ている。

18）本書第10章では開発倫理学は価値観としての開発に正面から向き合おうとする。

19）科学のあり方や知識の権力性は、きわめて根が深い問題である。たとえば第８章では自然をどのように理解するかという課題が関連する。

20）第２章で見るように、人権としての開発は近年重要な展開を見せている。貧困を物質的欠如と考えればニーズを中心に開発は展開するが、貧困を自由の欠如とすればエンパワーメントを中心に開発が進められるし、そうでなければ効果的でない。

い。しかし多くの場合、発展途上国のみならず先進国においても社会的に弱い立場にある人々は、決定過程に容易に参加することはできない。このように個人や団体がそれぞれの生活する社会への参加から排除されている状況を**社会的排除**（social exclusion）という（Thomas［2000a］pp.12-16）。このような排除を取り除き、社会参加を促進することでより開発を有意義にしようという立場を**参加型開発**（participatory development）という。この参加型開発は単に経済政策をより効率化するという側面のみならず、人間の根元的価値充足としての自由を満たすことを重視する（斎藤文彦［2002］；佐藤寛［2003］）。

人間開発と HDI

貧困を所得の欠如だけではなく、より総合的に人間の能力の欠如であるととらえ、これを指数で表示したのが**人間開発指数**（Human Development Index, HDI）である。これは先ほどのセンの問題提起を発展させたもので、国連開発計画（United Nations Development Programme, UNDP）が1990年に *Human Development Report*（邦訳『人間開発報告書』）によって提起した（UNDP［1990］）。それ以来この HDI という指数は、その方法論においてさまざまな議論を喚起しつつも、一定の定着を見るに至る。**人間開発**（human development）という表現は日本語ではこなれていないが、人間が経済の手段となるのではなく、人間中心の開発、人間の尊厳を第一に考える開発、という意味である[21]。HDI は、①購買力平価という方法で計算した１人当たりの国内総生産、②寿命の長さ、③教育水準の三つの要素を統合したものである。HDI を用いた貧困状況と所得貧困との比較は興味深い。たとえばスリランカやインドのケーララ州は所得レベルが同じ国々に比べて高い HDI を達成していることで知られている。これは所得基準で見れば貧しいが、健康で教育レベルも高いので自己実現の可能性が高いという意味ではそれほど貧しくない場合

21）本書では人間開発という表現と後に説明する社会開発という用語は基本的に同じ内容を意味する（cf. 恩田［2001］）。他方、佐藤誠［2001］は人間の生命の再生産活動を社会開発と定義し、人間開発との区別を試みている。

である。反対に中東の産油諸国は所得のわりにはHDIの評価が低く、所得水準ほどそれぞれの人々が自己の能力を開花させる可能性が高くないことを示している。

このような総合指数の構築は、所得という単一の基準で貧困をとらえることよりは一歩前進であるが、他方HDIに見られるように所得のほかにどのような基準を加え、それをどのような方法で処理をして一つの数値に計算し直すかは、貧困をめぐる考え方に潜む価値基準を再度問い直すことになる。

5 オリエンタリズムとしての開発主義

価値充足としての自由の欠如は、開発主義のもう一つの課題を浮かび上がらせる。これまで開発の基準は先進国の（しばしば物質的な）豊かさに求められることが多かった。先進国に比べて途上国は貧しいという定式化がされてきたわけである。しかしながら、戦後貧しいというレッテルを貼られることになる第三世界の人々は[22]、はたして自分たちをどのように見ているのであろうか。貧困の基準が先進国によって規定され、その結果貧しいと判定されることによって、アジアやアフリカの貧困が「発明」されたという批判は、あながち的はずれではない。アジアやアフリカの人々がみずからを「貧しい」と認識していたか否かにかかわらず、先進国からは「貧困」の烙印が押されたのである。

このような貧困と開発の展開はエドワード・サイード（Edward W. Said, 1935-2003）が指摘した**オリエンタリズム**（orientalism）と同じように考えることができる（Escobar［1995］pp.5-12）。われわれ外部者は、アジア、アフリカ、ラテンアメリカのあるがままの生活や社会に基づいて、そこに生きる人々の苦しみや生き甲斐を理解したのではない。そうではなく、先進国がみずからの想定する基準によって世界を「貧しい世界」と「富める世界」に区分し

22）第三世界という名称は、先進国を第一世界、社会主義諸国を第二世界、と呼んだのに対して、途上国を第三世界と総称した歴史的いきさつからくる。この用語にまつわる諸問題は *Third World Quarterly* 誌創刊25周年の25巻１号（2004）が特集している。

たのである。オリエンタリズムとはあるがままのアラブ諸国の生活を見てそれを理解しようとしたのではなく、ヨーロッパの人々の思い込みや先入観が先行し、その基準に従って中近東やアジアをエキゾチックな「オリエント的なる世界」として理解し、そのようなイメージが拡大されたことを指す（Said［1978］）。ヨーロッパが「オリエント」世界を理解していった過程と先進国の途上国理解はその過程において共通性がある。すなわち、貧しさを途上国の現状から把握するのではなく、最初に想定された貧困が途上国世界に投影され、それが「やはり貧しい人々は物質的にも能力的にもさまざまな事柄が不足している」という結論を導き出したのである。そのやりとりは、あたかも現実と理論との間でやりとりがなされているように見られるが、実は自己完結的理論が現実から遊離して拡大されているにすぎない[23)]。もし仮に、オリエンタリズムが異文化理解への警鐘であるとすれば、開発主義も同様に第三世界理解への警鐘であるといえる（Escobar［1995］）。

このようなオリエンタリズムとしての開発主義に理論的支柱を提供したのは**近代化論**（modernization theory）である。第2章で詳しく見るように、近代

23) これは**言説**（discourse）分析と呼ばれる。一般に、世の中の物理的また社会的現実に意味を与えるためには、社会の構成員がそれらの事柄を一定程度共通に理解をしている必要がある。言説とはそのような共通理解の枠組みである。この理解は、言語、理念、概念、思想など一連のつながりをもっており、この枠組みを通じて、各個人が断片的に受け取る情報をつなぎ合わせて矛盾なく理解するのを助けている。これらの言語や概念は特定の社会のある歴史的文脈のなかで意味をもっており、それらが一部は変容しつつも、ある程度はそのまま再生され次世代へと受け継がれていく。われわれが前提とする事柄や価値観、判断、異論などのすべてが、この一連の枠組みのなかでなされ、なおかつ枠組み自体を支えている。これら枠組みなくしては、われわれは概念を概念として他者と共有し、意思疎通することが大変困難になる。その意味ではわれわれは社会から独立して存在するのではなく、社会的に醸成された枠組みのなかで考え、理解し、行動している（あるいはさせられている）。この枠組みは不動・不変ではないが、他方一度受け入れられると容易には変化しない。私たちが意識するとしないとにかかわらず、われわれの価値観や行動はこの枠組みによって規定されている。開発をそもそも言説としてみた場合、開発そのものが第二次世界大戦以降の世界の特殊な現象であることがまず理解される必要がある。言説に関する参考文献は少なくないが、たとえばPeet and Watts［1996］; Keeley and Scoones［2003］参照。

化論は近代的社会を進歩的で好ましい社会と定義し、それに対して前近代的な社会を古臭く停滞している社会ととらえた。近代は進歩の象徴であるのに対して、伝統は停滞の象徴である。人類の未来は近代化にあるとの考え方である。

近代化論の拡大は、西欧世界がイギリスで18世紀後半におこった**産業革命**（industrial revolution）を契機に発展してきた社会的変化を望ましいものとして肯定し、同様の変化によって途上国も貧困から脱却することが可能であると考えた。すなわち西欧の経験の普遍化が疑いもなく正当化されたのである。

このような一種の思い込みや偏見としての「開発主義」が世界に広がった結果、先進国と途上国という二つの世界がお互いに対峙するものとして認識されることになる。先進国にとっては、貧困は問題であり、解決されるべきものである。未開の途上国社会は「異常であり」、それを本来の姿に戻す必要があると考えられた。そのために援助が正当化されたと見ることもできる。

❻ 国際開発論の分析枠組みと学問的総合性

これまでに見てきたように国際開発論とは世界の貧困とその解決方法を探求する学問である[24)]。その際の世界とは実は単に第三世界に限らない。なぜなら先進国においても貧しい人々や社会的弱者は厳然として存在するからである。日本においても、ホームレスをはじめとして、生活に困っている人々は存在し、この課題を避けて通ることはできない。またアメリカは国全体としては世界で最も豊かであるが、白人と黒人の平均寿命は極端に異なっている（Sen［1999］pp.21-24）。これは白人に比べて黒人が満足に医療や保健サービスを受けられないことを示している。最も豊かな国々においてさえ、人間的に満足のいくサービスが欠如している状態は、貧困という問題の複雑さを示している[25)]。

24）開発研究の調査研究方法は重要な課題であるが、本書の目的を超えている。関心のある人々は Laws *et al*.［2003］; Scheyvens and Storey［2003］を参照。

25）またしばしば指摘されるように、先進国における高齢者や身体障害者の課題、自殺などは、現象としては途上国と異なるが、豊かな社会の人権や不平等の問題である。

本書では、貧しい人々自身の活動と、外からのかかわりとしての支援など「開発」という名の下で展開されるさまざまな取り組みが、社会的に恵まれない人々自身の生計を向上させるのかどうか、彼・彼女らの生存へのときとして血のにじむような取り組みに合致し、これらの人々の思いを実現させる可能性があるのかどうかという視点を強調していきたい。

英語では近年 livelihoods という考え方が注目を浴びている。これは日本語では**生計・暮らし**という意味である。生計手段としてはさまざまな形態があり、自然のもの、物理的なもの、人的なもの、財産、社会関係などさまざまな資産を活用して人々は生計を立てる。その際に単に資産があるだけではなく、それらの資産や資本をどのように活用することができるのかは、周りの環境から得られるさまざまな情報をもとに判断が下される。そしてそのような判断と行動は各種制度、社会関係、ならびに文化的規範に大きく影響される。このような数多くの要因がかかわるなかで人々や家計あるいは地域や国家の生計は決定される（Ellis［2000］; DFID［2001］）[26)]。

決定を行う担い手を行為主体（actor）と呼ぶが、行為主体は特定の状況において、知識や能力をもとに、問題や課題を考察し、それに対する対応をとる。そのため通常は個人・企業・組織・国家などが想定される[27)]。ここで取られた行動は、その行為主自身また他者のさらなる行為に影響を与える。そのような影響は比較的客観的な行為結果のみならず、特定の問題や課題がどのように認識されるかで大きく変わってくる。したがって行為の主体性（agency）は政治的・経済的・社会的・文化的・宗教的なさまざまな要素から成り立っている（Long［2001］）。

図1-3にあるように、行為主体となる人々の生計の基礎を構成する資産や資本は、天然資源などの自然に由来する資本、工場や道具などの物理的資本、教育や知識を備えた人材に代表される人的資本、現金やその他の財産を含む財

26）生計アプローチについては http://www.livelihoods.org/参照。

27）また社会運動の担い手などのように複数の活動家のゆるやかな結びつきを指す場合もある。

図１－３　生計アプローチ

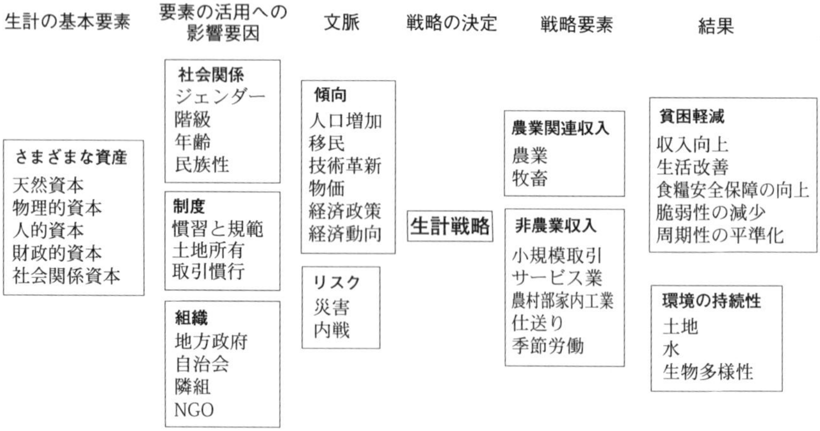

出所　Ellis［2000］; DFID［2001］をもとに著者が若干改訂。

政的資本、さらに近年注目されている人々の間のネットワークやその間に生じる信頼関係を意味する社会関係資本が含まれる[28]。

行為主体が生計構成要素をどう利用するかは、社会関係やさまざまな制度や組織に影響される。たとえばある天然資源がある地域に存在しても、その地域の特定の人々しかそれを利用できないと決められていれば、使えない人々にとってその資源は価値がない。この利用可能性は、男女の区別や民族性などによって影響される。たとえばイスラーム教圏では男性は銀行に自分名義の口座をもてるが女性はそれが不可能なことが多い。

またさまざまな制度はそのような取り決めを支えていることが多い。ここでいう制度と組織は区別されるものである。制度とは特定の社会の共通課題を解決するために一定期間以上の長さにわたって存在する規範や行為の複合であるが、組織とはその存在が認識される機構である。たとえば学校や企業は組織で

28）社会関係を資本とする考え方（social capital）は開発研究分野においても功罪両面を含め近年、流行を見せている。これを体系的に理解するには、経済現象を社会学の視点から探求してきた経済社会学（economic sociology）の視点が不可欠である。社会関係資本に関する日本語文献としては佐藤寛［2001］を参照。

あるが、教育制度や金融制度といえばある国の教育や金融のあり方全般の取り決めである。そのような制度は人々の行為を律し、ある特定の行為を奨励し、他を疎外する（Uphoff［1986］pp.8-9）[29)]。

そのような行為主体と生計構成要素は特定の文脈において位置づけられており、その文脈自体もまたさまざまな要素から構成される。そのような文脈のなかで行為主体はどのような生産を行うかという戦略を決めていく（ここでいう戦略とは限られた資源を有効に使うための対応方法の意味であり、誰かに勝つための方法ではない）。その結果、収入が向上するなどの好結果が得られる場合は貧困状況が改善する。人々の生産活動や生計戦略は周りの土地や水といった自然環境にも影響を及ぼし、場合によっては環境を保全するが、そうでないこともしばしばである。

このように貧しい人々であっても、社会状況に応じて主体的にその行動を調整しようとする。そこで問題になるのが各種のリスクである。貧しい人々や社会的に恵まれない人々ほど、各種のリスクに直面し、そのようなリスクを回避したいと考え行動している。表１－３にあるように、たとえば自然災害が発生しただけで、途端に農作物の収穫に被害を被ったり、その結果生活が成り立たなくなる人も少なくない[30)]。

途上国の人々が直面するのは身の周りに身近に感じられる諸問題であり、地球規模の貧富の格差をその生活実感に根ざしたものとして感じている。そして貧しい人々は仮に貧乏であっても、決して無気力に生きているのではない。多くの場合、その状況を正確に認識し、それを何とか克服したいとさまざまな活動に従事している。すなわち生計をめぐる判断は決定者を取り巻く社会構造と決定者のもつ主体性のせめぎ合いのなかで行われ、状況に応じて能動的であったり、逆に受動的であったりする[31)]。

---

29)「制度」は多用される用語であるが、近年新しい制度論が各分野で模索されている。経済学においてはHodgson［1998］、社会学ではBrinton and Nee［1998］、政治学ではHall and Taylor［1996］参照。

30) 社会保障が未発達の途上国ではこのような事態への適応は大変困難な問題となる。一般にセーフティネットの構築が対策として取り組まれている（佐藤元彦［2002］）。

表1－3　各種のリスク

	ミクロ	メソ	マクロ
自然		降雨量の異常 地滑りなどの土砂災害 火山の噴火	地　震 洪　水 旱　魃 強　風 地球温暖化 海水面上昇
環境	家屋内の汚染	汚　染 森林の消失 土地の劣化 砂漠化	
健康	病　気 け　が 障害をおうこと 加　齢 死　去		
社会	犯　罪 家庭内暴力	犯罪・ギャングの横行 テ　ロ	戦争・内戦 社会混乱
経済	失　業 収穫物の被害		インフレ 国の財政赤字・経済危機 国際収支悪化・交易条件悪化 社会変化に伴う政策費用
政治		暴　動	クーデター 政治的混乱

出所：World Bank［2000］p.136をもとに著者が改訂を加えた。

そして援助を実施するさまざまな機関は、貧しい人々の生活を助けることを意図して、多種多様の活動を展開してきた。問題はこの両者の活動がお互いに合致するものであったかどうかである。生計をめぐる貧しい人々の判断と、外部からの介入として実施されることの多い開発行為が、どの程度一致しているのかを厳しく問い直しつつ途上国の生活者の実態にそった開発を目指すのが**生計アプローチ**（livelihoods approach）である（このアプローチに対してはいくつかの批判がなされている[32)]。しかし過去のさまざまなアプローチの反省に

31）これは社会構造（social structure）と行為主体（agency）との関係性で、社会科学において古くから議論されてきた問題である。前者を重視する立場は広くは構造主義ということができる。これにはケインズ経済学派などが含まれる。後者に力点を置くのはたとえばアクターモデル（Long［2001］）である。

基づいて登場したゆえに、現在の開発研究においては最も難点が少ないと考えられる。本書においても基本的にこの立場に立って考察を進めることにする）。

貧困の考え方をめぐって自由という考えを強調するのも、開発をオリエンタリズムのような一種の固定観念として批判する立場も、富める国からの介入としての援助と、援助を受ける人々の生存への取り組みが、実はしばしばかみ合っていなかったという反省から登場している。その意味でこれらはきわめて重要な視点であり、本書を通じて繰り返し見ていくことになる。

❼ まとめ

今日私たちが開発と呼んでいる課題が、人類史のなかでどのような意味をもっているかは、注意深く考察される必要がある。第二次大戦後の世界は発展途上国といわれる諸国の貧困の解消に取り組むようになり、開発をしばしば疑いの余地のない正義であると考えがちであった。しかし、貧困を解消しそれに代わるよりよい社会を築こうとする行為は、特定の歴史的・社会的文脈で登場したものであり、とりわけ産業革命前後のヨーロッパの経験が大きく影響していた。後にそのような西欧中心的考えへの反省がおこることになった経緯が示しているように、貧困と開発をめぐる考え方は時代ごとに変化をしてきている。

さらに貧しさや豊かさを考えるという課題は、単に経済的に裕福になるということ以上に、人間の幸せという価値判断を提起している。そしてその価値基準が文化によって異なるとすれば、世界各地の貧しさと豊かさを考察する作業は、社会や文化を含める必要がある。そのため国際開発論とは多くの分野を包み込む総合的な学問である。

本書では、開発を複眼的にとらえていくこと目指す。開発にはオリエンタリ

32）批判点として、①権力や政治の要素を十分考察できない、②草の根からのボトム・アップによる視点を強調しすぎている、③行為者の対応に応じることができるさまざまな制度を作り出すことができると安易に想定されている、などが挙げられる。たとえば *Community Development Journal*（2003年６月号）はこの生計アプローチを批判的に取り上げた特集号である。

ズムとしての開発主義の側面があるが、しかしこのことは途上国の人々が現状をすべて肯定し、自分たちの生活はいまのままでいいと無批判に是認しているわけではない。途上国の貧しい人々も彼ら・彼女らの立場で貧困を考え、そこから抜け出したいと希望し、さまざまな工夫を凝らしてきた。

本書で主張したい望ましい開発とは、このように違った立場の考えが交流するなかでより効果的な新しい取り組みが生まれる創造的過程である。それは単に先進国の私たちの思い込みでなく、また途上国の人々の伝統の無批判な正当化でもない。伝統的取り組みと新しい技術の融合を目指しつつ、各地方におけるよりふさわしい人間の可能性を開花させる方策がありうるのではないかとの絶え間ない模索である。本書の次章以降はそのような模索が時代とともにどのように推移したかを明らかにすることによって、開発をめぐる今日の現状と課題を浮き彫りにしようとする。

復習キーワード

南北問題：the north-south problem
開発：development
開発主義：developmentalism
開発志向国家：developmental state
開発独裁体制：developmental dictatorship
貧困：poverty
人口爆発：population explosion
所得貧困：income poverty
食糧貧困：food poverty
アマルティア・セン：Amartya K. Sen
自由：freedom(s)
潜在能力：capability/capabilities
児童労働：child labor
人権：human rights
社会的排除：social exclusion
参加型開発：participatory development
人間開発：human development
人間開発指数：human development index, HDI
オリエンタリズム：orientalism
近代化論：modernization theory
産業革命：industrial revolution
生計：livelihoods
行為主体：actor または agency
生計アプローチ：livelihoods approach

討論のための設問

Q：第二次大戦後の「開発主義」とはどのような考え方であろうか。
Q：何を貧困の本質と考えるかについて，どのような意見や立場がありうるであろうか。

もっと勉強するための文献

経済学を基本とした標準的教科書としては Todaro and Smith［2003］とその邦訳［2004］が多くの課題を平易に記述している。また Allen and Thomas［2000］がイギリスでの開発研究の定番教科書である。開発理念に関しては末廣［1998］を、またオリエンタリズムを援用した開発批判としてはEscobar［1995］が刺激的である。また人類学の視点からの好著はGardner and Lewis［1996］。

2 開発をめぐるさまざまな考え方

アパルトヘイト後の南アフリカの子どもたち

1 経済成長と社会開発

今日では開発は当然の行為とされることも少なくないが、そもそも開発とは何であろうか。似ている用語として成長という言葉もある。たとえば経済成長と社会開発は用語としては似ているが、その意味する内容は明確に異なっている。**経済成長**（economic growth）とは経済規模が継続的に拡大することであり、多くの場合 GDP の成長率などによって示される。生産活動を活発にし、雇用を増やすことで貧困の解消を目指すのである。日本でも経済成長率は新聞等でしきりに報道されるが、それは経済成長が社会の豊かさを示すと思われているからである[1)]。

1）厳密には経済成長と経済開発とを区別できる。前者はここでいう経済規模の拡大であり、後者はたとえば技術革新などを通じて生産能力が向上することを意味する。しかし規模拡大も生産性向上によってなされることも多く、本書では両者を厳密に区別しない。

それに対して**社会開発**（social development）とは、社会のあり方が質的に変化することを意味する。たとえば国連の機関である国連社会開発研究所（United Nations Research Institute for Social Development, UNRISD）は「開発とは成長に変革（change）を加えたものである。変革とは、社会的・文化的であるとともに経済的であり、質的であるとともに量的である（エステバ［1996］p.27）」としている[2)]。社会開発とはより豊かな社会に向けての規範や考え方、ライフスタイルの変化などを示唆している。単純にいえば、経済成長とは量的拡大であり、社会開発とは質的向上なのである[3)]。

このように開発を経済成長に限定せず、社会開発として幅広くとらえる考え方は以前から見受けられた。たとえばUNRISDはその名のとおり社会開発のための研究機関として1963年に設立された。これは社会的側面が経済的側面と不可分であるとの認識が当時から少なくとも一部ではあったことの証である（佐藤元彦［2002］）。

しかしながら、この区別は第二次大戦後の世界においてかなりの間たいした重要性をもってこなかった。なぜなら、発展途上国の貧困を解決するための開発の実施は経済成長を推進することによって達成できると考えられ、社会開発の意味する社会の質的変化は副次的なものとしてさほど重要視されなかったからである（西川［1997］）[4)]。経済成長重視の考え方からすれば、文化的・社会的諸要素は経済成長を可能にする限りにおいて注目されただけであった。むしろすぐ後に見るように、伝統的社会の文化的規範などは近代的社会の建設において邪魔であるとさえ思われていた。

2）1960年からの「国連開発の10年」のための行動計画でこのようにうたわれていた。

3）佐藤誠［2001］は人間の生存を永続的に保証するためには、人間自身の生命とそれを支えるさまざまな物質的資源の両方の継続が不可欠であるとし、そのうえで「生産の反復継続である財の再生産と労働力の生命的・社会的再生産を、表裏をなすものとして捉え、財の生産環境を整える経済開発に対して、労働力の生命的・社会的再生産のための環境を整えることが社会開発、としてこそ理解される」と指摘した（p.17）。本書もこれに同意する。

4）西川［1997］は社会開発の主要要素を、①人間優先的な開発諸分野の重視、②性・人種・民族などの差別撤廃と人権強化、③開発への住民参加、④NGOや市民団体とのパートナーシップ、⑤開発指標としてのGNPから社会指標への転換、としている。

さらに1940年代後半から50年代まで、途上国の経済成長を促す成長論は要約すれば資本形成に着目していた。すなわち、成長の過程は資本形成によって影響され、資本形成自身は国内の貯蓄と投資によって決められる。国内貯蓄はたとえば工業などの生産的活動へと向けられなければならず、市場が十分機能しない場合は政府が主導的に経済成長の後押しをする、というのが一般的考えであった。

2 近代化論

このような成長論を支えたのは**近代化論**（modernization theory）と呼ばれ、第二次大戦後、1960年代中頃まで大変影響力の強かった考え方である。それによると、途上国の社会は**近代的性質**（modernity）を欠いており、途上国を近代化することが社会変革をもたらすと想定された。まずもって、社会はそもそも伝統的かもしくは近代的であるかのどちらかであり、その両者は互いに相容れないものと考えられた。すなわち伝統的なものは近代的ではありえず、その逆も真であると規定された。途上国の社会はさまざまな点において、後ろ向きの伝統的価値に支配されており、それゆえにこのような社会の特性を近代的なものへと変化させることが開発であると考えられた（菊地［2001］；佐藤寛［2004］）。

近代化論者はさまざまな主張を展開するが、主要論点は以下のようである。

1. 技術面においては、伝統的で単純な技術から科学的知識を応用したより複雑な技術へと移行する。
2. 農業においては、自給自足から（市場での）販売を目的に換金作物を生産する農業へと変化する。
3. 産業面では、人力や動物の力に頼った作業から動力を使った生産方法へと移ってゆく。
4. 社会的には、教育制度が普及し、また農村中心から都市中心の社会へと変化する。
5. 政治・行政においては、官僚制度の整備が進む。

6．精神面では、効率を重視した近代合理主義的考え方が、男女の区別を問わず、広く浸透する。

このような近代化を実現した社会においては、**産業革命**（industrial revolution）後のヨーロッパがそうであったように、数多くの社会的側面において大変大きな変化がおこることになる[5)]。しかし近代化論者たちは1960年代の半ば頃まで、このような近代化は歴史的には不可避であり、なおかつその結果はすべての人に恩恵をもたらすと考え、積極的に近代化を推進していった。

経済成長論が重視したように、本質的に近代化は西欧化であり、同時に工業化でもあった。近代化をより具体的に進めるために、政府が中心となり開発計画を立案し、それにそって開発プロジェクトを実施するという対応が、第二次大戦後のほとんどの途上国で見られた。西欧の産業革命以降の歴史が、世界的にも普遍であると考えられ、その経験を具現化するための専門知識を備えた先進諸国の専門家が途上国に送られた。そして彼らが理想と描く社会をモデルに**青写真**（blueprint）を描き、それに基づいた開発計画を作ることが合理的・効果的であるとされた。途上国ではエリート層が先進国からの**技術移転**（technology transfer）をうけ、近代化を推し進める役割を担った[6)]。

そのような革新的技術の導入によって経済を引っ張る産業部門が整備されていけば、その恩恵は自然と人々に行き渡ると想定されていた。これが通常**トリックル・ダウン仮説**（trickle down hypothesis）といわれる。後に精密化される経済計画の考え方では、近代的成長部門が停滞している他の部門を引っ張っていくと考えられた。またその後の地域開発の計画手法は、都市を成長の核と

5）無論、産業革命以前の社会変化も有意義である。事実、開発研究の萌芽は18世紀欧州のさまざまな社会変化に見られる。他方、産業革命後の社会は、大量生産―大量消費―大量廃棄という性格を有し、それ以前の社会とは大きく異なる（Inglehart［1997］）。この新しい社会を、流れ作業を用いて自動車を大量生産したアメリカのフォード社を引き合いに出し、**フォーディズム**（Fordism）と呼ぶ。そしてフォーディズム後の社会のあり方を同様に自動車会社のたとえで**トヨティズム**（Toyotism）と呼ぶ。

6）技術を定義することも難しいが、ここでは人間個人や集団がある明確な目的のために知識を適応する行為や活動と位置づける。技術の意味づけや適正さ（appropriateness）に関してはさまざまな議論がある。Schumacher［1973］は古典的著作である。

みなしその効果が周辺地域に及ぶことを想定した。同様に、家計の所得が向上すれば家計構成員は男女の区別なくその恩恵を受けることが信じられていた。

近代化論の影響を強く受けたモデルとしておそらく最もよく知られているのはウォルト・ロストウ（Walt Whitman Rostow, 1916-）の発展段階論であろう。彼は1960年の *Stages of Economic Growth*（邦訳『経済成長の諸段階』）という書物において、①伝統的社会→②離陸のための先行条件期→③離陸期→④成熟への前進期→⑤高度大衆消費時代、という経済発展段階説を提示した。社会は一つの段階から次の段階へと移行すると彼は想定したのである。とりわけ彼が使った離陸（take off）という概念はあたかも飛行機の離陸と同様に、経済が比較的高い成長を始める決定的変化をさす（Rostow［1960］）。これ以降この用語は広く使用されるようになった[7]。このような単線的発展観は後に厳しい批判を受けることになるが、しかしながら、後世に大変強い影響を残したことは間違いない。

このような近代化論はその根底において、社会は伝統的かもしくは近代的であるかという二者択一の発想を有していたが、これは経済学の分野においてやがて**2部門経済発展モデル**（dual economic development model）を登場させることになる。たとえば後にノーベル賞を受賞することになる著名な経済学者のアーサー・ルイス（W. Arthur Lewis, 1915-1991）は、伝統的農業と近代的工業の2部門の関係性で経済発展を説明した（Lewis［1954］）。またこの後、通常ラニス＝フェイ・モデルといわれるモデルもルイスのモデルを発展させたものである（Ranis and Fei［1961］）。

すぐ後に見るように、近代化論は各方面から批判を受けることになる。近代化論は内容的にあまりに西欧の経験に偏りすぎていたし、西欧の歴史的経験を安易に普遍化し、かつ社会の変動を単線的にとらえていた。望ましい社会はやがてすべてが西欧社会に似たものへと成熟していくという歴史観は、いまから

7）ロストウは離陸段階の指標として、①貯蓄率・投資率が10％以上になる、②製造業が主導的産業となる、③成長を促進するような政治的・社会的枠組みが整えられる、の3点を挙げた。また、ロストウの本の副題からはマルクス理論に対抗する意図がはっきりと読みとれることはよく知られている（Rostow［1960］）。

考えれば単純すぎたといえるが、しかし当時は当然のことと思われていた[8)]。

他方、冒頭で見たように、開発をより広く社会開発としてとらえる考え方も一応は存在し、社会開発は社会変化という意味に限って早くから使われていた[9)]。しかし1950年代から60年代中頃まではこの用語は経済開発による近代化とほぼ同じ意味において用いられた[10)]。このように開発において社会や文化の側面が経済に対して二次的意味合いしかもたなかった状況はしばらく続く。社会開発は1980年代になり、行きすぎた経済成長重視の考え方への反省として社会や文化、人間中心のあり方がようやく強調されるまで、しばらくの間脇に追いやられることになる[11)]。

3 資本主義と開発

このように近代化論はさまざまな形で影響力が強かった。主に工業化によって発展途上国の社会の変化を促し、それもしばしば外からの介入によって変化させようとさまざまな試みがなされた。もちろんすべてが成功に終わったわけではない。各種の試行錯誤のなかで、開発をめぐるそれぞれの立場も比較的明確に区別されるようになってきた。

また1980年代になると政治的には保守的な政権がアメリカ（レーガン政権）ならびにイギリス（サッチャー政権）で誕生し、このような国際政治状況の下、経済政策はそれ以前に主流であったケインズ学派（不景気においては政府

8）Scott［1998］は失敗した大規模近代化プロジェクトの性質を考察することで近代のあり方に大変興味深い示唆を提示している。

9）社会開発の理論と実践を歴史的に再評価しようとする特集が *Journal of International Development* 2003年11月号である。

10）それにはいろいろな理由があるが当時の世界ではケインズ主義に代表される経済政策の考え方が支配的であったことも重要な理由である。

11）開発をめぐる考え方の歴史的変遷はArndt［1987］；Hunt［1989］；Oman and Wignaraja［1991］；Rist［1997］を参照。絵所［1997］は1960年代と1980年代後半の二つの時期に開発経済学においてパラダイム転換がおこったとし、開発経済学が途上国の問題解決にあたってどのように変遷してきたかを描き出している。

表２－１　開発をめぐる異なる立場

名　称	介入主義 Interventionism	新自由主義 Neo-liberalism	マルクス主義 Marxism	新ポピュリズム Neo-populism	脱開発論 Post-development
立　場	資本主義と歩調をあわせた開発	資本主義の開発	資本主義を拒否した開発	資本主義を拒否した開発	開発そのものを否定する立場
中心的命題	政府による市場機能の調整 (governing the market)	市場中心主義 (market-centered development)	政府による社会変革 (structuralism)	人間中心の開発 (people-centered development)	開発そのものを否定する立場
将来像	近代工業社会と民主主義	近代工業社会と民主主義	資本主義ではないが近代工業社会	すべての人が潜在的可能性を実現できる社会	「開発」それ自体が望ましくない
開発の役割	市場の限界を補うべく、政府などが行動	資本主義の進展で自ずと実現	総合計画	エンパワーメント	アメリカをはじめ一部の先進諸国の利益にしかならない
開発の担い手	政府や非政府機関など公益を代表するもの	個々の産業資本家	通常政府による集団行為	社会運動の指導者・参加者	該当しない
成長と開発	経済成長重視	経済成長重視	経済成長重視	社会開発	開発に代わる社会
原　則	公益性	効率性	平　等	平　等	多様性

出所：Thomas［2000a］p.43 ならびに Thomas［2000b］をもとに著者が改訂を加えた。

が積極的に経済運営に介入する立場）から明確にたもとを分かつことになる。

80年代以降に登場する開発をめぐるさまざまな主張の違いを明確化する軸は、近代化をめぐり**資本主義**（capitalism）との関係をどうとるかである。ここでは簡単に、資本主義とは、土地や労働力といった生産手段を有する人々が市場の競争を通じて利潤を追求するために生産活動に従事し、その生産物を主に現金収入を得る目的のために作り出すことによって成り立つ経済体制、と考える。表２－１にあるように主に五つの立場がありえよう。

介入主義（Interventionism）

介入主義を唱える人々は、経済成長の推進の方法において公的機関とりわけ政府の役割を重視する。市場は効率的な富の配分の仕組みであるかもしれないが、万能ではない。たとえば寡占・独占といった状況はその市場を支配する限られた企業にとっては魅力的であるが、消費者にとっては弊害が多い。そのような弊害を防ぐのは政府の役割であり、市場の失敗を補完することができるのは政府をおいてほかにはない。すなわち経済成長を促進し、近代的社会を実現するにあたって、その社会の公益性を確保するためには政府が市場を制御することが望ましいと考えるのである。それゆえ政府が市場に介入することは正当化される。また、政府が主導力を発揮して、産業を育成したりすることも、市場ができないことを補完する意味で好ましい。このようにすれば資本主義の果実である経済的豊かさと、ある程度平等性をもった社会的正義を体現した社会の両方を実現できるとする。すなわち近代工業社会と民主的な社会の両方の実現である[12)]。そのための重要な開発の担い手は、政府という公益を代表する諸機関である[13)]。

新自由主義（Neo-liberalism）

新自由主義者たちは、経済を成長させたり活性化させるためには市場に任せるのが一番であるとの立場をとる。介入主義者のように政府が市場に介入することは市場をゆがめ、経済効率を低下させる。人間は将来を予測することはできないので、政府による介入は失敗する。それよりも、市場の「見えざる手」に経済の調整機能を発揮させるのが最も効率的・効果的である。政府は小さいほうが望ましい。

この立場は資本主義を発展させることそのものが、経済成長の促進であり開発の実現であると考える。資本主義の発展により、工業化がおこり、社会が近代化することが基本的に望ましいとする立場である。理想とする近代工業社会の到来は、それ自体が政治的にも民主的社会を約束する。豊かな社会ほど民主主義を担保するからである。開発はこのようにして資本主義の進展で実現される。開発の担い手は市場動向をにらみつつ、各種の事業を興そうとする個々の産業資本家である。

12）経済成長と民主主義の関係については Ramaswamy and Cason［2003］と本書第 4 章参照。

13）また福祉国家観も政府による社会政策の実施を正当化してきた。

マルクス主義 (Marxism)

マルクス主義者たちは、介入主義者や新自由主義者たちと基本的に異なる立場をとる。それはカール・マルクス (Karl Heinrich Marx, 1818-83) が資本主義を産業資本家という特定の人々のための階級社会であると見た見方を基本的に継承している。資本主義では搾取する者とされる者が存在するため望ましくない。これに代わる社会としてマルクス主義者も近代工業社会の到来を望ましい将来像であると規定する。しかし資本主義を基本的に是認する立場が個々の経済主体の活動を尊重し、それらの活動の総体として社会が進歩すると考えるのに対し、マルクス主義ではそのような立場をとらない。これを構造主義と呼ぶことがあるように、この立場の人々は社会の構造を重視する。社会変革の歴史は異なった集団とりわけ階級間の対立であると考える。労働者をはじめとする社会的弱者は市場の自律的機能では排除されるため、近代的社会をもたらすのは政府による介入を通じた集団行為 (collective action) しかない。そのために経済活動にも総合的計画を導入し、経済成長を促し、近代化を促進する。しかしその過程で政府が積極的に社会変革に関与することで平等性を確保しようとする。大きい政府はこのような目的のために正当化される。

新ポピュリズム (Neo-populism)

この立場は、市場を中心とした開発を否定し、より「人間中心の」開発を模索する。人間中心の立場をとる意味において新しい形のポピュリズムと表現することもできよう[14]。新自由主義であっても介入主義であっても、開発を経済成長ととらえ、近代的工業社会の到来を望む経済優先の立場であることには変わりはない。それに対し、この新ポピュリズムの論者たちは、みずからを主流に代わるオルタナティブな (alternative) 立場と位置づけている[15]。そこで理想とされるのは、政府の大小が問題ではなく、貧しい人々や社会的に阻害され

---

14) 従来ポピュリズムは近代化の弊害を受ける人々の立場に立つ社会運動を意味してきた。

15) 論者によっても差異があるが、近代工業社会を目指したマルクス主義も実際には理念とした平等を実現できなかったとして、マルクス主義を否定する人々もいる。

ている人々も含めてすべての人々がその潜在的可能性を開花させ、自分らしい人生を送れる社会の実現である。豊かな社会であるよりも、公平な社会の実現を目指す。開発とは社会的弱者が自己実現を図るために**エンパワーメント**（empowerment）を実現することにほかならない。そのためには、社会的公平や正義を求める草の根の運動を展開していく必要がある。連携や連帯により、**社会運動**（social movement あるいは popular movement）を効果的に拡大し、社会の変革を実現しようとする。それゆえ開発の担い手はそのような地道な運動の指導者であり活動家であり、運動に参加する人々自身である[16]。

脱開発論（Post-development）

脱開発の議論は開発そのものを否定する内容である。開発主義は、豊かで民主的である理想的社会の実現を追いかけているが、実際に途上国で行われたことは失敗の連続で、途上国の人々には百害あって一利なしであると主張される。たとえばダム建設は防災や発電といった利便性を提供した一方で、建設地に住む多くの人々が強制的に立ち退かされ、生活の基盤を失った。またたとえば開発の名の下に行われたさまざまな取り組みは環境を破壊させ、壊れやすい熱帯の自然環境に頼って生きる人々の生活を脅かすことになった、と指摘する。そのような望ましくない開発で儲けるのはアメリカをはじめとする先進諸国であって、途上国の利益にはならない、と糾弾する。したがって資本主義の実現も近代化も途上国には有利に働かないのだと結論づける。

このような主張は論者によって多少の差は見受けられるが、全体的には、①普遍的な開発パラダイムを否定し地域に根ざした実践を重視する、②地域活動のなかで途上国の人々一人ひとりの能力開花を目指す、③そのような個別の地域活動がより大きな社会運動へとつながることを期待する、④研究の視点としては行為者としての社会的弱者や貧しい人々ならびに行為者と諸制度のかかわり合いに焦点が置かれる、などの諸点に共通性が見受けられる（Rahnema and Bawtree［1997］）。

16）社会運動の特徴は McAdam *et al.*［1996］ならびに矢澤［2003］参照。

4　開発をめぐる五つの立場

この五つの立場のうちで、従来の経済成長路線を最も強固に受け継ぐのは新自由主義であることは明白である。これは世界銀行（World Bank）や国際通貨基金（International Monetary Fund, IMF）が伝統的にとってきた市場整備を重視する考え方と基本的に一致する。これに対して介入主義はとりわけ政府の役割を重視し、政府主導で経済成長を進めようとする。第 1 章で見たアジアの開発志向国家はこの介入主義の典型的例である。マルクス主義と新ポピュリズムは、他の二者があまりにも経済的利益を優先しすぎているとして、富める者と貧しいものの間の公平や社会的融和を重視する。しかし、マルクス主義と新自由主義はともに経済成長と工業化による近代社会を是認する。主要な違いはその変化を市場による競争を通じてか、国家が強力に関与した計画によって実現するか、にある[17]。

それに対して新ポピュリズムの立場は新自由主義と介入主義に対してみずからを非主流の立場であると自認する場合が多く、オルタナティブな開発を模索する[18]。経済成長の実現による近代工業化社会の実現は必ずしも人々とりわけ社会的弱者の利益とならないと主張する。他方新ポピュリズムは経済的利益ではなく、人々の自己実現のもととなるエンパワーメントとそれを実現可能にする社会開発を重視する。そして脱開発論は実際に行われてきた開発に代わる社会のあり方を希求する。それぞれが重視する価値も、介入主義が公益性を、新自由主義が効率性を、マルクス主義と新ポピュリズムが平等を、脱開発論が開発にとらわれない多様な社会を重視する。

17）マルクス主義の流れを受け継いだ考えに**従属理論**（dependency theory）がある。これは世界には発展する中心諸国とそれから取り残された周辺諸国という二つの種類があり、前者は後者を搾取することで発展すると考えた。そのため後者が発展するためには国際システムから離脱することを含めて主張した（Frank［1978］）。

18）特定非営利活動法人アジア太平洋資料センター（PARC）が『オルタ』という月刊誌を刊行していることは象徴的である。

最後の脱開発論は、開発自体を所詮失敗にいたるものとして拒否するが、しかし草の根から社会変革を志し、それを制度化された形ではなく同じ考えを共有する人々の連携としての運動によって実現しようという点で新ポピュリズムと共通性を有する。それゆえ、途上国の人々が何らかの社会の変化を望む限りにおいて、脱開発論はその名前が示すほど開発を全否定しているとはいえない(川田［1997］)[19]。

大切なことは、この5区分は理念的整理のための区別であって、実際の取り組みとしての開発を考える際には、二者択一の対立構造を乗り越えることである。開発は第1章において強調したように多面的な変化の過程であり、決して生産面である経済的変化だけを扱うのではない。また富の（再）配分は経済的変革なしに社会的正義や公平の実現といった政治的変化だけで実現することも難しい。第1章で見た生計アプローチを基本的立場として見れば、介入主義と新自由主義はともに資本主義経済を是とし、行為者の生計の基本的要素であるさまざまな資産は市場において取引されたり、市場取引に影響を及ぼす。その限りにおいて行為者はリスクを管理しつつ生計戦略を選択・決定する。新ポピュリズムと脱開発論においては社会的公平などの理念をともにする人々の社会運動を意図するため、生計への影響は、資産を通じてというよりも社会関係や制度を通じて及ぶであろう。マルクス主義では国家がそのような制度の根幹であり、行為者は国家の方針に対して特定の行為を選択する。このように先に見た生計アプローチは、ここで比較した五つのアプローチを包括的にとらえる利点を有している。行為者の視点に立てば、理想的には文脈を形成する資本主義経済体制の利点である効率性と、それだけでは達成しえない公益性、平等性、多様性を、たとえば社会運動などの市場以外の仕組みによって補完する方法を考えていく必要がある。

事実、世界の貧困をどのようにして減らしていくかという考え方は、1980年代以降大きく変化しているが、そのような変化を世界銀行の *World Development Report*（邦訳『世界開発報告』）の比較で見てみると、市場と政府の補

19）末廣［1998］も別の観点から脱開発論の「不十分さ」に言及している（p.40）。

表2－2　世界開発報告1990と2000/01の比較

1990 報告書 政策の柱	政策群	2000/01 報告書 政策の柱	政策群
労働集約性	小企業の育成;雇用対策;小農への「緑の革命」の普及		
貧しい人々の人的資源への投資	とりわけ女性を中心とする基礎保健と教育の促進;小規模金融の整備	成長の機会	小規模金融;土地改革や他の資産の再配分;平等性の実現;「弱者に優しい」公共支出
セーフティネットの整備	食料補助金;社会基金	保　障	社会保障政策;資産の多様化;保険制度;「国際公共財」の整備
		エンパワーメント	民主化;地方分権化;社会関係資本の整備

出所：Mosley and Booth［2003］p.6 をもとに作成。

完性を近年指摘していることからも、二者択一構造からの脱却への試みが見られる。

世界銀行の1990年版と2000／01年版はどちらも貧困を取り上げているが、表2－2にもあるようにその主張は10年の間にかなり変化している。2000／01年の報告書では、①経済成長のための機会の活用と富の再配分、②貧しい人々のエンパワーメントに資する制度の構築、そして③自然災害など各種のリスクを抱える貧しい人々の保障（security）の確保、の三つの柱を提唱している。興味深いことに、1990年の報告書にあった労働集約的生産業の育成は2000／01年報告書においては消滅した。当時は途上国の安価な労働力を経済生産活動に生かし、産業を育成しようとする考え方がまだ影響力をもっていた。しかしその項目が2000／01年報告書では消滅したことは、世界銀行が市場重視の限界をある意味で認めた結果といえよう。さらに、2000／01年においては新ポピュリズムの主張であるエンパワーメントを世界銀行も重要な政策の柱として受け入れるようになったことは意義深い（World Bank［2000］）[20]。平等や公益性とい

20）この報告書は *Journal of International Development*, 2001年4月の特集号で解説されている。世界銀行の貧困削減戦略に関しては大野［2000］；柳原［2001］参照。

った社会的正義の側面への着目が始まったからである。

ここで、エンパワーメントとは社会的に虐げられた立場にある人々が、みずからの生活に影響を及ぼす事柄は自分たちで決定できるようなさまざまな「力《ちから》」を獲得することである[21]。すなわち、支配的立場にある人々に対して従属関係から脱却することを目指し、しばしば他の同様な立場の人たちと連帯しながら、人間らしくありたいと願う根本的なアイデンティティーを実現することである[22]。その実現のためにさまざまな力をつけていく必要がある。その過程がエンパワーメントであり、同時にこのような望むべき状態が達成されることがエンパワーメントでもある（斎藤文彦［1999］）[23]。

このエンパワーメントという考えは**人権**（human rights）という視点から見ると、なお一層その重要さが明らかとなる。表2－3にあるように、以前のニーズを中心とする考え方では貧しい人々は福祉を受け取る「声なき受益者」であったが、人権という視点からは、貧しい人々は「声をもった参加者」となる（Narayan［2000］）。すなわち社会的に阻害されている人々は、ほどこしの対象である「客体」から人生を生きる「主体」へと変わる。それゆえ参加の主体の表現も以前のプロジェクトの受益者から、権利を行使する市民（citizen）へと、変化してきた[24]。そこで貧困は単に経済的搾取ではなく、人間一人ひとりがもっている能力を開花させ、自分たちが選択する人生を実現するた

21）力の類型として、支配力（power over）、実行力（power to）、他者とともにあることで可能になる力（power with）、そして自分らしくある力（power within）という四つを用いることが多い（斎藤文彦［1999］）。

22）開発（かいほつと読む）は仏教に由来するが、それを現代に定義し直すとすれば、それは「我々の社会や個人が、その本来のあり方や生き方に目覚め、自然および他の社会や個人との共生のために、苦からの解放をめざして、智慧と慈悲をもって自らの潜在能力を開花させ、人間性を発現していく、物心両面における内発的な実践」であるとの指摘（西川・野田［2001］p.19）は大変興味深い。

23）エンパワーメントに関しては、Friedmann［1992］；村松・村松［1995］；Parpart *et al*.［2002］；『現代のエスプリ』1998年11月号参照。エンパワーメントの反対はディスパワーメント（dispowerment）で、力が剥奪されている過程でありその結果である。

24）市民という用語は日本人には西欧流の表現として落ち着かないかもしれないが、英語ではcitizenshipが近年頻繁に議論されている（Jones and Gaventa［2002］）。

表2－3 モノの充足から人権の実現へ

"モノの欠如"と"ニーズの充足"	"自由の欠如"と"エンパワーメントと人権の実現"
モノの充足はその充足を誰が果たすのかといった責任や義務を問いたださない。	人権の充足は実現される過程での責任や義務（誰がどのように）を問いただす。
充足されるべきニーズ（モノ）は普遍的価値ではない。	実現されるべき人権はさまざまな種類が相互にかかわった複合体であり、一部の人権の実現のみでは十分な人権の確保とはいえない。
ニーズの充足は結果が満足されれば事足り、その過程はほとんど省みられない。	人権は普遍的価値である。
ニーズは序列化され比較可能となる（優先順位化が可能）。	人権の確保はプロセスが大切で、結果だけによる充足は考えにくい。
ニーズの充足は善意や好意で充足される。	善意や好意による人権の実現は、人権の理念に反する。

出所：ユニセフをもとに Hyden and Court［2001］が作成した表を著者が改訂。

めのエンパワーメントが重要であり、そのような力を得ることを阻害しているすべての要因や状況を問題視することになる。そのときの参加とは自らの人生に影響を与える政策や出来事の決定に自らが参加するという意味で自己実現にとって必要不可欠であり、参加することは権利の充足でもある（斎藤文彦［2002］）[25]。このように人権の視点は開発の価値の側面（規範的価値、正義の実現）を一層際立たせるのである。

5 貧困と開発を21世紀において考える

南北問題はもともと地球的規模の問題であったが、それがいまでは**グローバル化**（globalization）によってますます解決が複雑化しつつある。グローバル化はさまざまな意味において用いられるが、国境を越えたヒト、モノ、カネの動きが一層速度を増し、世界各地の出来事が地理的に離れた人々にも多大な影響を及ぼすことを意味する[26]。グローバル化した現在では、途上国の出来事

25）参加をめぐる最新の議論は Cooke and Kothari［2001］；Hickey and Mohan［2004］参照。
26）グローバル化に関しては Held *et al*.［1999］がおそらく最も総合的考察を行っている。

が先進国にもさまざまな形で跳ね返ってくることを意味する。このようななかで開発の意味を、再度確認しておく必要がある。開発とは、

1．望ましい社会のあり方

2．長時間かけて社会が変化していく過程

3．政府やそれ以外の組織が社会を意図的に変化させようとする行為

といった違った意味合いをもっている（Thomas［2000a］p.29)。ときに複数の内容が「開発」として語られることも多いが、この区別は重要である。なぜなら、第1章ですでに考察したように、開発の価値的側面を意識することは、具体的行為としての開発がそのような価値基準にそったものであるかどうかの判断を明確にさせるからである。

新しい貧困削減方式

現在、国際社会が取り組んでいる途上国の貧困削減は、一つの有機的仕組みを有するに至っている。2000年9月の国連ミレニアム・サミットには多くの国の元首が参加した。この総会では21世紀の国際社会の目標として国連ミレニアム宣言を採択した。この宣言とそれまでの主要な国際会議やサミットですでに採択された国際開発目標を統合し、国際社会の共通認識としてまとめられたのが**ミレニアム開発目標**（Millennium Development Goals, MDGs）である。このMDGsは表2－4にあるように発展途上国の貧困の削減、保健・教育の改善等の八つの目標を2015年までに達成すべきとしたものである。とりわけ、1日1ドルに満たない所得で暮らさざるをえない極度の貧困に苦しむ人々の数を1990年を基準として2015年までに半減させる、としている。1990年時点では世界人口の約28％にあたる12億人以上の人々がこの基準以下であったが、それを半減することを目指すのである。

このMDGsが採択されてから5年ほどが経過したが、これまでのところその取り組みは必ずしも満足できるものではない。たとえば最も注目される貧困削減の目標であるが、貧困者の人口に占める割合は各地域で低下傾向にはあるものの、目標達成にはさらなる努力が不可欠である。また、いままでの取り組みから明らかなように、貧困の減少は地域差が大変大きい。図2－1に見られ

表2-4 ミレニアム開発目標（MDGs）

目標1 極度の貧困と飢餓の撲滅 ターゲット1 2015年までに1日1ドル未満で生活する人口比率を半減させる。 ターゲット2 2015年までに飢餓に苦しむ人口の割合を半減させる。	ターゲット11 2020年までに、最低1億人のスラム居住者の生活を大幅に改善する。
目標2 普遍的初等教育の達成 ターゲット3 2015年までに、すべての子どもが男女の区別なく初等教育の全課程を修了できるようにする。	**目標8 開発のためのグローバル・パートナーシップの推進** ターゲット12 開放的で、ルールに基づいた、予測可能でかつ差別のない貿易および金融システムのさらなる構築を推進する（グッド・ガバナンス《良い統治》、開発および貧困削減に対する国内および国際的な公約を含む）。 ターゲット13 最貧国の特別なニーズに取り組む（①最貧国からの輸入品に対する無関税・無枠、②重債務貧困諸国に対する債務救済および二国間債務の帳消しのための拡大プログラム、③貧困削減に取り組む諸国に対するより寛大なODAの提供を含む）。 ターゲット14 内陸国および小島嶼開発途上国の特別なニーズに取り組む（バルバドス・プログラムおよび第22回国連総会の規定に基づき）。 ターゲット15 国内および国際的な措置を通じて、開発途上国の債務問題に包括的に取り組み、債務を長期的に持続可能なものとする。 ターゲット16 開発途上国と協力し、適切で生産性のある仕事を若者に提供するための戦略を策定・実施する。 ターゲット17 製薬会社と協力し、開発途上国において、人々が安価で必須医薬品を入手・利用できるようにする。 ターゲット18 民間セクターと協力し、とくに情報・通信分野の新技術による利益が得られるようにする。
目標3 ジェンダーの平等の推進と女性の地位向上 ターゲット4 初等・中等教育における男女格差の解消を2005年までには達成し、2015年までにすべての教育レベルにおける男女格差を解消する。	
目標4 幼児死亡率の削減 ターゲット5 2015年までに5歳未満児の死亡率を3分の2減少させる。	
目標5 妊産婦の健康の改善 ターゲット6 2015年までに妊産婦の死亡率を4分の3減少させる。	
目標6 HIV／エイズ、マラリア、その他の疾病の蔓延防止 ターゲット7 HIV／エイズの蔓延を2015年までに阻止し、その後減少させる。 ターゲット8 マラリアおよびその他の主要な疾病の発生を2015年までに阻止し、その後発生率を下げる。	
目標7 環境の持続可能性の確保 ターゲット9 持続可能な開発の原則を各国の政策や戦略に反映させ、環境資源の喪失を阻止し、回復を図る。 ターゲット10 2015年までに、安全な飲料水を継続的に利用できない人々の割合を半減する。	

出所：http://www.undp.or.jp/mdg/index.html

図２－１　１日１ドルあるいは２ドル以下で暮らす人々の割合（％）

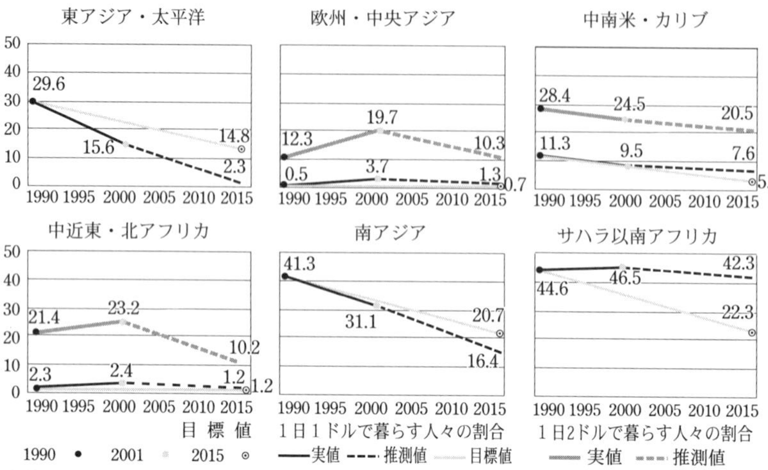

出所：http://www.developmentgoals.org/Poverty.htm

るように、東アジアと太平洋地域、また南アジア地域においては、目標値を達成するペースよりもより進んだ減少傾向が見られ、勇気づけられる。しかし他方、サハラ以南アフリカ地域では目標達成ペースから大きく逸脱しており、このままでは目標の達成はほぼ不可能であると思われる（UNDP の推計によるとアフリカにおいて貧困を半減するという目標の達成はいまのままでは2147年になる（UNDP［2003］p.2））。

この MDGs は他の要素と一体となり、現在の国際社会における新しい貧困削減方式ともいえる仕組みを構築している。他の要素とは以下である。

1．世界銀行の『世界開発報告2000／01』に見られる貧困削減についての国際的合意
2．国レベルで貧困削減を実現する仕組みとしての貧困削減戦略文書（Poverty Reduction Strategy Papers, PRSPs）
3．PRSP をより具体化するための援助実施メカニズムとしての中期支出枠組み（medium-term expenditure frameworks, MTEFs）とセクター・ワイド・アプローチ（sector-wide approaches, SWAPs）
4．結果重視の管理方法（results-based management, RBM）への誓約[27)]

このうち『世界開発報告2000／01』についてはすでに見たように、経済成長の機会の活用、保障の確保、エンパワーメントの促進を貧困削減の基本的柱としている。PRSPsは重債務貧困国（HIPC）の債務救済との関連で、1999年に開催された世界銀行とIMF総会においてその導入が決定された。その特徴は、①原則として途上国に主体性があること（ownership）、②参加的手法により途上国内の幅広い意見を聞いたうえで作成された合意であること、③そのため援助機関・先進援助国の支援を得やすいこと、④変化する国際情勢に対応すべく、途上国への国際協力の道しるべとしての役割を担うことである[28)]。

MTEFsとSWAPsはさらに具体的手法で、前者は途上国の財政支出を3年をめどにどのような分野に優先的に配分すれば貧困削減に貢献するかを示すもので、これが国際協力実施の指針となる。後者はたとえば教育や保健といった分野（セクター）ごとにおいて、いままでは先進各国や各機関がばらばらに援助をしていたのを改め、分野ごとに一つの統一された方針を定め援助機関がそこへ援助するものである。ここにおいてはたとえば日本の独自の援助としての活動ではなく、途上国の貧困削減を実現するために定められた枠組みへの支援という位置づけになる[29)]。

結果重視の管理方法とは、単純化していえば予算や人員の整備といった投入される資源より達成された成果を重視した組織経営の方法である。たとえば、援助プロジェクトをいくらかかって実施したというよりも、その成果として貧困がどれだけ削減されたかという達成度を重視する方法である[30)]。

それではこのような仕組みの意義とは何であろうか。まずこのような五つの要素が一体となり途上国の貧困削減を実現しようとする取り組みそのものは高

---

27) これらはもちろん世界銀行の包括的開発計画（Comprehensive Development Planning, CDP）と密接に関連している（Maxwell and Conway［2000］）。

28) PRSPは2003年7月現在で77カ国が作成している。PRSPに関しては笹岡［2001］ならびに同［2002］；石川［2003］参照。

29) MTEFに関しては牧野ほか［2001］を、SWAPについては高橋［2001］と吉田［2001］参照。

30) RBMはこれを主導する援助機関側も採用しており、それらの機関のホームページで概要を知ることができる。近年の各国での取り組みの比較研究としてRoberts［2004］。

く評価することができよう。第二次大戦後の世界で貧困を削減するためにこれほど体系的な取り組みがなされたことはなかったからである。またMDGsも八つの目標を明確に設定することで世界の指導者の注意を喚起し、国際社会の行動をおこしやすくする点で非常に有意義である。MDGsで見られるように国際社会が一丸となって貧困問題に取り組むことで一定の合意を得た点においては評価できる[31)]。

しかしながら、この体系そのものが実は新たに別の問題を内在させている。第一に、数値化された目標はわかりやすいが、反対に数値化できないことがらは取り組みから漏れてしまう危険性をはらんでいる。そもそも先進諸国で構成する開発援助委員会（DAC）は貧困の五つの要素として、①所得や資産といった経済面、②人権や自由といった政治面、③立場や威厳といった社会・文化面、④保健や教育といった人間面、⑤脆弱性への保障や保護面、を挙げている（OECD［2001］）。しかし、人権や自由といった政治的側面ならびに先住民のアイデンティティーなどの文化的側面は、数値化が難しいことやそれ以外の理由から、MDGsからは除外されている。それではいかなる人々も人間としてその存在価値を有し、人間らしい人生を生きる権利を有し、その実現のためのエンパワーメントを促進するという課題からはずれてしまっている。

また財政支出への関心はそれ自体高められるべきであろうが、支出の目的であるマクロ経済政策の健全性から注意がそれるべきではないことはもちろんである。さらに、SWAPはセクターに注意をはらい援助機関の協調を可能にした点で意義深いが、セクター別に分けられてしまうと、たとえば農村開発や環境といった横断的テーマへの対処が不十分になる危険性がある（Maxwell［2003］）。さらにセクターごとに援助調整を実施する体制と、近年重要視されている地方分権化は、実施のされ方次第では矛盾を内包する（これに関しては後の各章を参照）。

31）他方、国際社会の目標というとき、先進国と途上国の役割分担が不明確になり、実現にあたり誰がどのような責任（アカウンタビリティー）を負うのかを隠蔽しているとの指摘もある（Black and White［2004］）。

さらに最大の問題はMDGsが、本書が立脚している生計アプローチに関して何も触れていないことであろう。MDGsは国連総会の場で合意された政治的文書であるため、学術的意味での立場を標榜していないこと自体は驚きに当たらない。しかしこのアプローチがそれまでの蓄積から重視している、貧しい人々や社会的に恵まれない人たちの社会参加、行為者自身のさまざまな外的状況への主体的適応力とリスク管理、といった視点が軽視されることは、援助する側とされる側の関係改善において残念である。すなわち援助機関は従来往々にして貧しい人々に対して独善的な支援を実施する傾向にあった。生計アプローチを重視することにより、この過ちを是正するきっかけになりえたが、もし仮にその契機を失ってしまったとすれば大変残念である。援助機関と途上国の関係も以前より対等になってきたと一般には評されるが、このようなMDGsをはじめとする体制自体が援助機関側の押しつける条件（conditionality）であるとの批判も成り立つのである（Mosley and Booth [2003]；Black and White [2004]）。このようなさまざまな意味で、現在のMDGsを含む体系的取り組みは今後とも注意深く評価される必要がある。

6 まとめ

第二次大戦後の世界は途上国の貧困の解消を目指し、それまでの人類史からすれば野心的な開発という事業へと乗り出すことになる。それを支えたのが近代化論であった。伝統的な途上国の社会を、より進歩した近代的社会に置き換えることで、貧困を解消しようとしたのである。その取り組みは資本主義をもとにした経済成長促進策が基本であった。経済成長はその後批判されるが、しかしその考え方は現在でも大変大きな影響力をもっている。私たちは日常、成長率の変化という情報で社会の豊かさを判断する場合が多い。

そして21世紀に入った現在、MDGsを含む体系的で一貫性のある貧困対策を国際社会は備えるに至った。これまでの反省をふまえ、改善を重ねてきた点においてこれは大変評価される。しかし、現在の方法や仕組みですら問題を抱えており、人々のエンパワーメントや人権の実現を担保するには、なお一層の努力が不可欠である。MDGsの実現に限ってみても、東アジア地域は目標達成に近いが、他方アフリカではむしろ状況は悪化している。このように世界の貧困と開発をめぐる状況は、国際社会全体としては大きな進展であるが、他方地域別に見ると現在の進捗状況はこころもとない。

現在とりわけ大切なことは、特定の考え方やアプローチに固守せずに、それぞれの立場の特長を生かし、なおかつ短所を補うことができる補完関係を構築する努力であろう。たとえば近代社会の効率性をすべて否定せずに、それが見落としがちな公益性や人権の保護を資本主義とは異なる仕組みで担保することが肝要である。脱開発論者の主張する草の根レベルの社会運動を実現するためにも、国全体の変革は不可欠である。そのためには先進国からの協力は必要であろう。具体的な国際協力においてはたして補完関係が実現するのか、その中身が今後一層厳しく問われるのである。

復習キーワード

- **経済成長**：economic growth
- **社会開発**：social development
- **近代化論**：modernization theory
- **産業革命**：industrial revolution
- **青写真**：blueprint
- **技術移転**：technology transfer
- **トリックル・ダウン仮説**：trickle down hypothesis
- **離陸**：take off
- **2部門経済発展モデル**：dual economic development model
- **資本主義**：capitalism
- **介入主義**：interventionism
- **新自由主義**：neo-liberalism
- **マルクス主義**：Marxism
- **新ポピュリズム**：neo-populism
- **エンパワーメント**：empowerment
- **社会運動**：social movement あるいは popular movement
- **脱開発論**：post-development
- **人権**：human rights
- **グローバル化**：globalization
- **ミレニアム開発目標**：Millennium Development Goals, MDGs

討論のための設問

Q：経済成長と社会開発の違いとは何か。両者はいかなる関係にあるか。

Q：近代工業社会の到来を望ましい開発のあり方であると考えるか否かで、どのように異なる主張が展開されるであろうか。

Q：ミレニアム開発目標のもつ意義と限界に関して考察しなさい。

もっと勉強するための文献

近代化論は日本語でもさまざまな文献があるが、開発研究との関連では菊地［2001］を参照。MDGs に関してはホームページ（http://www.developmentgoals.org/）が多大な情報を提供している。MDGs を含む貧困削減対策の仕組みについては全体的解説書が少ないので、本文中に掲げた文献を参照のこと。

3 経済成長 1 ：農業・農村開発

ウガンダでの環境に適応した農業の試み

❶ 農村貧困の現状

先の章までで、開発をめぐる考え方を整理した。この章と次章では経済生産を増大させることで発展途上国にいまだに広がる貧困を解消しようとする経済成長について考える。この章では農業を、次章では工業を考察する。

途上国においても都市化は顕著な現象であるが[1]、しかし全体としてみれば多くの国々において大半の人口はこれまで**農村**（rural areas）に居住してきた。都市部と農村部の貧困の性質は多少違っている。都市部の経済は貨幣経済の割合が高いために、現金収入がなければ自己実現を図ることが困難な場合が多い。それに対して農村部では、現金収入は無論重要であるが都市部ほど決定的要因ではない。つまり**所得貧困**は相対的に見て農村部より都市部において深

1）都市化が進みより工業化されている傾向にある農業と食糧政策に関しては *Development Policy Review* の2003年 9 月-11月合併特集号が詳しい。

図 3 − 1　世界の 1 人当たり穀物生産量（1950〜2000年）

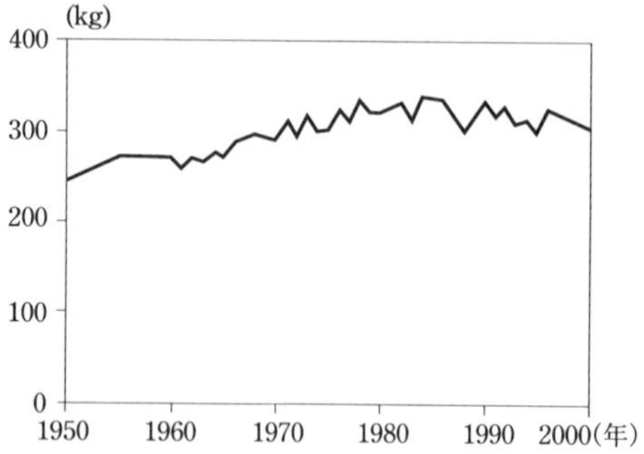

出所：ブラウン［2001］p.78。

刻である。他方、農村において自己実現の障害となるのはさまざまな形の公共サービスの不足や**食糧不足**（food shortage）である。とりわけ困窮になった際に社会保障制度を含むセーフティネットが未整備な農村部において、食糧や栄養が不足する貧困が生じるのは深刻な課題である。

食糧生産を歴史的に見ると、20世紀において飛躍的な増産を達成した。他方で世界人口も大きく増加しつつあるために、図 3 - 1 にあるように 1 人当たりでは穀物生産高は必ずしも大幅に増加していない。

人間が健康であり、さまざまな活動を通じて社会的に貢献できる目安とされるエネルギー量は 1 日に2200カロリー（Kcal）である。世界全体ではすべての人類に対してこのカロリーを供給できるだけの食糧は生産されているが、しかしながら世界にはこのカロリーをとることができない人々が存在する[2)]。その割合を世界全体で見れば1964〜66年の57％から1997〜99年には10％へと低下した。それでもなお栄養不足に苦しんでいる人々はいまなお 8 億人近くと推定

2）世界人口を養うだけの食糧がありながら、飢える人々がいる理由はいくつかあるが、第一に穀物をそのまま食べるよりもそれを飼料として鶏や豚や牛に食べさせ、その肉を消費すると、1 キロの肉を生産するためにその何倍もの穀物が必要である。第二に、所得の向上に伴い人はよりおいしいものを食べようとする。つまり穀物から肉を食べるにつれて、世界的にはより多くの食糧が必要になる。その結果、先進諸国の肥満や飽食と途上国の飢えと飢餓が同居することとなる。

図 3－2　農業収入に依存する人口の全人口に占める割合

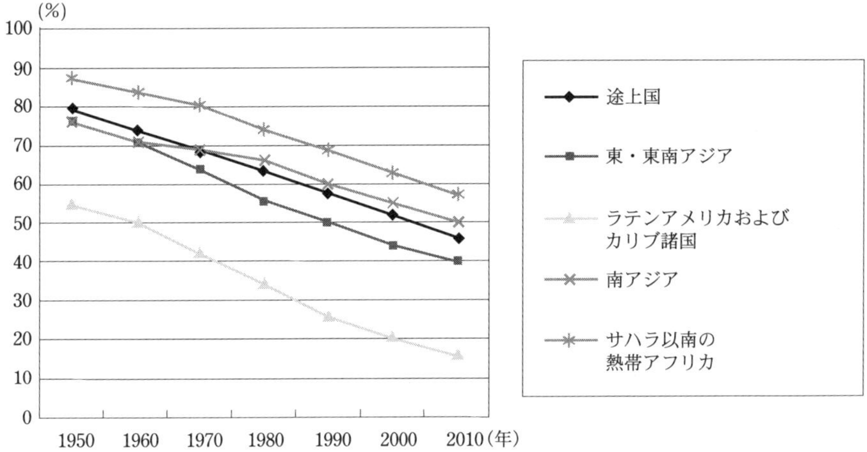

出所：Lipton［2001］p.826をもとに著者がグラフ作成（データはFAOによる）。

され、途上国の人口の 6 分の 1 である。またこのうち 2 億人は 5 歳未満の子どもたちである（FAO［2002］）。このような貧困層の約 4 分の 3 は農村部に住んだり働いたりする人々であると推計されている（IFAD［2001］）。

農村の主要な産業はいうまでもなく**農業**（agriculture）である。人口のうち農村に住む割合が多い途上国では必然的に、農業に収入を依存しなければならない人々も多くなる。図 3－2 にあるように、途上国全体では半分以上の人口がいまだに収入源を農業に頼って生活している（Lipton［2001］p.826）。そのため食糧を生産する農村において食糧不足・栄養不足が生じるのは皮肉な現象である。人口増加、紛争、自然災害など多様な要因によって途上国では食糧が不足している。その結果、食糧援助等の外部支援を必要とする開発途上国が、近年では毎年40カ国近くある（FAO 日本事務所ホームページ）。

このような問題解決のため、農業開発や農村開発がこれまでにも実施されてきた。ここでいう**農業開発**（agricultural development）とは生産業としての農業を発展させることであり、農村の地域振興にとって不可欠である。これに対して**農村開発**（rural development）というときは、たとえば農村に住む人々への教育や医療・保健の充実といった農業以外の分野を含めた総合的農村振興策を意味するのが一般的である[3]。

一般的に途上国の農村は、それぞれの歴史的背景をもとに、村民が相互扶助のための組織を形成してきた。場合により、この組織はかなり制度化され、その機能やリーダーの選出などが明確になっている。また他方で、それほど明確ではないが、村民の間に一定の暗黙の了解として、お互いの問題を相談したり、解決したりする方法が備わっている場合もある。さらに、このような多様な歴史的背景は、しばしば植民地支配や近代化によって影響を受け、伝統が一部では受け継がれつつも、さまざまな変容に直面してきた。農村開発では、農村社会の構成員間の結びつきを活性化し、村落に共通する諸問題の解決可能性を高めることも重視される（恩田［2001］p.17）[4]。

農村というふだん使い慣れた言葉も厳密に定義するとなると至難の業であるが、途上国における一般的な農村地域の特徴を挙げると以下のようになろう。

1．人口面においては、これまでは農村地域は都市部より多くの人口を抱えていた。農村人口の増加傾向は続くが増加率は今後低くなり、いずれは都市人口のほうが多くなると予測される。

2．農村部と都市部を結ぶ交通・通信網の整備は徐々に進み、今後は隔絶した農村は少なくなると考えられる。

3．保健と教育の進展により農村地域の人々の潜在能力は高まってきた。

4．農村人口の大多数は事実上土地なしで、所有する土地があるにしても家の周りのごく狭い土地のみである場合が多い。

3）日本では田圃や畑が広がる地域という一般的印象があるが、途上国では一般に、牧草地、草原、野原、森林、山地、砂漠などの地域も含む。これ以外に、人口密度、村落形成、外部経済との関連性などの視点から農村を考察することができる。

4）また農村と似ている重要概念に**共同体**（community）がある。その定義も難しいが、場所として空間的に規定するより、機能面で考えた方が有意義である。共同体とは、実際的であるにせよ潜在的であるにせよ、①共通のアイデンティティーに基づく構成員間の団結性（cohesion）、②みずからと他を区別する区分性（demarcation）、③活動や指導のあり方における正当性（legitimacy）、④変化する状況に適応する能力（resilience）の4要素を備え、構成員の共通の問題解決のための小規模の人的つながりで、通常は国家機構の作用する範囲の外側で機能するものである（Barrow and Murphree［2001］pp.26-27）。

5．農村での収入源は農業から農業以外の活動へと変化しつつある。

6．他方、ほとんどの農家は商業目的に農業を行い、農家規模は大規模化しつつある。商業農家は生産に必要な肥料などや生産物を市場を通じて売買するが、その売買方法がより高度化していくと予測される。

7．農村地域間の格差が今後はこれまで以上に広がると考えられる。

8．農業が国民総生産（GDP）に占める割合は途上国においてもやがては10%程になると推測される（Ashley and Maxwell［2001］pp.400-401)。

このような農村の特徴を再確認することは重要である。なぜなら第2章で見たように、途上国の貧困削減をめぐり**ミレニアム開発目標**（MDGs）からなる国際社会による一連の対策の枠組みが現在できあがっているが、そのなかで農業や農村開発は必ずしもその位置づけが明確になっていないからである。

MDGsの採択に先駆け、1996年に国際連合食糧農業機関（Food and Agricultural Organization of the United Nations, FAO）の提唱により、世界の食糧問題を討議する**世界食糧サミット**（World Food Summit）がローマで開催された。そこでは2015年までに8億人の栄養不足人口を半減させるとの目標が180を超える世界の首脳らによって採択された。これは1974年の世界食糧会議以来、国際社会が食糧問題に関してその意思を確認したものとして意義深い[5)]。しかしその後、各国とりわけ先進諸国の関心は途上国の食糧問題へと必ずしも向かわなかった。そのため1996年の会議から5年後の2002年6月にローマにおいて世界食糧サミット5年後会合が開催された。この会合の目的は、それまでの栄養不足人口の削減をめぐる進展状況と加盟国の取り組みを点検しつつ、2015年までに食糧サミットの目標を達成するための政治的な意思と資金投入を含む今後の対策の確認を行うことであった。いうまでもなく2015年はMDGsが貧困削減を達成するとしている時間的期限である。

しかしながら世界食糧サミットの目標を引き継いだMDGsにおいては、農業・農村開発の位置づけは明確ではない。MDGsではわずかに第7目標の環

5）世界食糧サミットに関してはFAOのhttp://www.fao.org/wfs/homepage.htm, 日本語ではhttp://www.fao.or.jp/international_conference/wfs_index.htmlを参照。

境において農村部の人々も含めた安全な水の確保がその達成のための指標として挙げられている。また第8目標のパートナーシップにおいて、内陸国や小さい島国の特殊なニーズに対応するために農業生産物の扱いが記載されているだけである。すなわち途上国の貧困の大部分を占める農村の貧困を削減することは貧困全体の削減に大きな貢献をするにもかかわらず、現在の貧困削減の国際合意においては農業・農村開発は工業開発でも都市開発でもないという意味においてのみ明確であるにすぎない（Ashley and Maxwell［2001］）。このようにMDGsにおいては農業・農村開発は**経済分野**（セクター）としては明確に定義されておらず、そのような明確化を前提とするセクター・ワイド・アプローチ（SWAP）という現在の国際協力の主流の方法になじんでいない。これは実は大変危険な状況である[6)]。

途上国世界の栄養不足をめぐる今後の動向は楽観面と悲観面の両方を有しているといえよう。栄養不足人口の割合は全体では現在の17％から、2015年には11％へ、さらに2030年には６％へと減少すると考えられている。改善の原因はいくつもあり、新技術の導入、経済全体の成長による恩恵などである。しかしこのような予測は地域差が顕著であることを忘れてはならない。図３－３にあるように、東アジア、南アジア、ラテンアメリカ諸国においては改善が期待できるが、他方サハラ以南のアフリカと中近東・北アフリカ地域においては、むしろ悪化すると予測されている。

今後世界的に食糧生産の足かせとなるであろう要因は人口増加以外にもいくつか挙げられる。たとえば世界全体で見れば１人当たり耕地面積は20世紀半ばの0.24ヘクタールから2000年には0.12ヘクタールへ、さらに2050年には0.08ヘクタールへと減少すると予測されている（ブラウン［2000］pp.10-11）。また水の問題もある。潅漑設備の普及により、少ない土地でより多くの食糧が生産されるようになった。しかし今後潅漑地域の一層の普及はのぞめない。その理

６）現在、参加とガバナンスを重視することも含めて、地方分権化が世界の数多くの国々で実施されているが、分権化が貧困削減、とりわけ農村部の貧困削減にどのように寄与するかは論理的に必ずしも明らかではない（Saito［2003］）。

図3－3　栄養不足の人々の数（1990～2030年）

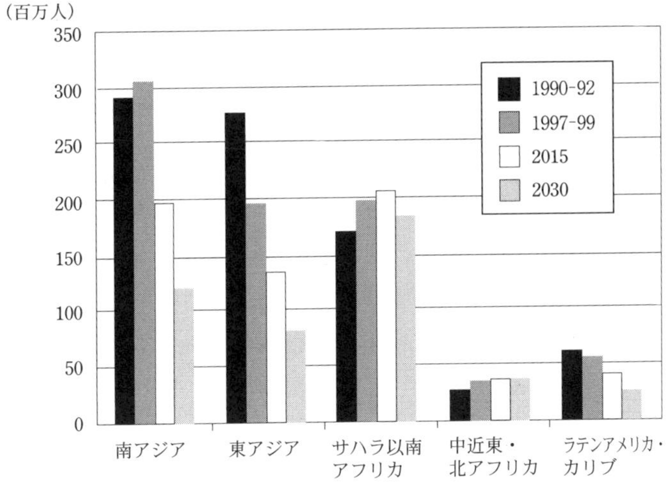

出所：FAO［2002］p.17.

由の一つは、近代農業は水を酷使し、世界の各地で水不足が深刻になりつつあるからである[7]。今後さまざまな環境劣化が食糧の確保をますます困難にする事態が予想される（Smil［2000］）。

❷ これまでの農業・農村開発をめぐる取り組み

これまでの農業・農村開発をめぐる動きを振り返ると、時代ごとに異なった考え方がとられていたことがわかる。単純化してしまえば、表3－1に見られるように、1950年代は近代化の時代、1960年代は緑の革命の時代、1970年代は国家主導の時代、1980年代は市場自由化の時代、1990年代は参加とエンパワーメントの時代、そして21世紀に入ってからは生計アプローチの時代であるとい

7）20世紀末の時点において世界の食糧の約40％は全耕地の約17％を占める潅漑地で生産されている。とりわけインド、中国、アメリカ、パキスタンの4カ国だけで世界の潅漑地の半分以上を占める（ブラウン［2000］p.67）。

表 3－1　農村開発のテーマの推移

年代	テーマ
1950 年代　近代化の時代	二元的経済モデル “進歩が遅れた”農業 地域開発 怠けた小作農
1960 年代　緑の革命の時代	農業の構造改革 技術移転 機械化 農業普及 成長における農業の役割 緑の革命（開始） 合理性のある農民
1970 年代　国家主導の時代	成長を伴う再分配 ベーシックニーズ 総合農村開発 政府主導の農業政策 政府主導の小規模金融 都市偏重 誘発的革新 緑の革命（継続） 農村開発の連係
1980 年代　市場自由化の時代	構造調整 自由市場の整備 市場による価額決定 政府の縮小 NGO の台頭 簡易農村調査法（RRA） 農村システム調査（FSR） 食料安全と飢饉の分析 過程重視の農村開発 開発と女性（WID） 貧困軽減
1990 年代　エンパワーメントの時代	小規模金融 参加型農村研究（PRA） アクター志向 利害関係者分析 農村のセーフティネット ジェンダーと開発（GAD） 環境と持続性 貧困削減
2000 年代　生計アプローチの時代	持続的な生計維持 良好なガバナンス 地方分権 参加型への批評 セクター・ワイド・アプローチ 社会保障 貧困撲滅

出所：Ellis and Biggs［2001］p.439 をもとに著者が改訂。

える。このように表現することは無論同時代においてただ一つの関心だけが多様な関係者によって抱かれていたことを意味するわけではない。また同じテーマが、強調される度合いに程度の差はあっても、異なる時代において繰り返し取り上げられてきたことを排除しない。しかしこのような整理はこれまでの農業・農村開発をめぐる変遷を概観し、そのことによって今後の方策を考えるうえで大変参考になる[8)]。

8）島田［1999］は政治生態論の観点からやや違った系譜を描いている。

1960年代：緑の革命

農業を近代化させた象徴的取り組みは**緑の革命**（Green Revolution）であり、これ抜きに現在の世界の農業を理解することは無理であるといっても過言ではない。緑の革命とは農業の生産性の飛躍的向上を目指し、品種改良された穀物類などの新しい農業技術の確立と、その技術の発展途上国への導入の過程をいう。発展途上国では、たとえば1943年のベンガル飢饉によって300万以上の死者を出した。このような状況への対策の一環として、1950年代以降、アメリカをはじめとする先進国の農業研究所で、世界の3大穀物であるトウモロコシ、小麦、イネなどの品種改良が進められた。改良品種によって収穫量を増やすためであった。そしてロックフェラー、フォード両財団の援助で1962年にフィリピンに設立された国際イネ研究所（International Rice Research Institute, IRRI）では、66年に「ミラクル・ライス」（奇跡の米）と呼ばれるIR-8が開発された。また63年にメキシコに設立された国際トウモロコシ小麦改良センター（Centro Internacional de Mejoramiento de Maizy Trigo, CIMMYT）では、メキシコ小麦と呼ばれる多収穫品種が開発された[9)]。

これら**高収量品種**（high yielding varieties）は植物の形状としてはその丈が短く、多くの実を付けても倒れないように工夫された品種である。さらに水と肥料に敏感に反応し、その結果従来の品種と比べて収穫量は大幅に増えることが研究結果として報告された。

そのため、発展途上国における食糧不足を解消し、食糧の増産による自給体制の確立を目指し、これら新品種は途上国に積極的に導入された。東南アジアにおいては、主としてIR-8が導入された。図3-4はアジア各国における高収量品種の作付け面積を示す。また南アジアでは新しい小麦が増産を助けた。このような導入は行政の普及活動によって後押しされた（平野［1997］）。

その結果、場所と作物によって当然状況は異なるが、かなりの食糧増産が達

9）第二次大戦後の社会主義や共産主義国家においては、導入された具体的技術は多少異なったが、しかし農業を処女地開拓、農業の機械化、新品種導入などにより近代化しようとした基本的考え方は同じであると考えてよい。

図３－４　高収量品種米の導入面積

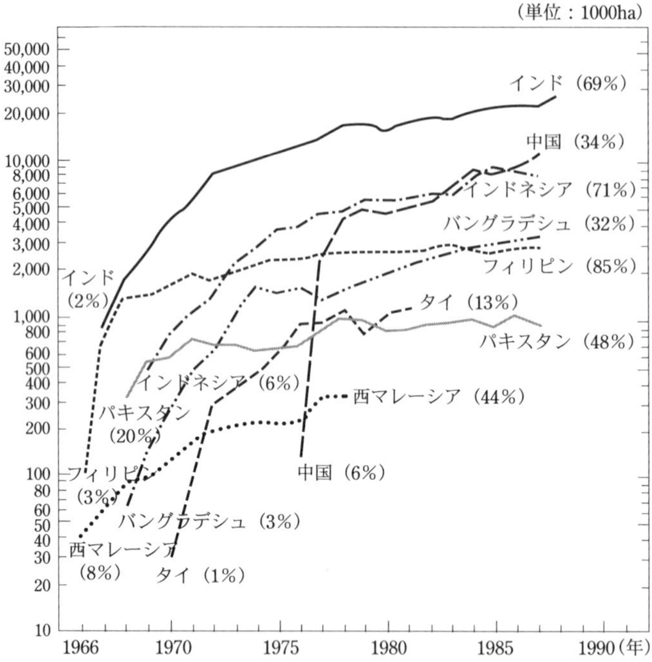

（注）図中のカッコ内は総米作面積に占める高収量品種導入面積の比率。
出所：渡辺［1998］p.19。

成された。たとえばインドでは、1960年代半ばには農業の成長率は６％を上回っており、それ以前とは際立った改善を見せた（渡辺［1998］ p.298）。発展途上世界全体の穀物自給率は1970年代を迎えるにあたってあと少しで100％のところまで伸びた（国際食糧農業協会ホームページ）。

さらに、生産量の増大に伴って、農家の収入が向上し、栄養水準もかなりの程度改善した。これらの改善によって貧困の軽減へ貢献した。緑の革命を率いてきた主導的人物であるノーマン・ボーローグ（Norman Borlaug, 1914-）は1970年にノーベル平和賞を受賞することになる[10]。

しかしながら、緑の革命は手放しで喜べる状況を残さなかった。問題点の一

10）ノーベル賞受賞理由などは http://www.nobel.se/peace/laureates/index.html。

つは、新品種が期待された収量を上げるためには、大量の肥料や農薬、また潅漑設備など、近代的農業技術の導入を前提としたことである。そのため多額の資本を必要とした。その結果、新品種を導入できる農民や地域と、そうでない場合との格差が広がった。その格差は、場合によっては農村内部の階層間で、また異なった地域間で発生した（Lipton and Longhurst［1989］）。

さらなる問題は、化学肥料や農薬の大量投与によって環境汚染が深刻となったことである。かつて増産にわいたインドの穀倉地帯では、いまでは塩類集積により地表に塩が吹き出している場所も少なくない。これらの土地はもはや農業に適さないばかりか、土地として他の利用法にも問題が多いため放置されていることが多い。さらに緑の革命は、もともと地域ごとに自然や社会環境に適して多様であった世界の農業を単一化してしまい、生物多様性を減らすことにもなった（Shiva［1991］）。

1970年代：小農の積極的位置づけと国家主導の対策

緑の革命が科学的農業による農業の近代化を志向したのに対し、それと反対の発想を展開したのが「小農振興信仰」とでも呼べる考え方である。この**小農**（small farms）をめぐる議論は、農業・農村開発を振り返るとき半世紀にわたって繰り返されてきた[11)]。この考え方を単純化すれば「小農は経済的に効率がよいので、これを支援することで農業生産を高める」という考え方である。実はこの「小農振興信仰」は1960年代に似たような考えをもった研究者たちによって、一つの発想の転換として提示されることになった[12)]。それは第2章で述べた近代化論とその具現化としての緑の革命からの大きな転換である。近代化論においては、伝統的農村は停滞の象徴であり、産業育成を中心とする近代化こそが途上国の開発を実現し、貧困を解決する、と想定された。この考え方には、小農に着目しこれを支援することで開発を実現するという発想はない。そ

11）小農をめぐる議論はアフリカにおいてはRobert BatesとGoran Hyden、アジアにおいてはSamuel PopkinとJames Scottの論争として有名である。前者に関しては原［1985］が、後者に関しては児玉谷［1993］と峯［1999］がふれている。

12）これは1964年のTheodore W. Schultzの著作によるところが大きいといえよう。

の意味で1960年代の「小農振興信仰」は近代化論から明らかに大きく異なっている。その考え方の概要は、

1．小農は合理的経済人で、資源を効率的に配分するような決定をする。

2．小農は大農と同じように高収量品種を活用できる。

3．小農は状況によって高収量品種を活用するが、土地が少ない場合はそれよりも容易に確保できる労働力で代替する。

4．小農が生産する農産物は農村部において非農業へも波及してゆく効果をもつ（Ellis and Biggs［2001］)。

この「信仰」のおそらく最大の特徴は、生産と分配を同時に解決できると考えたことによる。すなわち、小農の生産力を増強することはまず農業生産を増大することに貢献する。それ以上に、小農の生産力の拡大により、小農家の所得・栄養水準を引き上げ、それによって大農と小農の間の貧富の差を解消することにも役立つと思われた。つまり、より平等な農村社会の実現である。この想定に対しては各種の反論がなされることになるが、少なくとも生産と分配（平等）を両立させようと論者たちが考えた点は強調されてよい。

他方はたして小農は生産性が高いのかに関しての議論は収拾を見ていない（cf. UNDP［2003］p.89)。小農よりも多くの土地や農業機械を使用する大農のほうが生産においてより効率的であるのは、たとえば単一栽培を行うヤシやパイナップルといったプランテーション型農業を見れば明らかに思われる。「小農振興信仰」が前提と考えた事柄の多くに対しても疑問が出されている。それゆえにこの収束しない論争は、重要ではあるが証明されないままの「信仰」としての性格づけが強いといえるであろう[13)]。

総合農村開発

小農振興信仰をより具体的に実現しようとしたのが**総合農村開発**（integrated rural development program, IRDP）であり、これは1970年代において世界の各地で実施された。実施方法は状況によって異なるが、多くの場合この総

13）近年の議論としては杉村［2004］参照。アフリカに関しては高橋［1998］。

合農村開発は農業の生産性向上のための潅漑設備の充実・肥料や農薬の供与・新しい農業技術の普及指導にくわえて、保健、衛生、また小規模金融といった多方面の対策を総合的に打ち出した。このような総合的な支援を実施すれば、必ずや「合理的農民」は公的機関からの融資を受けて新しい技術を採用し、農業生産を上げ貧困を克服するであろう、と想定された。

しかしこの取り組みはその理念とはうらはらに、必ずしも思ったほどの効果を上げなかった。その主要な原因として、途上国の既存の組織とは独立した形でプロジェクト実施機関を設置した場合が多く、多方面にわたる活動内容の調整が十分機能しなかったことが挙げられる。この方式の失敗の原因究明でさらに指摘されることは、農村開発といった地方の事情を反映して活動すべきプロジェクトが、外国援助機関や中央省庁の思い込みや途上国の国内政治事情に影響されきわめて融通の利かないものになり、地域の人々のニーズにそうように改善されることがほとんどなかったという点である（Maxwell and Conway [2000]）。その結果、援助機関や中央政府主導でのプロジェクトはかえって国家エリートと地方の有力者との結びつきを強め、貧しい農民の利益にならないことが多かった（Brohman [1996] pp.215-216）。そこにはたとえば農村における土地分配や貧富の格差の問題への配慮や、さらにそれを乗り越えるために社会的弱者の参加をふまえて地域の意思決定を促すという発想がきわめて薄かった。

1980年代：市場自由化の時代

総合農村開発は肥大する国家官僚機構を残した以外は目覚ましい成果を上げることはなかった。そのことが1980年代になり、第2章で見た新自由主義の影響力が増大すると、国家の経済運営においては構造調整政策がとられ、農村開発においても**市場自由化**（market liberalization）を進める政策へと転換されていくことになる。

構造調整政策（structural adjustment program）とは国家の経済構造を改革するべく1980年代に世界銀行と国際通貨基金（IMF）が主導した経済政策で、1980年代のキーワードである[14)]。実はそれ以前の1970年代後半から途上国の経済状況は急速に悪化し、とりわけ石油危機を引き金とする国際経済の混乱は途上国の**債務危機**（debt crisis）を招いた。また国内的には放漫財政を長年続けてきた結果、財政赤字が恒常化し、ついに多くの国で国家の経済が実質的に破綻しているといっても過言ではない状況に陥ったのである。この危機的状況を克服するため、国際金融機関である世界銀行とIMFは途上国に一定の「条件」を提示し、それが受け入れられるのであれば構造改善のための融資を行うという形で、途上国の経済政策に深く関与することになった。

その**条件**（コンディショナリティー、conditionality）には通常以下が含まれる。

1．財政面での改革：各種補助金の削減、税制改革、公共料金の引き上げ

2．金融面での改革：政府系金融機関の整理縮小

3．貿易面での改革：外国為替レートの一本化、関税率の見直し

4．制度面での改革：公務員の規模縮小、地方分権化の推進

これら多方面での改革の大前提は、経済の運営は政府の介入によってではなく、市場の自律的調整機能に委ねるべきであるとの立場である。政府が介入し続けた結果、非効率な経済運営がなされた。それを解決するには政府が撤退し、市場に任せるべきである。大きな政府を小さくすることが至上命題となったため、各種政府機関は整理・統廃合されていった。農村開発においては、政府系の農業金融機関も非効率な組織として整理統合の対象となった。また独立後のアフリカにおいて一般的に見られたマーケティングボードはのきなみ廃止されていった。マーケティングボードとは一種の専売公社であり、コーヒーや茶といった主要農産物を政府があらかじめ決定する価格で買い上げることを目的としている。そのため市場による価格形成をゆがめた、と国際金融機関は批判した。実際多くのアフリカ諸国では、この種の公社は汚職の温床となった（高根［2003］）。

14）構造調整については膨大な文献がある。たとえば寺西［1995］；本間［1996］。またこのような政策への近年の批判的議論は野口ほか［2003］参照。

1990年代：参加とエンパワーメント

緑の革命も、小農の合理性に期待して実施された総合農村開発プロジェクトも、ともに共通することは、外の専門家が青写真を描いて農村の人々はそれに従うという構図である[15)]。また市場自由化の時代には、市場がその力を発揮しさえすれば合理的決定がなされるはずであるとの前提から、農村の貧しい人々の位置づけは明確ではなかった。結果的に、政府主導のやり方も市場に任せるやり方も、途上国とりわけアフリカにおいては、両方が失敗に帰することになった。政府は非効率であり、すべてを制御できず失敗する。他方市場も途上国では未整備であり、市場の不備によってとくに社会的弱者はしわ寄せを被る。そこで以前から「上からのおしつけ」(top-down) ではない草の根レベルの活動に取り組んできたNGOなどによって、「下からの」(bottom-up) 活動が見直されることになる。

農村開発など地域の開発はその地域の人々に主体的決定権を委ね、その人々が自分たちで相談し、決定できるようにするほうが効果的である。そのために、社会的弱者も含めて、多くの当事者は決定過程に**参加** (participation) することが望ましい。外部者はそのような変化の過程を外から支援するにすぎず、全体を制御することは元来無理であるばかりではなくそもそも不要である。このような参加の過程が実現されれば、それは第2章で見た**エンパワーメント**の実現へとつながっていくと考えられた[16)]。

このような考え方は**参加型開発**と通常呼ばれ、農村開発に限らず貧困と開発全般をめぐる議論において1990年代には大きな流れとなった（斎藤文彦[2002]；佐藤寛 [2003]）。その背景には、単純にいえば貧困はモノの欠如から能力の欠如へという貧困観の変化と、それに伴うモノの整備からヒトの能力開花への開発観の変化がある。その具体的方針としてたとえば計画手法においても、専門家が作成する青写真方式から、異なる利害関係をもつ参加者が互いに学び会う**学習課程** (learning process) へと方法論の変化を伴った。ここでい

15) その意味において両者は本書第2章でいう介入主義の立場である。

16) 近年、参加型農村開発に関する邦文文献も増えつつあり、たとえば小國 [2003] 参照。

う学習課程とは、ある人物や機関が他の立場を抑圧するのではなく、互いの立場を認めあうことを通じて新たな発想や考え方が得ることができ、その効果によって社会変化を促そうという意味である（Koten［1980］）。変化の過程を重視するとき、このような学習効果は不可欠と考えられる[17)]。

これまでにも総合農村開発を含め、多様な援助が農業・農村開発のために実施されたが、必ずしも効果的ではなかったのは**誰が参加するか**に関してあまりにも無頓着であったことが反省として挙げられる。しばしば援助で新農業技術が導入される場合、研修が男性に対してなされるが、実は途上国では女性が家庭の食糧確保に責任をもつ場合が多いことの延長線として、女性が農業従事者であることが多い。その意味では農作業の研修は女性に対して実施されないと効果的ではないことが経験的に判明してきた。参加型開発や学習課程の重視は、きめこまかく誰が当事者で、どのようにすればそれら当事者の効果的参加を得られるかを浮き彫りにする。農業とジェンダーの交差点もこれによって明確化されるようになった。

21世紀：生計アプローチの時代

参加の考え方を延長し行為者主体の開発を模索したものとして、**生計アプローチ**（livelihoods approach）が登場する。これは農家が外部環境や農村の状況、また市場動向を主体的に判断し、それに基づいて適切と判断される生計戦略をとることを前提とする。そのような戦略の選択には、農村の社会関係や、慣行、さまざまな制度が密接に関連している。同じ農作業を実施する際にも、行為者が男性か女性かによって生計戦略が異なることは予想される。さらにこの戦略には農業と農業以外の収入機会の確保をどう組み合わせるかも含まれる。作付けする作物の選択から、出かせぎなど季節外非農業労働への従事まで、農家主体はリスクを分散しつつ、最適と思われる組み合わせを決定するのである（Ellis［2000］）。

17）参加型開発は第２章でいう新ポピュリズムと重なる主張をもっている。しかし参加型開発でさえ万能薬ではなく、第１章の言説分析を行えばさまざまな批判も可能である。

現在この生計アプローチは概念の明確化とその応用の両面でかなりの進展を見せつつあるといってよい（Jones and Carswell [2004]）。もちろんそのなかには反省や批判が含まれる。しかしながら、農業・農村開発の歴史的経緯を見ると、このアプローチはそれ以前の考え方の反省に基づいて登場している。生産技術の革新、政府支援、市場への適応など、いずれも行為主体である農家からすれば、これら以前の開発テーマへの適切な対応がなければ、望ましい生計手段の選択にはつながらない。生計アプローチは「小農振興信仰」に惑わされることを避けつつも、参加を重視した「下からの」農村開発と発想が似かよっている。今後の方向性としては大きい可能性を秘めていると考えられる（Ellis and Biggs [2001]）。農村での権力構造とのかかわりや、さまざまな制度との関連性を明らかにしつつ、さらなる研究成果が期待されている。

❸ 農業・農村開発の今後

今日農業・農村開発は一種の袋小路に追い込まれた状況にある。それは一つには、各時代に異なった考え方が支配的であることからもわかるように、開発に成功する確固たる方法がいまだ見いだせなかったことである。また農業は先進国や国際機関にとって相対的に軽視された援助分野であった。なぜなら近代化を推進する過程で農業は担い手とは見なされなかった。さらにこのような要因の結果として、近年では農業分野への国際協力は減少傾向にある。援助実施においては、プロジェクトという形態を中心とした活動が農業・農村開発においてなされてきたが、必ずしも効果を十分に上げているとは言い難い。

その一方で、途上国の農業はこれまでとは大きく異なった状況に直面することになる。農業の近代化はより資本集約的農業への移行を意味し、現在の**グローバル化**が進む世界では農業は世界的な価格競争を強いられる。そのためこれまでとは違った作物を農家が栽培するようになると予測される。もし仮に小農は大農に負けないくらい「効率的で経済的には合理的」であったとしても、競争に負けないような新たな戦略が求められている。はたして小農が効率的かどうかに決着をつけることよりも、今日の状況のなかで小農をどのようにして支援していくかのほうがより大切な課題であろう（UNDP［2003］p.74）。

多様化した環境適応型農業

そのうえで今後の方向性を考えるキーワードは、「多様性」と「多角化」であろう。農業自体の重要性は今後とも引きつづき強調されなければならない。世界の人口増加が続くなかで、農業の生産性の向上はいまでもかつてと同じくらい重要な課題であることに変わりはない。多様性と多角化を尊重する農業とは、場合によってはまったく違う方向へ同時に展開することも考えられる。たとえば遺伝子技術を応用した農業のハイテク化と、環境に適合した持続性のある有機農業と農村づくりの両方が同時進行することも考えられる。しかしこのようなハイテク化も、土地の生態系を破壊しないことを遵守しなければ長続きしないことは明白である。長い目で見た今後の農業のあり方は、最大の収量で利益を最大にする方式よりも、環境と調和し地域ごとの特性を生かした持続可能な農業が求められるであろう。その際に、環境に適した農業は多様化を実現した農業であることが再度想起される必要がある。同じ作物を一面に栽培する単作は経済効率では優れているが、環境には負荷が多い。他方、生態系の多様性を尊重した農業は収益は最大化できないが、長期的に持続可能である。

これはいわば近代農業から持続可能な（sustainable）農業への転換である（嘉田［1998］；Reij and Waters-Bayer［2001］；Uphoff［2002］）[18]。その対照は表3－2に要約されている。この転換において技術の要素は生産性との関連で依然として重要であるが、そのあり方は大きく異なっている。在来品種の品種改良なども無視できないが、現在の大切なテーマの一つは遺伝子組み換え技術をどのように活用するかである。これは食の安全性や生命や環境にかかわる倫理の問題と絡んでおり、単純な解答を導き出すことが難しい課題である。増えつづける人類の人口を養うためには生産の増大は不可欠と考えられる一方で、遺伝子組み換えやバイオテクノロジーといった新しい技術の役割は持続性の観点から十分議論されなければならない[19]。そのうえで新技術は、人体に悪

18）持続性の検討は後の第8章参照。

表3－2　近代的農業から持続可能な農業へ

目　的	可能な限り高い収穫量を目指す。	農家にとって持続可能な生計システムの構築を目指す。
生産主体	農家は経営管理の主体。 大規模農業は規模の経済を生かすために適している。 市場に向けて生産し地球規模で売買される。	家計は生計の仕組みの中心。 小規模農業は、生態系の多様性を活用するうえで適している。 市場のすきまをねらい、契約栽培が主になる。
生産方法	機械化された農業で、主要穀物の生産を強調。 最適の耕地こそが生産を増大するために向いている。 生産周期は1年を基準として周期的に管理される。 単作により収量を増大。	生態的農業で、生態系の多様性を生かすため、穀物以外の森林、家畜、なども含める。 どのような土地であっても、その土地ごとの生態系を保存しつつ生産が可能。 森林や農地の組み合わせを重視するため、規則的周期はさほど意味がない。 混作により少量多品種を生産。
投入物	化学肥料が不可欠。 農薬は害虫駆除に不可欠。 灌漑設備は水を的確に作物に与える。 遺伝子組み換えは生産性向上に寄与する。	投入される肥料などは生態系と調和することが必要。 害虫は生態系の仕組みを利用するなど農薬をできるだけ使わずに管理する。 水は生態系全体のなかで必要量が決定される。 生産性の低い作物も含め遺伝子の多様性を保存する。
農業のプロセス	青写真に基づくプロジェクト。	多様な関係者と協同で実施し、学習課程を重視。
知識のあり方	科学技術、物質的資源を重視。 科学的知識が専門家から普及システムを通じて農家に一方的に伝搬する。	組織・知識・人的資源を重視。 農家のニーズを第一にし、地域の伝統的取り組みと科学的知識を融合させるような技術を目指す。

出所：Uphoff［2002］pp.263-264をもとに作成。

影響のないことを含めて、環境に調和するものであることが求められる。緑の革命が頓挫した原因の一つは環境破壊であった。今後取り組まれる第二世代の緑の革命は、単に農産物が豊かに実るという意味で「緑」であるだけではなく、環境に優しい意味でも「緑」である必要がある。そのため**生計アプローチ**という考え方は、農家の主体性を尊重しつつ、生態系の多様性を保全することにも適合した特徴をもつ。なぜなら土地を台無しにしては農業が続けられない

19）遺伝子組み換えの議論としてLipton［2001］参照。また*Journal of International Development*は2000年11月号において特集記事を組んでいる。

ことはほかならぬ農家自身がよく知っている場合が多いからである[20)]。

これ以外にも、技術普及のあり方の再検討が求められる。従来型の普及は、新しい技術を是として政府関係機関が農民へその採用を奨励するのが普通であった。しかしこれでは、特定の技術に反対する農家はその技術を採用しないこととなる。それに代わって、持続可能で環境に優しい農業の実現には、さまざまな農業関係者がそれぞれの立場からあるべき農業への意見を出し合い、互いの知恵や知識を交流させながら新たな可能性を探ることが望まれる。先ほどの学習課程の実現を見ることができれば、生産者や消費者がその立場の違いを超えてより望ましい農業の姿に一歩でも近づくことができるであろう。

農村地域の非農業収入源の多角化

途上国の農村は、近代化や開発主義さらにはグローバル化など、今日さまざまな影響を受け、重大な過渡期にある。それゆえ、農村社会の構成員間の結びつきを高めることは重要な課題である。場合によっては過去の伝統的村落共同体を活性化したり、あるいは新たなネットワークの構築が望ましいと判断される場合もありえよう。しかし、いずれの場合にも、村民当事者がどのような結びつきをより望ましいと考えるかを大切にすることである。その際当事者といっても、村落のなかで比較的裕福で発言権のある人々と、そうではない人々との格差を前提とする注意深さが必要である。後者へのエンパワーメントがなければ、よりよい相互扶助のための集まりは実現しない可能性が高い。

そのうえで、農村開発を持続的に担保するためには農業以外の生計手段を確保することが重要である。生計アプローチが行為主体の周りの状況への適応性を重視することはすでに見た。その観点からすると農業以外の経済活動に収入源を求めようとする多角化は重要なテーマである。貧しい人ほど限られた収入源しかもたず、その収入源がなくなってしまうと、生活そのものが成り立たなくなる状況が生じる。すなわち第１章で見たように社会的に恵まれない人々は

---

20) 焼き畑農業は一見環境破壊のように思われるが、人口増加率が低く、農地も余裕があるなど一定の条件下では、通常環境に適合している。

多くのリスクを抱えそれに対応しようとしている。その意味で農民であれば非農業の収入源を確保することはしばしば必要となる。農業外収入の確保も1人ではなく、村民による協同で実現する場合が多いが、その際に村民間の結びつきの量と質がその成否に大きく影響する[21]。

他方このような非農業農村経済の振興は簡単ではない。重要な項目を手短に列挙すると以下のようになる。

1. 農村の経済振興のためのインフラ整備などを実施する。
2. 都市と農村との関連性を高めるべく、たとえば都市で販売されている農産品の価格情報を農村で入手可能にする携帯電話などのIT技術の活用[22]。
3. 家内工業の育成を支援するための**小規模金融**（micro finance あるいは micro credit）などを充実させる。
4. 農村観光など有望と思われる特定の産業を育成する（Ashley and Maxwell［2001］）。

小規模金融はさまざまな形態でおそらく1960年代後半からは存在していたが、世界的に注目されるようになるのは1976年にバングラデシュでグラミン銀行が設立されて以降であろう[23]。農村女性がグループを形成し、小規模で手工芸生産と販売など各種の事業を実施し、女性独自の収入確保を目指した。土地などの担保をもたない女性に対しての融資は、それまでの常識を覆した新規手法であった。返済率は100％近いという驚異的数字を上げ、農村の貧困緩和に貢献したとして評価されている。これを手本にした融資が世界各地で行われ、2002年末時点で世界の6700万以上の人々が借り入れ、その経験を交流する世界小規模金融サミットが開催されるに至っている[24]。

21）近年着目されている社会関係資本（social capital）は相対的に見て貧しい人々にとって投資価値のある資本、つまり人間関係上の信頼形成に努力しておけば、困ったときには助けてもらえる可能性が高い、という点で重要であるとされている。

22）たとえばバングラデシュではグラミン銀行やいくつかのNGOがインターネット普及や携帯電話レンタル事業を実施しているのは大変興味深い。

23）グラミン銀行は http://www.grameen-info.org/ と、黒崎・山形［2003］9章を参照。

24）このサミットについては http://www.microcreditsummit.org/ を参照。

小規模金融は農業以外の収入確保を強調する現在の開発の方向性と一致する。その一方でかつて1970年代に実施され必ずしも成功しなかった総合農村開発を再度思いおこさせる。以前の総合農村開発においても小規模金融が実施されたが成功しなかった。その教訓から学び同じ過ちを繰り返さずに、農村開発の総合的アプローチを探っていく努力がいま求められているといえよう。

❹ まとめ

世界の貧困者の多くが農村に住み、農村では農業は主な生業である。しかし現在のMDGsをはじめとする国際社会の貧困対策においては、農業・農村開発は確固たる位置づけを得ていない。その理由の一つはこの章において見てきたように、農民、とりわけ小規模で農業を営む小農への見方が定まらないことである。そのことも影響し、農村開発のテーマは歴史的に見れば大きく推移してきた。1950年代の近代化の時代、1960年代の緑の革命の時代、1970年代の国家主導の時代、1980年代の市場自由化の時代、1990年代の参加とエンパワーメントの時代を経て、21世紀に入ってからは生計アプローチの時代となっている。生計アプローチでは、村民の視点に立ち、農村開発が農業生産による経済的利益のための経済開発を目指すか、あるいは必ずしも金銭的に得にならなくても、生活の向上につながるような住居や衛生環境の改善といった農村開発に取り組むかは、その村落内の対話によって決められるべきことを強調する。実際には経済的側面と社会的側面は密接に結びついており、両側面へのバランスのよい取り組みが必要な場合が通常である。

また効果的な農村の振興策には、農業以外の生業機会の確保も重要な課題である。このような農村のあり方を探る議論は、日本の現在の状況とも重なり、今後の取り組みが待たれる分野である。

復習キーワード

農村：rural areas
食糧不足：food shortage
農業：agriculture
農業開発：agricultural development
農村開発：rural development
世界食糧サミット：World Food Summit
経済分野（セクター）：sector
緑の革命：Green Revolution
高収量品種：high yielding varieties
小農：small farms
総合農村開発：integrated rural development program, IRDP
市場自由化：market liberalization
構造調整政策：structural adjustment program, SAP
債務危機：debt crisis
条件：conditionality
参加：participation
学習課程：learning process
小規模金融：micro finance あるいは micro credit

討論のための設問

Q：農業・農村開発をめぐる考え方の歴史的変遷について説明しなさい。
Q：今後の農業はどのように変貌すると考えられるであろうか。そのような変化は望ましいものであろうか。

もっと勉強するための文献

農業の現状と基本的データは国連食糧農業機関（FAO）の各種出版物を参照。また農業に関する近年の重要テーマ、とりわけ環境との関連では、毎年出版される『地球白書』が参考になる。比較的近年に刊行された世界の農業諸問題への包括的考察は Smil［2000］参照。

4 経済成長 2 ：工業化と産業育成

フィリピン・マニラ市の中小企業の取り組み

第二次世界大戦後、多くの発展途上国は基本的に農業国であったが、何らかの方策で**工業化**（industrialization）を志すようになる。それは近代化論が唱えたように、古臭いとされた農村社会から脱皮し、新たな社会を築くためには工業化が不可欠であると考えられたからである。農業よりも生産性向上が著しいとされる工業が先導することによって、経済成長を促し、開発を達成することが試みられるようになる[1]。無論その背景には、イギリスの産業革命以降、工業化によって急速な発展を遂げた先進諸国の経験がある。そして工業化は資本主義を是認する立場ならびにマルクス主義を標榜する人々の両方が推進する政策となっていく。

ミレニアム開発目標（MDGs）においては、経済成長に関する目標や途上国

1）ここでは工業は製造業を意味する。産業革命に見られるように、何らかの機械を用いて原材料や部品を一定の順序や方法により組み立てたり加工することによって、元々の原材料や部品とは異なった製品を作り出す過程が製造であり、それに従事する部門を製造業とする。

の工業化に関しての数値目標を設定していない。その理由は明らかではないが、おそらく第一にMDGsが世界経済の見通しではなく貧困削減目標であること、第二にむしろ工業化による経済成長という考え方はあまりに自明のことすぎてMDGsには取り入れられなかったのではないかと推測される。

途上国の工業化戦略と、国際貿易において途上国産品が占める位置づけは密接不可分に結びついている。なぜなら途上国が生産する製品をどこの市場で販売するかの考慮なしに産業育成は成り立たないからであり、外国市場を目指すなら貿易が不可欠となる。MDGsでは第8目標において途上国にとっての貿易が提起されている。そこでは、開放的で、ルールに基づいた、予測可能で差別のない貿易構造の構築が目指されている。

❶ 一次産品輸出による工業化

ほとんどの途上国は植民地から独立した際、あるいは植民地化されなかった国は戦後の初期段階において、いわゆる**モノカルチャー**（monoculture）**経済**をその特徴としていた。モノカルチャー経済とは単一あるいは限られたいくつかの農産品や鉱物が輸出額の大半を占めるために、大変偏った構造を有する経済のことである。これらの農産品や鉱物は**一次産品**（primary commodities）と呼ばれ、通常は加工されずにそのまま販売ルートに乗ることが多い。つまり農業や鉱業によって採取・採掘され、加工されていない産品をさす。このような経済構造のゆがみは、通常**植民地主義**（colonialism）に起因する。外国勢力による領域支配のなかで現地の人々の生活が支配側の利益になるような形で統制されていた時代に、ほとんどのモノカルチャー作物も支配勢力がもち込んだのであった。

表4-1にあるように、1948年のニアサランド（現マラウィ）では煙草・茶・綿花が全輸出総額の95%を占めるという極端な状況であった。程度の差こそあれ、アジアにおいてもたとえばマレーシアは1957年の時点で錫や天然ゴムへの依存度はかなり高かった。

この時点では工業化はほとんどおこっておらず、多くの場合、植民地時代の

表４－１　アフリカ諸国のモノカルチャー経済（1948年時点）

国　名	品　目	輸出比率	国　名	品　目	輸出比率
ガーナ	ココア	75.7	ニアサランド	煙　草	53.9
	金	9.7		茶	32.4
	マンガン	4.8		綿　花	8.9
		90.2			95.2
ナイジェリア	パーム製品	33.5	タンガニーカ	サイザル麻	55.0
	ココア	29.2		綿　花	8.2
	落花生	16.0		ダイヤモンド	6.4
		78.7			69.6
シエラレオネ	パーム製品	41.4	ケニア・ウガンダ	綿　花	29.2
	ダイヤモンド	21.9		コーヒー	20.2
	鉄鉱石	20.6		サイザル麻	9.5
		83.9			58.9
ガンビア	落花生	90.0	アンゴラ	コーヒー	30.9
仏領西アフリカ	落花生	44.2		豆　類	11.8
	コーヒー	13.8		ダイヤモンド	10.7
	ココア	8.3			53.4
		66.3	モザンビーク	綿　花	23.2
仏領赤道アフリカ	綿　花	52.2		コプラ	21.6
	木　材	22.1		サイザル麻	12.0
	コーヒー	2.0			56.8
		76.3	ベルギー領コンゴ	銅	29.2
南ローデシア	煙　草	43.7		綿　花	14.3
	金	17.4		パーム製品	11.7
	アスベスト	11.4			55.2
		72.5	南ア連邦	金	54.2
北ローデシア	銅	84.5		羊　毛	10.6
					64.8

注：各国の輸出総額に占める上位品目の比率（％）
出所：室井［1997］p.12。

旧宗主国から工業製品を輸入し、代わりにこれらの限られた一次産品を宗主国へ輸出していた。言い換えれば、旧宗主国の存在がなければ経済そのものが成立しえない状況でもあった。

このような条件の下で工業化を進めるに、まず伝統的な一次産品を最大限活用する方式が考えられた。多くの途上国は従来から重要であった一次産品の輸出によって外貨を獲得し、それによって工業化に必要な部品・機械設備・技術を先進国から取り入れつつ工業化を模索した。このような方式は実際に第二次大戦後多くの発展途上国、とりわけラテンアメリカとアフリカ諸国においてとられた。従来どおりの輸出品であるコーヒー、茶、バナナ、砂糖、綿花などは、それよりも比較的新しい産品である牛肉、果物、野菜などと並び栽培・生産面積を拡大していった（Brohman [1996]）。

他方、アジアでは多少事情が異なっていた。アジア諸国も一次産品を豊富に取りそろえてはいたが、輸出環境としては決して恵まれていなかった。たとえば天然ゴムについては、第二次世界大戦前後に先進国において合成ゴムの研究開発が進み、天然ゴムの需要が低下していった。このような背景からアジアでは一次産品輸出を基調とした工業化はそれほど広範囲にわたらなかった（渡辺ほか [1997]）。

❷ 輸入代替工業化

そこで登場する工業化の方針が**輸入代替工業化**（import substituting industrialization）といわれる戦略である。輸入代替とは、端的には保護主義的工業化路線である。すなわち、輸入関税政策や数量制限などの保護貿易政策を用いて、外国から競争力のある輸入品が入ってくるのを防ぎつつ、国内市場向けに国内企業の生産を促すのである。輸入に代わって国内の**幼稚産業**（infant industry）を育成することが主眼であるため、この名前が使われる。そして、アジアに典型的に現れるように、政府の積極的主導によって以前は輸入されていたものがなるべく早い段階で国産化されることを目指す政策である。

実際には途上国政府は保護政策として、関税率を上げる、割当制度を用いて一定程度の外国製品の輸入量しか認めないなどの措置がとられた。それら保護政策によって生み出された繊維、靴、家電産業をめぐる国内市場を、国内企業によって埋めさせることを意図していた。しかし、これらの耐久消費財の生産には部品や機械設備、またいわゆる中間財が必要である[2)]。そこでこれらの財

2）中間財とは、生産工程の中間段階にあって、最終製品の完成に向けて原材料として使用される財をさす。

は当初は輸入に頼るが、最終的に市場で販売される製品である最終財の生産が進むにつれ、これらの中間財や機械設備に関しても国内生産を始める方法がとられた。

この戦略は先進国経済への依存度を減らして自国経済の自給率を高めるために、また国内での余剰労働者を農業から製造業へと振り向けるには好都合であると考えられた。さらに製品を国内生産することにより貿易収支の改善も期待された。また最終財からやがては中間財を国内で生産するという意味で、**後方連関効果**（backward linkage effect）をもねらっていた。すなわち、ある産業の製品需要の拡大はその産業に部品や材料といった中間財を供給している別の産業の生産拡大を誘発するため、その産業に原材料を供給する（後方に位置する）産業には波及効果が及ぶ。これを後方連関効果という。

1950年代までには、この輸入代替戦略は発展途上諸国のなかでも主要な戦略となっていった。アジアではタイ、マレーシア、フィリピン、韓国などがこの方式をとり、その結果目覚ましい成果を上げていった。東アジアのなかでも輸出志向が強いことで知られる韓国や台湾においてさえも1960年代中頃まではこのような輸入代替政策がとられていた（渡辺ほか［1997］）。

ところがこの方策はいくつかの問題を内在している。初期の国内工業保護が長引くにつれ、国内の輸入代替工業は非効率になっていく。つまり保護政策によって作りだされる国内市場の規模が比較的小さいために、その市場が時間的には早い段階で飽和状態になってしまいがちである。そのような飽和点に達する前に次の市場が生み出されていけばよいが、多くの場合そのような結果には至らなかった。アジアの人口大国である中国、インド、インドネシアなどを除けば、このような傾向が一般的にあてはまった（Brohman［1996］）。

また産業によってもその効果は異なっていた。たとえば繊維産業の場合は、タイに見られるように比較的順調に工業化に成功したが、他方たとえば薬品産業や家電産業などより資本集約的産業を輸入代替によって工業化しようとすると[3]、外国製品への依存をむしろ高めてしまった場合も少なくない。その結果ラテンアメリカ諸国のように、貿易収支がかえって悪化した場合も見られた。ラテンアメリカでは「周辺性」（marginality）という言葉が1960年代までに都市の周辺部で暮らす貧しい人々をさす意味で用いられはじめたが、やがて輸入代替そのものの失敗を意味するようになった（Clarke［2002］p.93）。

3 輸出志向工業化

このような困難を乗り越えるために、途上国としても一段と洗練された工業化を模索するようになる。それは市場の自由化による保護主義の撤廃、国内向けの生産という内向きの発想から世界市場への輸出という外向きの戦略への転換であった[4]。

この新しい方針は**輸出代替工業化**（export substituting industrialization）もしくは**輸出志向工業化**（export-oriented industrialization）と呼ばれる。これは輸出工業部門が工業化の主導的役割を担う開発方式である。これまで加工度が低く、**付加価値**（value added）が低かった一次産品輸出を、より複雑に加工されより価値の高い輸出製品によって置き換えつつ工業化しようとする戦略である。多くの発展途上国の経済が容易に供給できる労働力を活用し、国内ではなく外国市場を目指して生産を行った。

そのために国家が保護政策をとることをやめ、市場を自由化することがまず求められた。それ以前の保護関税や金利政策の変更が必要となった。さらに輸入代替においては生産に必要な中間財などを輸入しやすくするような為替レート上の特典があたえられていたが、このような特典を為替レートの自由化によって廃止していった。それと並行して、輸出を促進するためにさまざまな方策が採られた。たとえば各種の補助金や税の優遇措置をつうじて、海外市場向けの製品生産を促したり、また財政的ではない措置によって輸出産業を支援していった。そして輸入代替工業化がたとえば繊維産業など特定の対象産業を優遇する場合が多かったのに対し、輸出志向工業化はどの産業も差別しない中立的

3）集約的とは生産要素としての土地・労働・資本・知識などのうちどれを主に生産過程で駆使するかという度合いをさし、使用度の高い要素ほど集約度が高くなる。

4）輸入代替から輸出代替への転換は、２章で見た介入主義から新自由主義への転換でもある。

図4－1　工業製品輸出に占める製品別シェア（1950〜2002年）

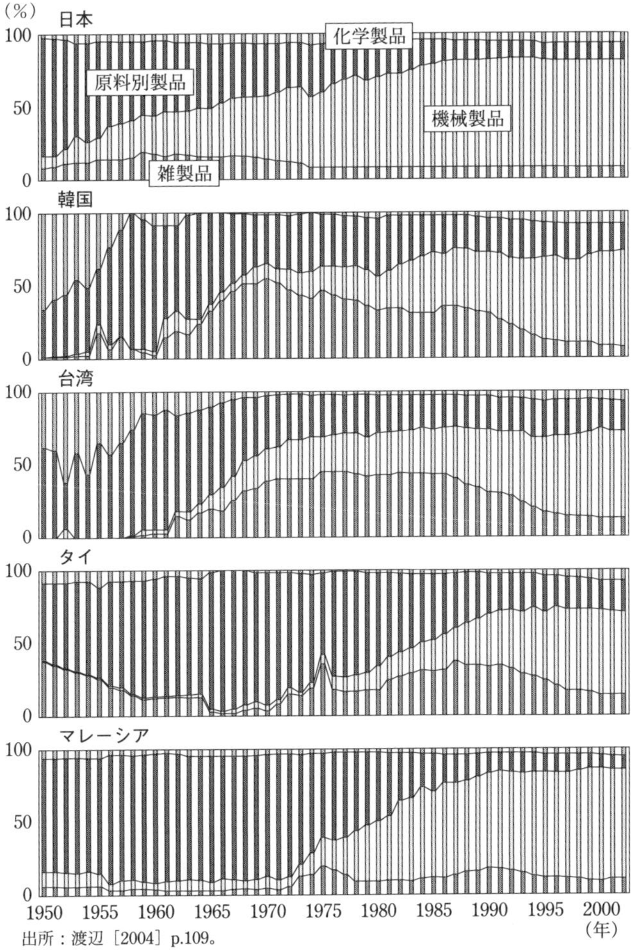

出所：渡辺［2004］p.109。

政策をとることが通常であった（渡辺ほか［1997］）。

1960年代中頃より韓国や台湾などで、従来の輸入代替工業化に代わってこのような政策が採用され大きな成功をおさめた。図4－1にあるようにこれ以降アジアの多くの開発途上国でこの方策は採用されていった。韓国・台湾に加えて、香港・シンガポールはアジアの**新興工業経済地域**（Newly Industrializing Economies, NIEs）といわれ、とりわけ急速な工業化を達成した。他の地域ではアルゼンチン、メキシコ、ブラジル、南ヨーロッパのギリシャ、スペイン、ポルトガルがアジア NIEs と同様に民間投資と工業品の輸出によって急速な工業化を達成していった。

1970年代に入ると多くの途上国が**輸出加工区**（export processing zone）を形成していった。これは一定の区域を特別地域に指定し、そのなかで生産を行う企業に対しては税制、関税、道路整備などのインフラストラクチャーなどのさまざまな恩典を与え、生産された製品を主に先進諸国へ輸出する制度である。通常企業は製品の輸出比率によって恩典の程度が決定されるが、途上国政府が誘致しようとした対象は先進諸国へ品質の高い製品を製造できる**多国籍企業**（multinational corporations）であった[5)]。輸出製品によって獲得された外貨は途上国政府にとって貴重な資源となった。またとりわけアジアではこの制度が経済成長を牽引し、雇用の創出が期待でき、国内産業と競合しないという側面で利点が多かった。他方、このような地域は途上国内で特殊な「別世界」を形成し、国内産業への技術移転や波及効果が薄いという欠点も併せもっていた（Gwynne［2002］)[6)]。いずれにしても、この加工区は工業化にとってある意味では手っ取り早い方法と考えられてきたため、21世紀の初頭において90以上の国々が何らかの輸出加工区を設立している（Desai and Potter［2002］p. 181)[7)]。

輸出志向工業化戦略の評価では、経済的側面においてたとえばどれだけの雇用を創出したか、産業波及効果があったか、貿易収支の改善へ寄与したか、などの側面が考慮される。さらに政治面・社会面においては工業化戦略が旧宗主国を含む外国への依存度を減少させ、経済的利益が国内的にも格差の解消に役

5）多国籍企業とは、ここでは世界経済全般を見通した経営方針をもち、いくつかの外国生産拠点を有し、企業戦略の実施に際しては国家や国境にとらわれない巨大企業をさす。

6）またこのような加工区で雇用されるのは農村から都会へ出てきた若い女性が多かったため、輸出加工区はジェンダーの視点から見れば大きな問題であると指摘された。

7）この背景には、①1980年代以降の外貨不足と累積債務、②多国籍企業が低賃金の生産拠点を求めたことが明らかにかかわっている。

立つことなどが当然当初は期待されていた。このような総合的視点に立てば、輸出志向工業化戦略はアジアではNIEsに代表されるような特筆すべき成功を収めたが、世界的にはこのような成功はむしろ例外といえよう（Brohman［1996］p.71)。ではなぜアジアでは輸出代替が成功したが、それ以外の地域ではなぜ功を奏さなかったのだろうか、その原因の探求が求められる[8)]。

4 東アジアの奇跡

アジアの成功はその他の地域との対比において際立っていたため、その要因を分析する必要性が指摘されていた。世界銀行（World Bank）は1993年に *East Asian Miracle*（邦訳『東アジアの奇跡』）と題する報告書を刊行する（World Bank［1993］)。

これは東アジアで成績のよい経済としての高度経済成長圏（High Performing Asian Economies, HPAEs）である日本、香港、シンガポール、台湾、韓国、インドネシア、マレーシア、タイを対象とし、その経済成長要因を分析したものである。その結果世界銀行は、以下の要因を指摘する。

1．国家経済政策（マクロ政策）の安定化が成長の最大の要因である。
2．比較的初期段階からの継続的な輸出志向戦略が経済成長をもたらした。
3．政府の経済への介入は日本、韓国、台湾といったいくつかの国において例外的に成功した。

このような分析は、世界銀行のそれ以前の基本的立場と変わらない。経済的均衡は市場によって達成され、過度に国家が経済に介入することは好ましくない、という立場が根本的に変更されたとは考えられない。3番目の点についても、成功は例外であって、保護政策によって国内の産業を保護しつつも、外国市場をにらんだ輸出志向戦略が外向きの発想をもっていたために、外国市場で

8）本文で触れる以外の重要な成功要因としては、①先行するアジア経済諸国の輸出を当時のアメリカや日本が吸収したこと、②一段階遅れた発展段階の他のアジア諸国（東南アジア諸国連合、アセアン（ASEAN）など）が先行諸国を追いかける形で追随したこと、が挙げられる。このパターンを鳥の群の飛行にたとえて雁行形態と呼ぶことも多い。

の競争を意識した点で保護主義の弊害が少なかった、と結論づけている[9)]。

『東アジアの奇跡』の刊行以降、市場と政府の関係性や、経済政策における役割分担が再び脚光を浴びることとなった。とりわけ産業を保護しつつ育成する際の、政府の関与のあり方に関してはまだ議論の収束を見ていない。国家の積極的関与は第1章で見たように、アジアの開発主義国家の基本的立場でもあるため、論争は簡単には終わらない。東アジアのHPAEsを支えた理由の一つを政府の政策のあり方に求めようとする議論は、少なくとも歴史的経緯を経たのちの「後知恵」としては妥当にも思われる。しかし政府の過度の関与は汚職の温床となり、HPAEsほど実は経済運営において透明性が低いとの指摘も成り立つ[10)]。

この意味において、ピーター・エバンス（Peter Evans, 1944-）のembedded autonomyという概念化は興味深い（Evans［1995］)。日本語では「一連の具体的な社会的諸活動に埋め込まれた自律性」（絵所［1997］p.159）とでも表現できようか。エバンスによれば、相矛盾する二つの要素を兼ね備えた国家が開発志向型国家であると規定する。すなわち指導力を発揮するための国家の社会からの独立性（autonomy）と、目的達成のために国家が社会のさまざまな構成要素である個人や諸団体と連帯していること（embeddedness）である[11)]。この指摘にあるように、政府、国家官僚、民間企業の互いの適正な距離の確保と相互関連性は産業育成や経済政策において最も重要でありまた困難な点である。輸出志向の工業政策をとったアジア諸国の成功において、内向きの

9）『東アジアの奇跡』刊行直後、日本では世界銀行がそれ以前の立場を覆しこの政府の関与に関しても肯定的評価を行ったとの解説が横行したが、これは明らかに正確な論調とはいえない。『東アジアの奇跡』を平易に解説したものとして大野・桜井［1997］。

10）『東アジアの奇跡』をめぐっては、たとえば *World Development* 誌が1994年の4月号で特集を組んでいる。なおこの議論はその後、東アジアと他の途上国とりわけアフリカとの対比において、アジアの開発経験のアフリカへの移転可能性として議論されるに至る。たとえばYanagihara and Sambommatsu［1997］。

11）Embeddednessの概念の応用・誤用に関してはKrippner *et al*.［2004］参照。類似の指摘はBrohman［1996］にも見られ、彼は「a high degree of state-relative autonomy coupled with close public-private cooperation」と表現している（p.101)。

政策から外向きの政策へとの戦略転換を指導した国家の役割が大きい。しかし東アジア諸国ではこのような指導力が結果的にマクロ経済政策をゆがめなかったことが成長に寄与した例外的な事例であった。ラテンアメリカやアフリカなどの地域では独立性と連帯性を両立させることは困難であるのが通例である。つまり、企業部門が国家指導者と近くなりすぎ、産業育成の利益は指導者の個人的利益とはなっても、国民全般には還元されなかった。

5 1997年のアジア経済危機

このように順調に経済成長を遂げていたアジア諸国は、1997年に経済危機を迎えることになる。同年夏にタイを皮切りに通貨危機が表面化し、それがフィリピン、マレーシア、インドネシア、さらには韓国へと波及していった。各国の状況は少しずつ異なるが、おおむねこれらの国々では、自国通貨の米ドルに対する暴落により通貨危機が発生し、それが原因で金融制度全体が麻痺する金融危機へと発展し、さらには経済全体が低迷してしまう経済危機という三つの様相を有していた（渡辺［2004］第9章)。インドネシアにおいては長期スハルト政権が崩壊し政権交代がおこるまでになった。この通貨危機はその後国際通貨基金（IMF）の緊急融資などの支援により、現在では各国の状況は1997年当時と比べれば大幅に改善された[12)]。

しかしながら、『東アジアの奇跡』でもてはやされたアジア諸国が、第二次大戦後かつてない経済危機に陥ったことで、経済成長路線のあり方が再度議論される契機となった。『東アジアの奇跡』でも指摘された政府・官僚・民間の関係性は、経済成長が持続しているときには問題として表面化しないが、この1997年の危機のような際には負の側面を映し出す。この危機を契機にアジアの

12）アジア経済危機は、米ドルに対して固定していた為替相場制をとっていたこと、それによって為替リスクに対する安心感から流入していたヘッジ・ファンドに代表される短期の国際資金が急激に引き揚げられたこと、各国の銀行システムが脆弱で貸し渋りに陥ったこと、またIMFの対応策も不適切であったことが原因とされる（唐沢［1999］)。またIMFの対応の不備に関してはStiglitz［2002］参照。

資本主義は西欧からはしばしば**縁故型資本主義**（crony capitalism）として批判されるようになる。縁故型資本主義とは、特定の政治家や、政府高官などとの人的な結びつき、また企業経営者と関係者の血縁関係などにより、有利な情報を入手したり、規制の目をかいくぐる形で経営を行ったりしつつ、ゆがんだ形で発展した資本主義であるとされる。**企業統治**（corporate governance）の透明性、金融機関の融資基準の妥当性など経済関係を取り囲む関係者の間柄がこのような形でゆがめられ、その結果経済効率が低下し、その結果が一連の経済危機になったという論調である。

このような議論は、経済における**ガバナンス**（governance）の重要性を指摘したという意味で意義深い。そしてガバナンスの向上は「グッド・ガバナンス」という表現でMDGsにも取り入れられることとなる[13)]。しかしアジアの経済危機はアジア的特殊性だけが原因ではなく、バブル状況を克服する難しさや、国際金融市場のグローバル化が重なり合って発生した複合危機である(Stiglitz［2002］; 渡辺［2004］)。事実このような経済危機はアジア以外のたとえばラテンアメリカやロシアのような**移行経済**（transitional economies）においても1990年代に発生している。その意味では途上国経済がグローバル化に適合できるかどうかという文脈で考察されるべきであろう[14)]。

6 今日の途上国の工業化をめぐる状況

本章で見てきた工業化をめぐる諸方針は、実は世界経済全体のなかで途上国

13）ガバナンスは多様に使われる用語である。国際政治学においては、世界は無政府状況であるが一定の秩序をもっているとして行為主体間の連携を意識する。行政学においては公共政策の舵取りとしての意味合いが強い。経営学では企業統治の例のように統治の過程での決定とその監査の透明性を指す。開発研究においては、たとえば政府のような単一の行為主体では問題が解決できない場合、他の組織や主体との協働により問題解決を図る過程ならびにその結果を指す傾向がある（Pierre［2000］）。詳しい考察は本書第8章に譲る。

14）Robert Wade は台湾をはじめとする東アジアの経済発展要因を分析し、有名な *Governing the Market* を1990年に著した。1997年のアジア危機をうけて、興味深い序論を付した新しいペーパーバック版が2004年に刊行されている。また Wade［2000］も参照。

がどのような位置づけにあるかの認識とも不可分に関連している。とりわけ国際貿易における途上国の位置づけが問題である。

1990年と2000年を比較すると、世界全体の輸出に占める先進諸国のシェアは72％から64％へと低下し、反対に途上国のシェアは24％から32％へと向上した。

しかし同じ途上国においてもその変化には差があり、東・南アジアは24％から32％へと大きく増加したが、サハラ以南のアフリカでは1.2％から1.0％へとわずかに減少している（UNCTAD［2003］p.48）[15]。これはサハラ以南アフリカの周辺化といわれる問題で、世界経済における重要性がますます低下しているとして危惧されている。

貿易悲観論と貿易楽観論

このように途上国と貿易の関係は重要かつ複雑であり、これをめぐっては**貿易悲観論**（trade pessimism）と**貿易楽観論**（trade optimism）に大別することができよう。前者は以下のような理由で途上国が産業化を振興し国際貿易から恩恵を受けることに悲観的である。

1．途上国が輸出の主力とする一次産品に対する世界的需要の伸びには限界がある。
2．一次産品１単位と交換しうる輸入品の量を示す**交易条件**（terms of trade）は長期的に悪化している。
3．先進諸国は途上国が得意とする輸出産品に対して国内産業を保護するため市場を閉ざしている。

このような悲観論を支える一つの証拠としては、先進諸国で技術革新がおこり、たとえばゴムや綿などは合成品で代替されるようになってきたこと、また先進諸国が製造業からより高度な知識集約的産業へと移行するに伴い途上国か

15）厳密にいえばアフリカの輸出もこの10年間で年平均4.1％伸びてはいるが、途上国全体も世界全体もそれよりも急速に輸出を増やしているので、世界全体のなかではアフリカのシェアは減ってしまっている。世界経済におけるアフリカの立場に関しては平野［2002］とりわけ第４章参照。

らの輸出品を必要としなくなること、などが指摘される[16]。

これに対して後者の楽観論者は、貿易の自由化によって途上国も輸出の拡大と経済成長が可能であると主張する。なぜなら自由貿易は市場での競争を促すため、途上国であっても**比較優位**（comparative advantage）をもつ分野に特化することを促し、生産効率を向上させることができると主張する。自由貿易により、途上国は国内では調達が困難な資本と技術を外国から導入することができる。その結果、途上国にとって必要な外貨を獲得することができると主張される。**世界貿易機関**（World Trade Organization, WTO）が推進する世界貿易の自由化交渉も途上国も含めた世界全体の利益になると指摘される[17]。

このうち、前者の貿易悲観論は国内産業保護の立場をとり、輸入代替工業化を支持するのに対し、後者の楽観論者は自由貿易論に立脚し、輸出志向工業化を主張する。貿易悲観論は国内市場を念頭に置いた内向きな開発政策であるが、貿易楽観論は外国市場を目指す外向きな開発政策である。

しかし、実は両者の違いはこのような対比ほど極端ではない。東アジアの開発経験が明らかにするように、高度経済成長を成し遂げたアジア諸国は、内向きの政策から外向きの政策へとみごとに舵を切って成功をおさめた。貿易悲観論は短期的には保護主義により比較的容易に経済的利益を得ることができるかもしれないが、長期的に見れば世界市場で競争力のある産業を育てるためには外向きの政策は不可欠であろう。確かに輸出志向戦略は最初先進諸国との激し

16）貿易悲観論がマルクス主義の流れをうけ極端に変化したのが**従属理論**（dependency theory）であった。ラテンアメリカの経済・貿易関係を基盤に唱えられたこの理論は、中心である先進国が発展すればするほど、周辺にある途上国は経済的に従属的な立場におかれるとし、国際経済システムからの離脱をも主張した（Frank［1978］）。

17）WTO は1995年にその前身である関税と貿易に関する一般協定（GATT）の後を受けて発足した。WTO の次期多角的貿易自由化交渉は、2000年開始を目指していたが、1999年のアメリカのシアトルにおける閣僚会議の決裂以来、開始できない状況にあった。目標を設定し急速に自由化を迫ろうとするアメリカと、農業分野などを含め包括的交渉を目指した日本や EU、さらに先進国の主張する貿易自由化は利益にならないとする途上国の利害が絡み合い合意を見るのは困難であった。2001年11月にカタールの首都ドーハでの閣僚会合において再度多角的貿易自由化交渉の開始に合意し、現在複雑な交渉が進展中である。WTO 関連の文献は多いが、吾郷［2003］をとりあえず挙げておく。

い競争で利益は上がらないかもしれないが、より長期的には競争にさらされることで経済政策のゆがみをなくし、大きな利益を享受できると考えられる（トダロ／スミス［2004］）。

このように今日では内向きか外向きかといった二者択一の議論はあまり意味はない。なぜならグローバル化が進展し、途上国がいくら望まなくても世界貿易はますます地球規模で展開し、途上国もそのなかに巻き込まれているからである。現在必要であるのは輸入代替か輸出志向か、内向きか外向きかといった無意味な選択の議論ではなく、今日的な状況に合わせて戦略を組み合わせることであろう。

南南貿易と経済統合

このような二者択一を乗り越える一つの方法が**南南貿易**（south-south trade）の促進である。これは途上国同士の貿易を促進し、そのことで外向きでありつつも、競争力のない産業を保護する内向きの要素を取り入れて工業化を進める方策である。それによって、先進諸国の経済動向に左右されずに貿易がより安定的に促進できること、また途上国同士での連帯を促すため世界経済のなかでの途上国の政治的発言力が向上すると期待されている。

これと並行し、先進諸国においてはたとえば欧州連合（European Union）に象徴されるように、**経済統合**（economic integration）が進んでいる。それに触発されるように、途上国においても各地で**自由貿易地域**（free trade areas）を形成するようになった。自由貿易地域とは、政治的、経済的、地域的に緊密な複数の国が集まり、相互に関税その他の貿易取引制限を撤廃し、地域内の自由な資金、労働者、商品の流通を目指す地域連合をいう。

表4‐2にあるように、このような貿易地域は先進国以外にも多く形成されている。その成否は場合によって議論が分かれるが、相対的に似通った経済構造を有する途上国同士が連携して貿易を促進し経済成長を求めるやり方自身は着目に値する。とりわけアフリカの場合は、経済規模が小さい国々が団結し、共同の域内市場を形成するという試みは長期的に見て意義深い。

しかしもう一方ではこのような貿易地域が相互に排他的になる可能性が危惧

表4－2　地域貿易ブロック内の貿易（1970～1999年）

貿易ブロック	1970 貿易量 (百万ドル)	1970 全輸出シェア (%)	1980 貿易量 (百万ドル)	1980 全輸出シェア (%)	1990 貿易量 (百万ドル)	1990 全輸出シェア (%)	1999 貿易量 (百万ドル)	1999 全輸出シェア (%)
ラテンアメリカ								
アンデスグループ	97	1.8	1,161	3.8	1,312	4.1	4,012	9.3
南部円錐市場（メルコスール）	451	9.4	3,424	11.6	4,127	8.9	15,313	20.5
中央アメリカ共同市場（CACM）	287	26.0	1,174	24.4	671	15.3	2,102	11.6
ラテンアメリカ統合連合（LAIA）	1,263	9.9	10,981	13.7	12,331	8.9	35,152	13.0
アフリカ								
東部および南部アフリカ共同市場（COMESA）	239	7.5	592	10.3	847	7.6	1,403	7.5
西アフリカ国家経済共同体（ECOWAS）	86	2.9	692	10.1	1,533	7.8	2,687	12.2
南アフリカ開発共同体（SADC）	76	1.4	96	0.3	942	2.9	3,880	9.3
アジア								
東南アジア諸国連合（ASEAN）	1,201	19.7	12,016	16.9	26,367	18.7	81,929	22.2

出所：Todaro and Smith 邦訳［2004］p.706.

される。一見自由貿易を推進するようなこのような地域連合は、全体で見れば地球を地域ごとに分割しているかのようにも見える。この危惧と地域貿易圏のもたらす利益のどちらが大きいかは、先ほどの貿易楽観論と悲観論の現代版として論争が続いている。

この論争に解答を与える一つの大きな要因は**多国籍企業**の動向である。多国籍企業は途上国にとって技術や経営能力を補う相手として着目されてきたが、他方現在のような激しい地球規模での市場競争の激化により、企業側も生産拠点をより有利な地域へと敏感に移転するようになってきた。このような多国籍企業の戦略は一方では自由貿易圏のブロック化現象を打ち破るものである。すなわちたとえばトヨタはアジアに生産拠点を形成すると同時に北米でも生産を行い、地域に縛られない。他方、このような企業戦略は途上国の経済発展や産業育成に寄与するかどうかは議論が分かれるところである。グローバル化に反対する人々はこのような多国籍企業は所詮企業の利益拡大が第一であり、貧しい人々には配慮していないと批判している[18]。このような世界的企業に雇用される人々はフォーマル・セクターで働く比較的恵まれた人々であるが、世界ではそうではないいわゆるインフォーマル・セクターで働く人々が増加しつつあるからである。

インフォーマル・セクター

インフォーマル・セクター（informal sector）という用語は1970年代に登場したと考えられる。その当時、工場労働者や公務員やあるいは一定の規模以上の商業などの**フォーマル・セクター**（formal sector）に従事している人々とは異なり、これ以外のたとえば露店商や家政婦といった安い賃金で小規模に活動している人々がとりわけ途上国の都市部において多く見られはじめていたからである。

発展途上国においては、ときとしてフォーマル・セクターよりもインフォーマル・セクターのほうが雇用の面においては重要である。国際労働機関（International Labour Office, ILO）によれば、インフォーマル部門での就業には、収入を得るためにみずから特定の活動に従事する場合（self-employed）と法的規制の外で安価な賃金労働に従事する場合があるが、全般的には前者の割合が高い。途上国全体では農業以外の部門の半分から4分の3がいずれかのインフォーマル部門での就業と考えられる（ILO［2002a］）。ラテンアメリカでは1980年から1990年までの10年間に都市部の労働者全体に占めるインフォーマル・セクターの労働者の割合は26％から30％へ上昇したとの報告もある（Chant［2002］p.209）。

そしてインフォーマル・セクターはしばしば女性によって担われている。家計を支えるのは女性である場合が多く、たとえば男性がフォーマル・セクターを解雇された場合、生活費をおぎなうために女性がインフォーマル・セクターで経済活動に従事するのである[19]。

18）World Commission on the Social Dimension of Globalization［2004］はグローバル化の経済的・社会的影響を分析している。

表4－3　フォーマル・セクターとインフォーマル・セクター

フォーマル・セクター	インフォーマル・セクター
大規模	小規模
近代的	伝統的
企業による所有	家族および個人による所有
男性が主体	女性が主体
資本集約的	労働集約的
営利志向	存続志向
技術や投入物を輸入	技術や投入物は現地のもの
関税や制限などによる市場保護	規制がなく競争的市場
参入は困難	参入は容易
学習技能は学校・大学教育により習得される	非公式技能（家族および徒弟技術伝承）
大多数の労働者は労働法と社会保障により保護	労働法と社会保障により保護される労働者は少ない

出所：Chant［2002］p.208 に若干変更を加えた。

フォーマル・セクターとインフォーマル・セクターの違いは表4－3で明らかであるが、現在の重要な区分は法的規制にある。インフォーマル・セクターは行政の規制を受けず活動は自由であるが、他方保護の対象ともならない。その意味で、その経済規模の大きさにもかかわらずインフォーマル・セクターを行政は正確に把握していないし、公式の経済統計に反映されていない。

通常インフォーマル・セクターは商業やサービス業に従事していると考えられるが、製造業に携わることも少なくない。女性が市場でさまざまな商品を販売するのは前者の例であるが、たとえばフィリピンでジープニーとして庶民に親しまれている乗り合いタクシーを家の裏庭で製造するのは後者の例である。

インフォーマル・セクターが拡大している原因は、一つには経済の工業化路線がうまく功を奏していないため、雇用の機会を確保できない人々が増大しているからである。またこのセクターの拡大はたとえばスラムの拡大と重なり、都市における治安の悪化などの社会的問題を引き起こすため、これまで政府はその拡大を歓迎してこなかった。しかし、世界的不況や経済危機のため、インフォーマル・セクターはここ20年あまり拡大し、構造調整で縮小した公的部門を追い出された人々を吸収してきた[20]。

19）近年着目されている児童労働もインフォーマル・セクターでの従事が多い。

このようにインフォーマル・セクターの重要性が近年ますます増大しているにもかかわらず、途上国の政府のほとんどはこのセクターに対して確固たる方針を定めていない。それは経済成長によりインフォーマル・セクターは解消されフォーマル・セクターに労働者は移行すると考えられてきたからである。しかし途上国のように教育に問題を抱えている状況では、多くの国民が正規労働者としてフォーマル・セクターの雇用者となることは想定しにくく、このような移行は決して自然には発生しない。

そのためにもフォーマル・セクターとインフォーマル・セクターを総合的に関連づけて考えることがまず大切である[21]。通常経済力の点でインフォーマル・セクターよりもフォーマル部門のほうが圧倒的に大きく、前者は後者に経済的に依存するため、決して対等な関係にはない。しかしインフォーマル・セクターがフォーマル・セクターに搾取されることを防ぎつつ、行政の関与で前者を支援することは一定程度可能である[22]。たとえば**小規模金融**（micro finance あるいは micro credit）によって経済活動に必要な少額の資金を融資すること（岡本ほか［1999］）、またインフォーマル・セクターで働く人々にさまざまな技術指導を実施してより収益が上がる生産能力を身につけてもらう研修などはその有効な方法である[23]。

フェアー・トレード（fair trade）

インフォーマル・セクターを含め途上国の得意な産物の生産を考えるうえで注目されているのが、**フェアー・トレード**（fair trade）である。これは公平な貿易という意味で、これまでの貿易に代わる形態を模索するためオルタナティブ・トレード（alternative trade）とも呼ばれる。従来の途上国の一次産品貿易はしばしば生産者と消費者の間に**多国籍企業**が介在し、さらに流通段階で

20）この部門への参入者の増加により、インフォーマル・セクターの賃金は低下傾向にある。
21）近年のインフォーマル部門に関しては池野・武内［1998］と Maloney［2004］参照。
22）経済学的にいえば、前方・後方関連効果が期待できる場合もある。
23）研修の意義や方法に関しては ILO のホームページ参照（http://www.ilo.org/public/english/employment/skills/informal/）。

いくつもの業者が関与するため、消費者が支払う代金のごくわずかだけが、生産者に渡っていた。たとえばフィリピン産バナナでは農家の収入は消費代金のわずかに８％だけであるとの調査もある（ボネット[1996]）。

これでは生産者である途上国の農家の利益にはならず、先進国に拠点を置く企業の利益になる構造を有している。このような貿易構造が不公平であるとして、フェアー・トレードでは生産者と消費者を直接つなぎ、中間のコストを省くことでできる限り正当な利益を生産者に還元し、途上国農家の生活改善を目指す。そのつなぎ役には営利目的の企業ではなく非営利団体のNGO・NPOがあたる場合が多い[24)]。NGO（non-governmental organization）は**非政府組織**を、NPO（non-profit organization）は**非営利組織**を指すが、開発協力分野ではその団体や組織の運営資金を確保することは必要であるが営利を目的とせず、また政府活動の枠にとらわれることなく市民の自発的活動を実施する点でNGOとNPOに本質的区別はあまり見られない。

この新しい貿易は1960年代にイギリスの国際的NGOであるOxfamがすでに開始し、各地でさまざまなNGOの活動が行われていた。日本でも1980年代中頃からこのような活動をする団体が現れはじめた。1989年には同種の活動を実施する団体の連盟である国際オルタナティブ・トレード連盟（International Federation of Alternative Trade, IFAT）が設立され、いまでは生産国を含め約50カ国と150の団体が会員になっている（辻村［2004］p.213）。

IFATはフェアー・トレードの原則として以下を挙げている。

1．経済的に恵まれない人々への機会の提供
2．女性労働への正当な評価を含むジェンダーの平等
3．生産者と消費者の信頼関係のための透明性と説明責任
4．生産者の経済的社会的自立を目指したさまざまな支援
5．関係者間の対話に基づく正当な対価の支払い
6．生産者に対する安全で健康的な生産状況の確保
7．生産方法が環境への負荷をかけないこと（IFATホームページ）[25)]。

24）フェアー・トレードに関しては、ボネット［1996］；ブラウン［1998］参照。

このようなフェアー・トレードで扱われる商品は、コーヒー、茶、カカオ、チョコレート、玩具、衣料品、ハンディクラフト、カーペット、紙製品、宝石などである。2002年の時点でアジア太平洋と北米地域でのフェアー・トレードの総売上は2億5000万ドル（約260億円）を超えたとされる。

このようなフェアー・トレードは従来までの貿易を根本から問い直すきっかけを与えている。資本主義の発達による国際貿易の拡大という視点からすれば、フェアー・トレードは発想が大きく異なっている。この貿易は生産者である貧しい人々の**エンパワーメント**（とりわけ経済的エンパワーメント）を目指し、そのような趣旨に共感する団体の連帯を通じて世界に広まってきた**社会運動**である。その性格上、利潤第一主義ではなく、社会的正義や公平性を重視する。第2章の区分では新ポピュリズムに近い立場であろう。まさに経済成長より社会開発を優先する取り組みである。「上から」の発想であるよりは、地域における小さな取り組みを重視した「下からの」発想であるともいえる。

しかし他方、このフェアー・トレードも課題を抱えている。まず多くの場合小規模なNGOが仲介することは「顔の見える貿易」の点で安心ではあるが、しかし生産者側は規模の拡大を望む場合が多く、NGOがNGOをさらに仲介して貿易するとなると従来の貿易と結果的に差があまりなくなる可能性もある。また、フェアー・トレードで扱う商品はしばしば有機栽培であることを売りにしているが、他方生産現場では純粋な有機栽培は生産の品質管理や生産量の確保に困難をもたらす場合も多い。さらに、価格形成過程での交渉力においても実際には先進国で販売を担当するNGOの立場のほうが、生産者より強い場合が多く、理念としての生産者と販売者の平等を本当に実施するのはそう簡単ではない（辻村［2004］10章)。それと反対に、生産者がNGOに対して一種の甘えをもってしまい、経済的自立から立ち後れるといった指摘もなされている。

賛否両論を抱えつつも新しいフェアー・トレードは日本においても近年着目されはじめた。それは何よりも主に農産物を対象とする国際貿易の新しい形態

25）国際オルタナティブ・トレード連盟についてはhttp://www.ifat.org/参照。

であり、開発のあり方を見直す問題提起である。なぜなら、生産物の増大による貧困解消という意味では経済開発でありつつも、同時にエンパワーメントを目指す社会開発的発想をも含んでいるからである。

7 経済成長と民主主義

現在、経済のグローバル化は急速に進展しつつある。それは途上国が生産する物品とその貿易に関してもあてはまる。そのなかで、途上国の市場自由化も避けては通れない。グローバル化が進む今日、いままでとは異なった形で世界の各国家間における分業体制ができつつあるとの認識も高まっており、これは新国際分業（New International Division of Labor）とも呼ばれる。

このような状況のなかでは、従来の国際環境を前提にした貿易悲観論と楽観論の区別や、さらには工業化を目指す輸入代替と輸出代替の区分はそれほどの意味をもたない。

むしろ近年の東アジア諸国の急速な経済成長と1997年の通貨・経済危機が提起した**ガバナンス**の課題を検討することがより重要であろう。第一に、理念区分としての概念の二者択一議論から脱却し、経済活動にかかわる各種の利害関係者間の関係性を検討することが大切である。第２章で見たように経済成長は市場によって牽引されるとする新自由主義の立場があるかと思えば、反対に政府による市場調整の機能を重視する介入主義の立場もある。このような理念モデルは市場と政府というそれぞれの役割を明確化することにおいては有効であるが、実際にアジアの経済危機が示したことは政府と市場の関係がいかにあるかが何より重要であるという点である。両者がもたれあわずに良好な関係を保っているときに、経済の仕組み自体に一定の質が確保される傾向がある。

それゆえ市場か政府かという二者択一的議論はあまり意味がなく、本質的には両者間に緊張感のある関係性が求められる（Evans［1996］）[26]。東アジアの

26）Evans［1996］は政府介入と民間部門は互いに立場は異なっても開発に向けた相乗効果（synergy）を発揮できるとし、そのための条件を検討している。

経済危機が提起したことは、第二次大戦後多くのアジア諸国でとられた開発独裁体制の少なくとも一部は、結果として市場と政府の健全なあり方を逸脱してしまったという反省であろう。この種の権威体制においては、政権を担う政治勢力が経済的にも利益を独占し、市場をゆがめ、政府が本来果たすべきであった市場の公益性を確保するための管理機能を果たせなかったからである。その意味でガバナンスという用語が頻繁に使われるようになり、市場と政府の関係性を再度提起した意味は決して小さくない。

この関係性こそが、**生計アプローチ**の重視する行為主体と制度との交わりという視点と重なってくる。すなわち、経済活動を実施する主体である個人や企業が生産活動をするか否かの判断を下す際、この市場と政府の関係性に着目する場合が多い。その意味で、それまで経済成長をめぐっては国家がどのような政策を決めるかを重視していたが、国家からガバナンスへという視点の移行は、一つの主体から複数の経済主体間の関係性へと論点を移行させた。この移行は生計アプローチの枠組みと同じ発想を有するのである。

第二に、市場と政府との関係性は、広い意味で開発の経済的側面と政治的側面の関係性を意味している。経済成長による物質的生活改善と、政治的側面における国民の意思決定過程への参加の進展との関係性である。そのような政治改革はしばしば**民主主義**（democracy）の実現として議論される。

以前は経済成長が進むと、それによって一時的に国内の不平等は高まり、その結果、経済成長の恩恵は平等には国内に行き渡らないと想定されていた。不平等は民主主義をはじめ多くの政治理念にとって好ましい状況ではないが、しかしそれは仕方ないものとされていた[27)]。

しかし冷戦後の世界のおいては、民主主義を望ましい政治体制とする総意が形成されつつあるようにも思える。そのため経済成長と民主主義の関係が再度考察される必要がある（Ramaswamy and Cason［2003］）。ここでいう民主主義とは単に代表者を選挙で選出するといった狭い意味においてではない。民主

27）いわゆるクズネッツのU字曲線である。他方、東アジアの経済成長が世界史上特筆すべき理由の一つは、このU字曲線仮説の必然性を否定したことである。

主義を定義することはきわめて困難であるが、一つの考え方としては国民がその意思を政策決定に反映できるための参加の機会があること、さらに国民の意思を反映しない政権は選挙などによって交代させられる可能性を確保することの二つが重要である（Dahl［1971］）。

いくつかの近年の研究が指摘するように、低所得国家において民主主義は定着しにくいが、単に経済成長の副産物として民主主義が出現するわけではない。しかしその一方で民主主義が定着するためには一定の経済発展が達成されることが望ましく、低所得国家においても開発が持続すれば民主主義が生き残る可能性は高い（Przeworski and Limongi［1997］；Acemoglu and Robinson［2001］）。しかし、産業革命を経て近代化した西欧社会においても、経済的な市場の整備と、政治的な民主主義の定着は決して自動的におこったのでもなく、また両者の間に矛盾がなかったわけでもない[28)]。さらに現在の途上国は近代化の過程を先進国の場合よりも短期間でたどろうとしているのであり、経済成長と**民主化**（democratization）が同時並行しないばかりか、両者の間に葛藤を引き起こすことは無理のないことである。

重要なことは、それぞれの国々の歴史的経験をふまえて、どのような形で国民が政治の場にみずからの意見を表明していけるか、そして統治者の側がどのような形で国民へ情報を開示し、みずからの決定や行動を説明していくかである。前者は政治参加の問題であり、後者は**説明責任（アカウンタビリティー accountability）**の問題である[29)]。この両者を満足させない政治体制は国民から**正当**（legitimacy）なものとは認識されないであろう。大切なのはこの内容面であり、それを「民主主義」という用語で呼ぶかどうかではない。内容とし

28）たとえば、産業革命によりそれまでの家族のあり方は激変する。核家族化が進展し、男性が外で賃金労働に従事し、女性が家庭で家族の世話をするという男女の役割分担が近代的家族像としてそれ以降定着する。

29）説明責任（アカウンタビリティー）も大変複雑な概念である。人々を代表する政権であるか否かが本質的に重要で、代表する政権は正当性を有するが、そうでない政権は交代すべきである。説明責任と日本語で訳される際には、政府から国民に対してその政策や活動に関する説明が必要との側面が強調されるが、英語の accountability は権力を握る者と支配される者との関係性の概念である。これに関しては Przeworski *et al*.［1999］参照。

ての政治参加と説明責任が充足されるような政治改革が、経済的な成長と併せて取り組まれる必要がある。その取り組み方は国々の状況によって異なり、決して単一の政治・選挙制度がすべての国において有効であるとは限らない[30)]。

さらに近年**市民社会**（civil society）が着目されている。市民社会という用語も耳慣れたものとは言い難いが、通常は国家から独立し一定の自立性をもち特定の社会や地域が抱える共通の課題の解決に向かって活動する社会団体やその構成員をさす[31)]。たとえば労働組合や職能団体といった比較的近年になって結成されたものもあれば、また地域に昔からある互助会などもそのなかに含めて考えるのが一般的である。さらに、開発にかかわる各種のNGOやNPOもこれに含まれる。

このような市民社会は概念的にも幅広く、学問上はさまざまな問題を抱えているが、開発研究において近年盛んに議論されている大きな理由の一つは、市民社会やNGOが民主化の担い手であるばかりではなく、経済成長の担い手としても期待されるからである。市民社会は国家から独立しているため、国家が権力を乱用する場合これを告発し、人権状況の改善を訴えていく。それによって民主化のさらなる進展が期待されるのである。

さらに、市民社会は経済を成長させることもできるとされる。これまで期待されていた政府や市場といった経済成長の担い手はその本来の機能を必ずしも果たしていない。経済成長をもっぱら市場にまかせておいても、市場の拡大が雇用を増加するどころかそれから落ちこぼれたインフォーマル・セクターが拡大してしまう。また政府に任せておいては政府高官がたとえば汚職を働くなどの失態をおこしてしまう。そこで、これらに代わる経済成長の牽引車として市民社会が期待されるわけである。市民社会の構成員は、利益第一主義の営利企業が行わない活動を実施する場合も多いし、また画一的で平等な社会サービス

30）地方分権化は経済成長を促すためだけではなく、政治的民主化の進展にとってもよりふさわしいと通常想定される。しかし実際には問題も多い。

31）市民社会に関しての手際よい全体像はVan Rooy［1998］；Ehrenberg［1999］。また岩崎［1998］参照。ロンドン大学のCentre for Civil Societyはホームページで多くの関連する情報を提供している（http://www.lse.ac.uk/collections/CCS/）。

の提供を義務づけられている政府でもしりごみする活動を実施している場合も少なくない。たとえば高齢者・女性・障害者といった社会的弱者に対するケアサービスはその典型的例であり、先進国においても途上国においてもその活動は着目されている。またフェアー・トレードをはじめ、文化財保護や貧しい人々にも利益が得られるような観光開発の実現にはしばしばNGOがかかわる[32]。このような活動が活発になれば経済的効果も期待できるというわけである[33]。

市民社会やNGOが活躍すると、生計アプローチが想定する行為主体の周りの環境が変化する場合も少なくない。通常人々はさまざまな機関やネットワークとつながり社会的に暮らしている。そのなかには政府や市場とのやりとりも含まれるし、市民社会が想定する各種の集まりや団体も含まれる。このような諸機関の活動の活発化は、生計アプローチが指摘する組織や制度が重なり合い密度の濃い社会的ネットワークを構成していくことを意味するであろう。そうなると行為主体もそれに対応していままでの生存戦略を軌道修正したり、新たな経済生産や社会的活動をおこすこともありうる。このように第2章で見た生計アプローチという枠組みは、政府と市場の関係性や経済成長と民主化といった行為主体にとっての外部状況を総合的に把握できる利点を有している。

8 経済成長と開発のまとめ

経済成長とは経済活動を活発にすることにより、雇用を増やし、生産性を向上させ、そのことによって貧困の解消を目指す。生産部門である農業と工業をそれぞれ近代化し、生産規模の拡大と生産量の増大を図ることがこれまでの農業開発と工業開発の考え方であった。しかし農業は近代的な農業から環境と調

32) その意味で、第2章で取り上げた新ポピュリズムや脱開発論がそれぞれ重視する社会運動や多様な社会の追求をNGOは代弁しているととらえることもできよう。

33) この経済的期待の裏には社会的弱者を疎外から救済するという広い意味での民主化の効果も期待されている。ここでいう民主主義とは、社会の底辺に追いやられている人々の状況を改善することは社会的正義でもあるという意味で社会民主主義に近い。

和する農業へと転換しつつある。また工業も従来のように生産量の拡大一辺倒よりはインフォーマル・セクターを含めた総合的対策が途上国内部において求められている。それとともに、先進国が途上国の生産品へ市場を閉ざすなかで南南貿易など新たな対策も求められている。

復習キーワード

工業化：industrialization
モノカルチャー経済：monoculture
一次産品：primary commodities
輸入代替工業化：import substituting industrialization
幼稚産業：infant industry
後方連関効果：backward linkage effect
輸出代替工業化：export substituting industrialization
輸出志向工業化：export-oriented industrialization
新興工業経済地域：Newly Industrializing Economies, NIEs
輸出加工区：export processing zone
多国籍企業：multinational corporations
東アジアの奇跡：East Asian Miracle
縁故型資本主義：crony capitalism
ガバナンス：governance
移行経済：transitional economies
貿易悲観論：trade pessimism
貿易楽観論：trade optimism
交易条件：terms of trade
比較優位：comparative advantage
世界貿易機関：World Trade Organization, WTO
南南貿易：south-south trade
経済統合：economic integration
自由貿易地域：free trade areas
インフォーマル・セクター：informal sector
フォーマル・セクター：formal sector
小規模金融：micro finance あるいは micro credit
フェアー・トレード：fair trade
非政府組織：non-governmental organization, NGO
非営利組織：non-profit organization, NPO
民主主義：democracy
民主化：democratization
説明責任・アカウンタビリティー：accountability
市民社会：civil society

討論のための設問

Q：1993年に世界銀行は『東アジアの奇跡』を刊行したが、それから10年以上たった今日、その主張はどのような意義を有するであろうか。

Q：経済成長は政治や社会の変化と密接に結びついているが、成長を牽引する主体としては今後何に期待を寄せることができるであろうか。そのような期待は妥当であろうか。

もっと勉強するための文献

経済成長と工業化に関しては、従来の開発経済学の多くの文献が扱っている。近年ではたとえば渡辺［2004］参照。南南貿易、インフォーマル部門、フェアー・トレード、市民社会など新しい分野に関してはそれぞれ有意義なホームページがあるのでぜひ参照されたい。

5 社会開発1：保健と医療

インドネシア・スラウェシ島での母子保健活動

❶ 社会開発

前2章においては**経済成長**（economic growth）により貧困を解消しようとする経済開発に関して考察した。農業や工業といった生産部門を活性化し、雇用を増やし、そのことによって経済成長を促すことで貧困問題を解決しようとした。その成長の担い手をめぐっては政府や市場また市民社会が期待されるとともに、どれも単独では成長のエンジンとして力不足であり、二者択一的議論を乗り越える重要性が確認された。

それに対してこの章と次章は**社会開発**（social development）の分野である保健と教育について見ていく。社会開発とは社会の質的変化であると第2章で説明された。そして開発が単に経済的変化だけではなく、文化や社会の変化であることも1960年代から意識はされていたが、他方その当時は経済的考慮が支配的であり、社会開発の側面は軽視されていたこともすでに見た。

それが復権されるのは1980年代がいわゆる「**失われた10年**」（the lost decade）であったことの反省による。第３章ですでに見たように1980年代は**構造調整**（structural adjustment program）の時代であり、ほとんどの途上国政府は好むと好まざるとにかかわらず構造調整政策によって自国の経済破綻を何とか防ぐ必要に迫られた。その際に多くの途上国では政府支出が大幅に削減され、その影響は保健や教育の分野にも及んだ。その結果財政赤字や貿易赤字はいくつかの国では解消したものの、このような経済の帳尻あわせのために人間の能力開花にとって最も必要である保健や教育の分野が犠牲にされる傾向にあった。80年代はその悪影響が次世代へと受け継がれた痛恨の10年間であった。

1990年代に入り、人間中心の開発として社会開発が復権したのはある意味で当然であったといえよう。人間開発（human development）と社会開発は意味内容においてきわめて類似してきた。このように途上国を含む世界全体の経済発展の問題は、経済的問題だけではなく、社会的側面を含む問題として総合的に考える必要性があるという考えは、1990年代に徐々に受け入れられるようになり、1995年にはコペンハーゲンにおいて国連が主催した**社会開発サミット**（World Summit for Social Development）が開催された。そこでは貧困削減、雇用創出、社会的統合の促進の三つが主要議題として討議された[1]。

人間を中心とした開発とは途上国の人々一人ひとりが自己実現に近づけるように、選択の幅を広げる過程である。社会の周辺に押しやられた人々がさまざまな「力《ちから》」をつけて、みずからが望むことを実現できる状況をつくることは、それを望んだとしても実現がきわめて困難な状況よりも、選択肢が増えた状況である。そのような力をつけることが、**エンパワーメント**（empowerment）であるが、そのためには健康であることと、教育を受けることによって知識を得たり、また人格形成を促進することは不可欠であると考えられる。保健と教育はエンパワーメントと同義ではないが、しかし貧しい人々のエンパワーメントを目指す社会開発においてきわめて重要な位置を占める。それ一つには健康であることや教育を受けることの意義は個人だけではなく、彼・彼女が生活する地域共同体（community）にも及ぶからである（UN Millennium Project

---

1）社会開発サミットについてはhttp://www.un.org/esa/socdev/wssd/参照。

[2005])。そのため近年の国際協力の実施においてこの二つは重要な**分野（セクター**、sector）として改革が議論されている。

❷ 健康とは

健康（health）を厳密に定義することはこれまた困難である。世界保健機関（World Health Organization, WHO）によれば健康とは単に病気にかかっていないというだけではなく、身体的、精神的、社会的に完全に**良好な状態**（well-being）を指す[2)]。これは健康を広くとらえる考え方で、健康は心身の状況のみを指すのではなく社会的・経済的側面をも含む[3)]。一部の人々からはこの定義は広すぎるし理想主義的であり、さらにどのようにして健康が「達成」されるのかを具体的に判断できないため基準としては不的確であるとの批判もある（根村［2000］）。他方これに代わる定義はなかなか提起されていない。ここでは、健康が単に経済成長にとって必要であるという狭い意味のみではなく、健康そのものに生き甲斐や幸福感を充足させる重要な意味があることを認識して、WHOのように広く健康をとらえることが妥当であると考える[4)]。健康でなければ人は自分自身が満足ある人生を送ることも難しいし、家庭や社会に対してさまざまな働きかけを行うことも困難である。健康であることは目的自身でもあり、ある場合には他のことを成し遂げるための手段でもある（Zwi and Mills［1995］；Green［1999］）。

2）WHOが1946年に採択した憲章による定義で、青山ほか［2001］pp.23-24やGreen［1999］p.44に引用・考察されている。

3）WHOは世界では人口の約１割にあたる６億人が何らかの障害をもっている（people with disabilities）であると推測しているが、障害者がそのことをもってただちに健康ではないという単純な理解は無論誤りであるし、健常者がすべて健康であるとも限らない。

4）社会開発サミットで社会的統合が議論されたことは、健康の社会的側面を想起させる。

❸ ミレニアム開発目標における保健と健康

ミレニアム開発目標（MDGs）においては、第4目標が子どもの死亡率の低下、第5目標が妊産婦の健康の改善、第6目標がエイズやマラリアやその他の疾病の対策を、それぞれ掲げている。第2目標が初等教育の地球規模での完全な達成であることとあわせて、保健と教育はMDGsにおいて大変重要視されている。このこと自体が国際社会のなかで相対的に見て経済成長から社会開発へと重点が変化してきていることの証ともいえよう。

世界中では1年間におよそ1000万人の子どもが亡くなっている。その6割は栄養不良が原因であると考えられ、その結果、呼吸器疾患、下痢、はしか、マラリアなどにより死亡している。子どもが産まれてから5歳までに死亡する確率を**5歳未満児死亡率**（under five mortality rate, u5mr）という。2002時点において1000人の赤ちゃんの誕生に対して日本では5人の死亡率しかないが、途上国平均では89人、アフリカでは178人である（UNDP［2004]）。アフリカではおよそ6人に1人の赤ちゃんは5歳の誕生日を迎えることができない。過去約20年の間にこの死亡率は2割程度の改善をみてきたとはいえ今後の道のりは険しい。MDGsでは死亡率を3分の2削減することを目指している。達成への道のりにおいて、図5-1のように地域差が大きいことが判明する。アフリカだけが目標達成から大きく逸脱しており、この地域での目標達成はなんと2165年になると予想されている（UNDP［2003］p.2）。

妊産婦の健康の改善

全世界では約50万人の女性が妊娠・出産に関連して死亡している。このような死亡率は女性が生涯で何人の子どもをみごもるかと密接に関連している。アフリカのように出生率の高い地域では16人に1人の女性が生命の危険にさらされているが、北米では3500人に1人にすぎない。このような高い**妊産婦**（pregnant women）の死亡率は妊娠・出産時のケアが不十分であることや、多くの子どもを間隔をあけずに立てつづけに産むためである。MGDsにおい

図5－1　5歳未満児死亡率（新生児1000人当たり）

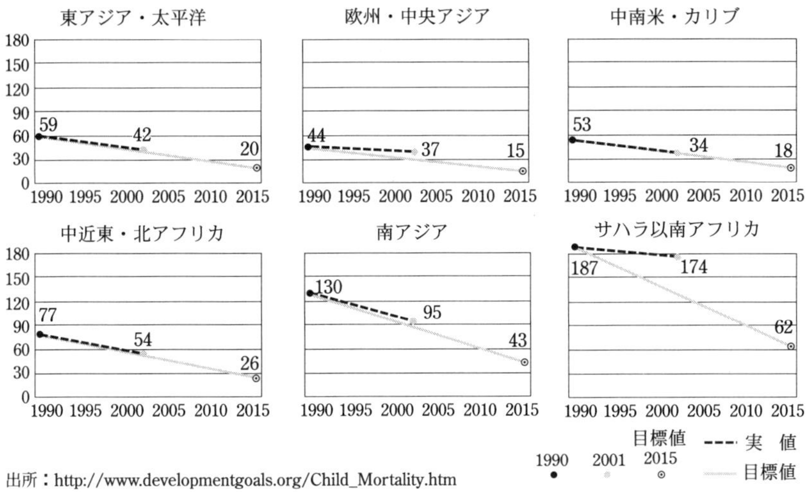

出所：http://www.developmentgoals.org/Child_Mortality.htm

てはこの死亡率を4分の3削減することを目指している。

疾病予防

次にMDGsではエイズ、マラリアやその他の**疾病予防**（disease control）を挙げている。エイズ、結核、マラリアは世界の3大疾病で、途上国では深刻な問題である。このような疾病の経済的負担も大きな問題で、平均的な結核患者は年収の約3割を医療費にあてなければならないとの推定もある。またマラリアによってアフリカの経済成長が1.3%減速しているともされている。同様にエイズもとりわけアフリカ諸国において大きな社会的・経済的負担となっている。エイズによってアフリカの経済成長率は2～4%減速していると考えられている（WHO［2004］p.3）MGDsではこのように深刻なエイズ、マラリアやその他の疾病の拡大を2015年までに阻止し、その後減少させるとしている。

エイズ（HIV／AIDS）については、2004年末の時点で感染している人々は世界全体で約4000万人弱と推定され、そのうち15歳未満の子どもは220万人であると考えられている。2004年の1年間だけでエイズにより死亡した人の数は

図5－2　成人エイズ感染者数の推計（1980～2003年）

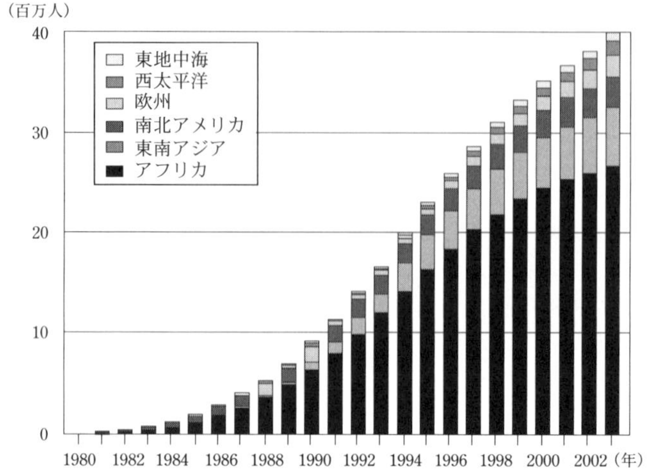

出所：WHO［2004］p.2.

世界全体で310万人、うち子どもは51万と考えられている。そのうち地域的にはアフリカの感染率が他のどこよりも高い（図5－2参照)。アフリカでは成人の7.4％が感染していると推定されるが、それは世界全体の感染率が1.1％であるのと対照的である（UNAIDS［2004］)[5]。

マラリア（malaria）は熱帯ならびに亜熱帯地域にとりわけよく見られるが、多くのマラリア患者が公的機関に報告されることはないため、正確な推定は難しい。WHOによれば3億から5億の人々が毎年マラリアに感染し、100万人以上が毎年死亡していると考えられる。その感染の9割はサハラ以南のアフリカにおいて発生している。子どもがマラリアにかかることも多く、アフリカの子どもの死亡原因の約4分の1はマラリアであると推定される[6]。その他の疾病としてたとえば結核では1年に約800万人の人があらたに病気にかかり、

5）エイズに関しては、近年、医学的観点以外からもさまざまな議論と分析がなされている。たとえば*Journal of International Development*の2004年11月特集号、*Third World Quarterly*の2002年2月の特集号、また*Public Administration and Development* 2004年2月の特集号を参照。

6）マラリアに関してはフレイヴィン［2003］第4章参照。

200万の人が亡くなっている（MDGs ホームページ）。

このような深刻な課題に取り組むためには、途上国の資金不足が大きな問題となる。先進諸国では通常その国内総生産（GDP）の5％ほどが公的医療保健サービスに使われているが、途上国ではそれが2〜3％である。1997年の最貧国の1人当たりの医療保健関連の公的資金はわずかに6ドルで、それは低所得国一般でも13ドルである。これが先進諸国であれば1356ドル（約14万円）となる。WHO によれば1人当たりおよそ35から40ドル（約3600円から4200円）の公的資金を確保することが最低限の目安になるとしているが、これ自体その達成は決して容易ではない（UNDP［2003］p.8）。

❹ 健康確保の取り組み

歴史的推移

歴史的に見れば、途上国の**保健システム**（health system）は、大きく分けて植民地以前のいわゆる伝統的システム、植民地時代のシステム、そして独立後のシステムへと変容していった。

いかなる社会にも人々の健康を維持するための何らかの仕組みやシステムが存在している。植民地期以前に現在の途上国に存在したそのようなシステムをしばしば「伝統的システム」と呼ぶが、内容としては病気のときに薬草を煎じて病人に与えたりする対策を指すことが多い。これがシステムとして機能するためにはどの薬草が何に効くかといった知識をもった人々がいて、その知識を引き出すようなやりとりが社会的に構築されていることを意味する。

これが植民地期には、キリスト教会の拡大などを通じて西欧医学の浸透が大規模に図られることになる。インドや中国に見られるようにアジア地域ではそれ以前の伝統的システムがそれほど影響を受けずに残ったが、アフリカなどでは西欧医学が伝統的システムを駆逐したところも少なくなかった。植民地期の医療・保健は植民地政策を遂行するヨーロッパ人の健康を守ることが主眼で、現地住民への配慮は二の次であった。しかし感染症の予防や治療においては、白人の健康を守るためには現地住民の健康を確保するという必要性が生じ、白人・現地住民を区別することなく対策がとられるようになり、現地住民への医療が拡大していくことになる。

独立後は多くの政府が新時代の幕開けとともに、保健や教育などの基礎サービスを無償で提供するようになった。とりわけこの恩恵は都市部で顕著であった。ラテンアメリカでは雇用関係を通じた医療保険制度が広がりはじめ、それが政治的にも重要な意味合いをもつようになる[7]。

プライマリー・ヘルス・ケア（Primary Health Care, PHC）

途上国は植民地経験を経て、先進国をモデルとする医療・保健のシステムを取り入れることになった。先進国ではこのような方式で一定の効果が上がったが、独立後の途上国の事情はかなり異なっていた。西欧医学の導入で新独立諸国においても一定の進展も見られたが、限られた資金や人材で途上国が国民の健康を増進することは容易ではなかった。

独立当初の取り組みは医療制度を**近代化**することに重点が置かれていた。先進国の医療制度を模範とした近代的医療とは、都市に設立された病院がさまざまな病気にかかった患者を治療する、というのが基本的考え方である。そのためたとえば多くの途上国の首都には大学病院が設立され、このような先進的病院を頂点にした階層的な医療制度がしかれていった。農村部の簡易医療施設では、限られた数種類の医薬品を用意し、日頃よく見かける病気に対応し、それでは対応しきれない複雑な疾病に関しては、より高度な技術を備えた都市の病院へと患者を紹介するのである。

このシステムでは、それぞれのレベルが決められた役割を果たす必要がある。ひどくない症状の病気は農村の簡易施設で治療でき、より複雑なケースは都市部への病院の移送が時間をあけずに行われるなどである。しかしたとえば交通手段や通信手段といった基礎的設備が整備されていない途上国の多くの農村部では、このような紹介が効果的に機能しないことは明らかであった。

7）Zwi and Mills［1995］は保健システムのタイプとして、これ以外に移行経済のシステム、先進国のシステムを挙げている。

その一方で、1960年代には中国のいわゆる「はだしの医者」といわれるような伝統医療の成功や、NGOが先導する地域ぐるみでの保健活動（community-based health program, CBHP）の成果が報告されるようになっていた。

そのため**プライマリー・ヘルス・ケア**（Primary Health Care, PHC）がそれまでの取り組みへの発想の転換として1978年に打ち出されることになる。PHCとは一言でいえば、健康増進を目的とした地域に密着した公衆衛生ならびに基礎医療活動である[8)]。この年旧ソビエト連邦のアルマ・アタ（現在のカザフスタンのアルマティ）において、WHOと国連児童基金（United Nations Children's Fund, UNICEF）が共催した「西暦2000年までにすべての人々に健康を」（Health for All by the Year 2000）と題した国際会議が開催された。この会議でPHCを理念として打ち出したアルマ・アタ宣言が採択され、会議に出席した134すべての国々によって医療・保健の基本的考え方となった[9)]。

この背景には、発展途上国において、多くの人々が予防可能な病気によって命を落としている状況がある。このような場合、財政的にも負担の重い近代的で高度な医療を提供する病院を整備するよりも、たとえば予防接種や地域住民とともに健康増進のための教育活動に取り組むなどしたほうが、安上がりであり、なおかつ効果的でもある。その意味において、PHCは治療より予防を重視し、対象地域としては都市ではなく多くの人々が住む農村部において、さらに活動内容としては医療だけではなく、教育活動や公衆衛生などの多面的でなおかつ地域に根ざした諸活動へと転換するものであった。保健活動の担い手は専門知識をもつ医者だけではなく、さまざまな活動の担い手である地域住民で

8）PHCの公式な定義を訳すると「実践的で、科学的に正しく、社会的にも是認できる方法と技術に基づく必要不可欠なヘルス・ケアであり、人々の十分な参加を通じて共同体のすべての個人や家族にとり利用可能なケアである。かつ自力更正と民族自決の精神に基づき、どのような発展段階にあっても許容範囲のコストによって提供されるケア」となる（小早川［1998］；Oliveira-Cruz *et al*.［2003］p.69脚注）。

9）10章からなるアルマ・アタ宣言の概略はワーナー／サンダース［1998］に収録されている（pp.81-83）。

図５－３　健康のための必要サービス

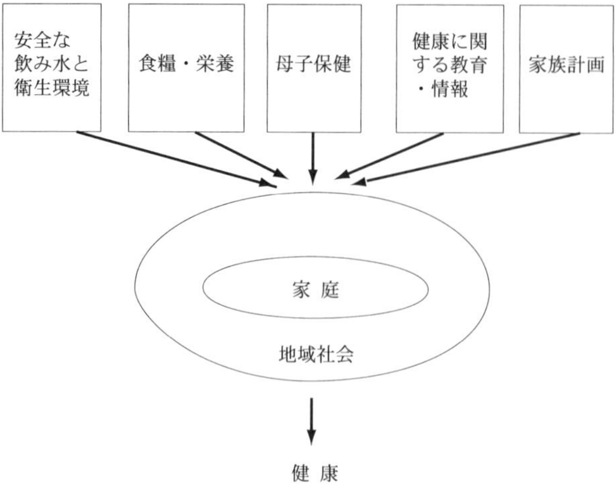

出所：World Bank［1994］p.31。

あることを強調した。地域住民の参加を尊重する以上、高度な最新技術より**適正技術**の使用を重視した。また財政面においてもこのような対策のほうが途上国の事情に合致し効率的であり活動も長続きすると考えられた。

これは図５－３にあるように、健康の維持増進のためには、ほかの関連する課題に対しても同時に取り組む必要があることを念頭に置いた政策転換であった。元来健康であるためには、たとえば十分な食糧によって栄養が吸収される必要があったり、また家族に何人の子どもたちがいて同じ食糧をどう分配するのかなど、狭い意味での医療以外の要因に大きく影響される。

また、PHC は社会的弱者といえども健康であることは基本的権利であるとの認識をその基本に据えている。理念としての PHC は**公平さ**（equity）と**参加**（participation）を重視した革新的考えである（小早川［1998］p.89）。そのため、PHC に基づく健康の確保には各国政府の政治的意思が不可欠であった。アルマ・アタでは出席したすべての参加国の同意を得て、そのような政治的支援をある程度取り付けたことにより、PHC は紆余曲折を経ながらもその後の1980年代の国際保健協力を特徴づけていった。PHC に基づいた国際協力プロジェクトも数多く実施された[10)]。

興味深いことに、アルマ・アタ宣言の翌年、専門家からは「選択的」(selective) PHCという概念が打ち出されることになる。選択的PHCとは、PHCを総合的に実施するには費用がかかりすぎるため、その代わりに効果が期待できる項目を絞りこみ、それに選択的投資を行うべきであるとする考え方である(Walsh and Warren [1979])。たとえばユニセフは1983年にはこの考え方を受けて、GOBIといわれるプログラムを提案する。GOBIとは以下をさす。

・Growth monitoring：成長記録

・Oral rehydration therapy：経口補水療法

・Breast feeding：母乳栄養

・Immunization：予防接種

この選択的PHCの登場によって、より本来の形に近いPHCが包括的(Comprehensive) PHCといわれるようになる。いずれにせよ、このPHCによってニカラグアやモザンビークでは保健衛生状況がかなりの改善を見た。この2カ国では、少なくとも一時的であれ、国民の健康を確保しようとする政府の政治的意思が存在し、その目標を達成するための住民の地域医療への積極的参加が担保され、社会的・経済的にも公平さの追求がなされた（ワーナー／サンダース [1998] p.80)。

東南アジアのタイもPHCが比較的成功した国であるとされる。タイ政府は、①住民参加、②適正技術、③資源の有効利用、④各分野間の協調と統合、⑤既存の医療制度との調和などの目標を掲げ、PHCに取り組んだ。とりわけ、政府機関と住民との意思疎通のために全国で20万人の村落保健普及員(Village Health Communicator) ならびに2万人以上のボランティア (Village Health Volunteer) の研修に力を入れた[11]。このような取り組みと日本の協力が一致し、バンコク郊外のマヒドン大学に後にアセアン国際保健研修所

10) アルマ・アタ宣言では、これに加えて、予防接種、感染症対策、よくある病気やケガの手当、基礎医薬品の供給を基礎活動項目としている（小早川 [1998] p.88)

11) ボランティアの役割は、①住民やVHCを指導する、②村の保健情報を取りまとめて報告する、③村で基礎的な医薬品を自主的に運営・管理する、④簡単な医療活動を担うなどで、そのために8から15戸に1人くらいの割合で選出され、5日間程度の研修を受ける。

となるPHCの研修所を設立し、成果を上げていった[12)]。

ところがこのような成功例は世界的には必ずしも多くない（Basch［1999］p.225)。成功例とされるニカラグアやモザンビークはどちらも左翼の革命政権で、西側からは敵視されたことも不幸なことであった。しかし、PHCの評価が分かれるより根本的理由は、政治以外の分野でいくつか挙げられる。

最大の要因の一つは、PHCは元来包括的対策をとることを意図していたが、それを実施する途上国の官僚機構と国際機関の両方の側にそのような包括的対応を可能にする仕組みが存在せず、既存の制度や活動の延長線としか見られなかったことであろう[13)]。選択的PHCの概念はまさにこの見方を象徴している。

関連する重要な点として**保健ワーカー**（health workers）たちの役割がある。ワーカーとは多くの場合その地域の人々で、健康問題に関心があるため無償で働いてくれる人々をさす。タイのボランティアは好例である。ワーカーは、医療サービス機関の末端と住民とをつなぐ鍵を握る。地域ぐるみの活動の企画や組織化には不可欠な人々である。しかしながら、問題は多くの国々においてこのワーカーたちが自主性を発揮できず、官僚機構の末端に組み込まれてしまった点にある。

さらに、PHCという概念を途上国の草の根の人々が正確に理解したとは到底考えられない。PHCという概念は包括的であるために、理解するためにはかなりの教育を受けている必要があるが、途上国の村落でそのような教育を受けた人は多くない。またPHCは本来「外来」の言葉であり概念であり、それを多様な途上国の地域社会で正確な理解を促すことは大変困難であったはずである。

これらの諸要因の結果、総合的・包括的対策として意図されたPHCは狭い範囲に限定されたものになっていった（ワーナー／サンダース［1998］)。

---

12) アセアン国際保健研修所に関しては http://www.aihd.mahidol.ac.th/参照。

13) ワーナー／サンダース［1998］はPHCが医療や保健の専門家にとっても脅威になった点を強調する。なぜなら地域医療としてのPHCが成功すると、専門家としての立場がなくなるからである。これは知識が誰のものかという根元的問いを提起している。

さらに不幸なことに、総合的対策を実施する必要性が認識された1980年代は構造調整の時代であった。ほとんどの発展途上国は医療・保健に対する公的支出を削減することを世界銀行や国際通貨基金（IMF）といった国際金融機関に義務づけられ、仮にPHCを支持していた関係者が途上国にいたとしても、とりわけ政府関係者がとりえた選択肢は多くなかった。

1987年にマリのバマコにおいて、PHCを効率的に推進するために、国連機関などから支援される基礎医薬品を、サービスを受ける人々自身が運営することを目指し、運営費用を受益者の負担に帰する**バマコ・イニシアティブ**（Bamako Initiative）が採択される。市場の効率化を重視する立場からは評価されるこのイニシアティブも、アフリカの貧困の現状からは妥当性があったとは考えられない（Green［1999］p.109）。

ヘルス・セクター改革へ

1990年代、とりわけ中頃からは、PHCに代わって**セクター改革**（sector reform）が着目されるようになる。保健・医療を総合的に改善するには、セクターを一つの包括的枠組みでとらえる必要性が認識されるようになったからである。

セクター改革は構造調整の反省をふまえた経済構造改革の方策である。構造調整はたとえばユニセフの「人間の顔をした構造調整」によって批判された。冒頭で述べたように、財政赤字削減のために人間の生活に不可欠な公的サービスが削られたことは、貧しい人々へのしわ寄せを生んだ。福祉を重視する立場からすれば、帳簿の数あわせのために人間の生活自体が危機にさらされたことは本末転倒であった（Cornia *et al.*［1987, 1988］）。

このような批判を受けて、世界銀行やIMFは構造調整の方法を改善していった。その一つの結果がセクター改革である[14]。セクターは、比喩的にいえ

14）高橋［2001］が指摘するように、①マクロ経済の構造改革の限界、②個別プロジェクトによる援助の効果性の限界、③さらには資金の効果的利用法への配慮をふまえてセクターが着目されるにいたる。

ば、途上国全体の経済（マクロ経済）と経済主体それぞれの経済行為（ミクロ経済）の中間に位置する。

そしてこのセクターは、別の意味において多様な行為者の協議に都合がよいと判断されるに至る。1980年代が失われた10年であったことから開発に対する反省や見直しがなされたが、経済協力開発機構（OECD）をはじめとする先進諸国や国際機関が**参加**を90年代の援助政策と決定したことは重要である。効果的で持続的な開発を達成するためには、社会的に虐げられた人々の**エンパワーメント**が不可欠であると考えられるようになる。医療・保健についていえば、貧しい人々も自分や家族の健康や命にかかわることの決定に関しては、その過程に参加していく権利を有すると考えられるようになっていった。

他方、そのような参加の主体は決して一律ではない。意見や利害の違いは、政治的に支配する者とされる者との間で、経済的に裕福な者と搾取される者との間で、社会的に多数を占める者と肩身の狭い少数者との間で、文化的に尊重される者と軽蔑される者との間で起こりうる。性別、階級、民族などさまざまな要因が複雑に絡み合い、たとえ小さな一つの村や地域であっても、完全に同質で意見の相違がまったくないところはない（Guijt and Shah［1998］）。

このような相違や対立を抱えつつ、なおかつ共通の目的を達成するために協同する過程を構築することは容易ではない。そのために**多様な関係者による協議**（multi-stakeholder consultation）として、さまざま方法論が試みられることになる（Hemmati［2002］）。

この協議の受け皿として、問題領域を比較的認識しやすいセクターが都合よいと判断されるにいたる。ここにおいて、第一の流れである構造調整や経済成長をめぐる反省と、第二の社会開発とエンパワーメントを実現するための協議が相乗りすることになり、その結果形成された方策がセクター改革であった。

セクター改革は、それ以前と比べれば国際協力の方法において格段に優れているといえる。通常セクター・ワイド・アプローチは以下の特徴をもつ。

1．援助実施にあたって支援国側は別の機関を設置せずに、途上国の既存の国家機構を活用する。

2．支援側と途上国側は協議に基づき、中期的戦略計画とその実施に必要な財政計画を立案する。

3．援助側は個別にプロジェクトを行うのではなく、策定された計画を実施するための支援を行う。

4．資金提供は個別案件へではなくセクター・プログラムへ行われる。

5．総合的対策と関係機関の連携を可能にするために、援助側は途上国の組織作りを支援する（Brown *et al*. ［2001］)。

このようなセクター改革によって、支援各国間の協調だけではなく、支援側と途上国側の対話が促され、資金の効果的・効率的活用へと大幅な改善が見られるようになった。たとえば医療・保健分野でも、いままでは別々の支援国がそれぞれ異なる病院や施設を支援し、それらの間の連携は大変困難であった。それがこのセクター・プログラムにより、あらかじめどのような関連性があるのかを考慮して個別の支援が行われるようになった。そのためセクター改革は援助機関や国際機関の間ではおおむね好意的に受け止められている。

保健セクターの取り組みは、先の包括的PHCか選択的PHCかの議論の一つの延長線上にある（Basch［1999］p.226）[15)]。PHCにおける包括性と選択性の論争は、考え方における差異というよりは、途上国の組織での実施可能性をめぐるものであった。その可能性をより高めるためには、実施機構としての官僚組織の整備が必要であることは間違いないが、それに先だって戦略的視点（優先順位を決め行動する体制づくり）から考察されなければならない重要な点は多い。たとえば、医療・保健分野を国家全体の経済政策や開発政策のなかでどのように位置づけるか、また保健・医療分野の方針をいかに定め、どのように重点領域への予算の確保するか、そしてその重点項目の実施をどうするか、などである。このような一連の戦略的考察抜きには、現場での単発的取り組みは効果的ではない。その点で、セクター改革の取り組みは肯定的に評価さ

15）しかし他方で、PHCが概念として提起したことがらとセクター改革の両者をめぐってはきっちりとした議論がなされていない。PHCは今日でも少なくとも重要な問題提起であることは間違いない（小早川［1998］p.89；Green［1999］p.67)。とりわけアルマ・アタ宣言の目標であるすべての人々に健康をという健康実現の平等性については、セクター改革は明らかであるとは言い難い（Evans *et al*. ［2001］)。

れるのである。

しかし他方で、この取り組みも負の側面をもっていることは否めない。医療・保健セクター全体を総合的に考慮するといっても、そのきっかけは援助側から出ている。途上国の普通の人々にとって、国際協力がどのような考え方と方法で実施されているかは、その結果どのような改善が実際に受益者の立場として見られるのかと比べれば、ほとんど知られていない[16]。また多様な関係者の参加といっても、地方において自治体や各種の指導者がこの過程に参加するのはきわめて珍しい。参加はせいぜい中央官庁の高官と支援機関代表者であるのがいままでの通例であった。その結果参加を実現するといっても、その程度は実際には大変限られている場合が多い（Basch［1999］pp.321-25）。

5 今後の保健・医療を考える

社会的弱者に配慮したエンパワーメントにつながるような保健・医療の改善とは何であろうか？　以下では今日的に重要ないくつかの課題を考察する。

経済政策との整合性

1980年代が「失われた10年」であったことは真摯に反省されるべきである。この間に指摘された問題点を繰り返さないためには、保健・医療の改革が国の総合的経済成長や社会開発の方針と整合性をもつことが不可欠である。

その意味でWHO事務局長によって設立された、マクロ経済と健康に関する委員会（Commission on Macroeconomics and Health, CMH）が2001年末に刊行した報告書は示唆的である。「マクロ経済と健康：経済開発のために健康に投資する」と題した報告書は、健康はそれ自身において優先的重要項目であるだけでなく、経済開発と貧困削減を達成するための手段として不可欠であるとしている。そしてMDGsにある目標を達成するためには、途上国のみな

16）アフリカでは成功例とされるウガンダの保健セクター改革もこのような点では草の根レベルでの理解を十分得られているとは言い難い（Saito［2003］）。

らず先進国の政治的意思とそれに裏づけられた財政支援が必要であるとしている。このCMHの推計によれば、エイズや結核などとりわけ途上国で深刻な影響を及ぼしている疾病への対策費は1人当たり年間わずか34ドル（約3500円）であり、この金額は途上国側のさらなる努力と先進国側の追加的支援によって、まかなうことが可能であると主張している。先進国は現在年間約600万ドル（約6.3億円）をこの分野の支援に支出しているが、それを2007年までに2700万ドル（約28億3000万円）に拡大する必要があると指摘している。そしてそのような対策がとられるならば2010までに毎年800万人の命が救われるとしている（WHO［2001］）[17)]。

この報告書はいままでも取り上げられていたテーマである途上国の健康改善をいかに確保するかという難題に切り込もうとしている。とりわけ重要なのは一部の人々の特権でしかない健康を誰でもが実感できるようになるためには、保健サービスの規模拡大（scaling-up）が必要な点である。途上国での規模拡大には多様な要因が絡んでおり簡単な解決は無論困難である[18)]。しかしながら世界の貧しい人々の大多数にとってそのような規模拡大はある程度可能であると考えられ、そのためにもセクター改革をはじめ斬新な健康システム構築の試みが期待されている（Ranson *et al*.［2003］）[19)]。

ジェンダーとリプロダクティブ・ヘルス

今日の途上国における第二の重要な保健・医療の課題は、**リプロダクティブ・ヘルス**（reproductive health）である。MDGsが妊産婦死亡率の低下を挙げているように、妊娠や出産に関連する死亡は多い。リプロダクティブ・ヘルスとは通常「性と生殖にかかわる健康」と表記される。この考えは1988年

17）マクロ経済と健康に関する委員会と報告書は http://www.cmhealth.org/ を参照。

18）Hanson *et al*.［2003］はこの障害となる要因を、①地域と家庭のレベル、②サービス提供レベル、③保健・医療分野政策と戦略レベル、④公共政策一般レベル、⑤政策環境とガバナンスに分けて総合的に考察している。

19）*Journal of International Development* 2003年1月特集号は「途上国における保健・医療へのアクセスの拡大を目指して」と題してこのCMHの報告書の分析を行っている。

WHO によって提起された（青山ほか［2001］p.137）が、世界的には1994年の国際人口開発会議（International Conference on Population and Development, ICPD）によって広く知られることとなった[20]。リプロダクティブ・ヘルスとは以下を含む。

1．人は希望するときに希望する数の子どもをもつことができる。
2．女性は安全に妊娠・出産をすることができる。
3．健康な妊娠・出産が子どもの生命・健康にとっても不可欠である。
4．カップルは望まない妊娠を心配せず、また性病を恐れずに性的関係をもつことができる（*ibid* pp.136-139）。

この実現にはより視野の広い努力が必要となる。社会開発の目標を実現するには貧しい人々が政策の決定過程に参加する必要があることが認識されはじめた。しかし他方で、医療問題は専門用語が多く十分な教育を受けていない人々が直接参加できる余地はあまりない。とりわけ女性にとっては、さまざまな障害が自分の命や健康を守るための決定過程に参加することを阻んでいる。男性との関係でいえば、子どもの数や出産の決定においても、男性に対して発言権をもっている女性は多くない。女性は以前はしばしば子どもを産むための道具としてしか考えられず、そもそも女性の人権を確保するといった発想は希薄であった。それにはさまざまな社会的・文化的背景や理由がある。ここで重要なことは、そのような女性の権利が確保されない社会は、社会全体にとっても大きなひずみを抱えているということである。女性が十分な発言力をもてない社会は、産まれてくる子どもにとっても不幸であり、男性にとってもより適切な男女の役割分担が見つけにくい社会である。その意味でリプロダクティブ・ヘルスやライツは単に女性にとっての権利のみを意味するわけではない[21]。さらにその背後にある男女の役割分担のあり方それ自体にも問題を提起する（これは**ジェンダー**（gender）と呼ばれ生物学的な男女の性別（sex）と区別されるが詳しくは本書第７章参照）のである。

20）ICPD に関しては http://www.unfpa.org/icpd/参照。
21）リプロダクティブ・ヘルスとライツに関してはヤンソン柳沢［1997］参照。

男女がより平等に向き合える社会になるためには、男女双方のエンパワーメントが必要である。その際、エンパワーメントで考えられるさまざまな「力《ちから》」とはある人がそれを手に入れれば他の人にとっては損失である、という関係にはない。このような誰かの得は別の人の損という図式を、**ゼロサム関係**(zero-sum relations) という。開発におけるさまざまな「力《ちから》」とはゼロサム関係の場合もあるが、互いに交渉や協議によってそこから両者の得となること(**ポジティブサム関係**、positive-sum relations) は可能である。事実途上国においてもたとえば教育程度が上がるにつれてほしいと思う子どもの数は一般的に男女ともに減少している。これは少子化が女性の得で男性の損というゼロサム関係ではなく、男女ともに納得できるポジティブサム関係であることを示唆している。リプロダクティブ・ヘルスの確保への努力はまさに、男女ともにとっての健康確保なのである[22)]。

サービスの地方分権化

エンパワーメントに向けた参加を促すサービス体制づくりの大きな柱の一つとして**地方分権化** (decentralization) が近年期待を集めている。これは構造調整のなかで登場した途上国のさまざまな機構改革の一環で、多くの途上国において実施されている。とりわけアフリカにおいては、ほとんどの国々が何らかの分権化を実施している。一般に分権化とは中央政府の権限と機能を地方政府へ移行することを意味する。そのような移管は、中央政府がサービスを一律に供給するよりも、地方政府がそれぞれの事情に応じて決定していくほうが効果的であり、効率的であるという前提において肯定的に議論される。世界銀行も分権化を積極的に推進している (World Bank [2000])。

一見すると分権化は保健・医療分野においても優れた解決方法であるように思われる。地域ごとに自然環境や疾病の様子は異なっているため、全国一律のサービスを草の根から遠い中央政府が一方的に決定するよりは、地域の事情を

22) たとえば女性が出産における発言力を増すためには、教育レベルの向上、経済的立場の向上など多面的な改善が必要であると考えられる。

反映させることができる分権化されたサービスのほうが有効である、という議論である[23]。他方、このような議論に対しては悲観的な反論が少なくない。たとえば、途上国では財政も人材も機材もすべてが限られているため、それらを薄く広く地方へ分散するよりは中央に集めて集中的に活用したほうがより効果的であるとの反論も成り立つ。このように分権化をめぐる賛否両論は長く続いている（Green［1999］）。その論争から明らかなことは、この論争は理論的整合性をめぐるものではなく、どちらがより厳しい途上国の現状に適応した行政サービスのあり方であるかという実証的課題である点にあろう（Saito［2003］）。

分権化は一面では正しい指摘を行っている。それは中央と地方の役割分担のあり方である。一般に途上国は、開発主義を唱える国ほど中央指導になりがちであり、アジアのいわゆる開発独裁国家はその典型であった（本書第１章）。その意味で、持続的開発のためにさまざまな決定過程における国民の参加を促そうとするならば、人々がさまざまな活動にかかわれる機会の多い地方において参加の機会を拡大することは不可欠である。その意味で参加と分権化は不可分である。しかし、不可分であることは自動的に両者が成立することを意味しない。地方政府が中央政府よりも能力や資源において限られている状況で、単にサービスの提供者が中央政府から地方政府へと移行しても、住民に歓迎されることは少ない。歓迎されなければ、そのようなサービスを討議する場への参加意欲は高まらない。

重要なことは地方によるサービス提供を可能にするためには、いままでとは違った役割を中央と地方のそれぞれが果たす必要があり、そのために中央と地方の両面での改革が必要なことである。医療・保健分野に関していえば、全般的にこの分野は政府予算の配分が不足しがちであり、分権化するとしないとにかかわらずサービスの質を向上させるために、より優先的な予算配分が多くの

23）保健サービスにおいて、いわゆる縦（vertical）と横（horizontal）の双方のアプローチのメリットを生かすことは重要であるが（Oliveira-Cruz *et al*.［2003］）、分権化がこれにどう関連するかはあまり議論されていないように思われる。

途上国において必要である[24)]。そして中央政府は分権化時代にはいままでとは異なり、地方を一律の基準で管理するのではなく、多様な地方のニーズを実現できる支援体制を構築していかなければならない。地方では住民と接するサービスの提供者が、住民と接するほど仕事にやりがいを覚えるような動機づけの仕組みが必要である。これらが伴わなければ単に質の悪い中央政府からのサービスを同様に質の悪い地方政府のサービスに置き換えることにしかならず、これでは改善につながらない[25)]。

6 まとめ

社会開発において保健や医療は重要な位置を占める。人間が健康であることは、それ自体に価値があるばかりではなく、経済活動や社会貢献を通じて周りの地域や社会に積極的にかかわれる機会を確保するためにも不可欠である。しかし本章で見たように途上国の人々の多くは、エイズをはじめさまざまな疾病に苦しんでいる。そして、それらの病気の多くは、予防することが可能であり、途上国に生まれたからといって病気に苦しみ短い人生を運命的に強いられるものではない。

途上国において健康確保の考え方は植民地時代を経て、それ以前のいわゆる伝統的保健システムからより近代的医学に基づく医療体制へと移行した。しかし、これが必ずしも功を奏さなかったため、プライマリー・ヘルス・ケア（PHC）という概念が提起されることとなる。地域ぐるみの健康予防活動というPHCはいまでも重要な概念である。

しかし今日取り組まれている保健・医療制度改革の主要課題であるセクター改革や地方分権化政策は、必ずしもこのPHCを再度議論する契機へとつなが

24）たとえばウガンダでは保健スタッフの過去1年分以上の給与が未払いになっていることは決して珍しくない。このような基本的課題を解決することがまず先決であろう。

25）実は分権化と先ほどのセクター改革は潜在的に矛盾する。分権化が地方の自主性を尊重するのに対し、セクター改革は中央政府と支援国の調整を重視し、その結果地方での協議は二次的になりがちであるからである（Saito［2003］）。

っていない。またリプロダクティブ・ヘルスはPHCが打ち出した人権としての権利をジェンダーの観点からさらに検討し、女性の性と生殖にかかわる健康や権利の確保を目指そうとしている。それは女性の健康のみならず、社会全体にとって大切である。

復習キーワード

「失われた10年」：the lost decade
社会開発サミット：World Summit for Social Development
エンパワーメント：empowerment
健康：health
良好な状態：well-being
5歳未満児死亡率：under five mortality rate, u5mr
妊産婦：pregnant women
疾病予防：disease control
エイズ：HIV／AIDS
マラリア：malaria
保健システム：health system
プライマリー・ヘルス・ケア：primary health care, PHC
保健ワーカー：health workers
バマコ・イニシアティブ：Bamako Initiative
セクター改革：sector reform
多様な関係者による協議：multi-stakeholder consultation
リプロダクティブ・ヘルス：reproductive health
ゼロサム関係：zero-sum relations
ポジティブサム関係：positive-sum relations
地方分権化：decentralization

討論のための設問

Q：プライマリー・ヘルス・ケアは1970年代後半に打ち出された考え方であるが、21世紀において途上国の人々の健康の増進を図るうえで、どのような意義をもつであろうか。

Q：セクター改革はどのような背景から登場し、何を目指そうとしているのか説明し、あわせてその問題点を指摘しなさい。

もっと勉強するための文献

健康と開発に関しては青山ほか［2001］が平易な解説に努めている。英語ではGreen［1999］が標準的教科書として定評がある。PHC やアルマ・アタ宣言の意義などはワーナー／サンダース［1998］が大変参考になる。

6 社会開発 2 ：教育

スリランカ南部の小学校で学ぶ子どもたち

たとえ貧しくても個人がもっているさまざまな能力がそれぞれの状況で開花することを促すためには、健康であることと並んで**教育**（education）を受けることも重要である。一般に人々が教育を受けることの効果はその人々が生活する社会にとっても望ましいと考えられている。そのため近年では社会開発のなかで教育を普及させることが重要であるとの認識が高まりつつある。しかし実際には、多くの途上国では、低い教員の質、多い生徒で混雑した教室、教材などの必要資源の不足はあまりにも頻繁に目にする光景となっている。また学校が遠くにしかない地域も少なくない。

❶ ミレニアム開発目標と教育を受けることができない人々

ミレニアム開発目標（MDGs）においては、第 2 目標として2015年までにどこにいる子どもたちであっても、男子も女子も同様に、初等教育課程の修了が目指されている。さらに、第 3 目標ではジェンダーの平等と女性のエンパワー

表６－１　15歳以上の人口に対する非識字率人口と女性の割合（%）の推計（1990、2000、2015年）

	1990年		2000年		2015年		合計の変化(%)	
	合計(1000人)	%	合計(1000人)	%	合計(1000人)	%	1990～2000年	2000～2015年
全世界	879,130	63	861,966	64	799,152	63	－2.0	－7.3
先進国および新興工業国	21,970	70	14,895	67	7,521	61	－32.2	－49.5
発展途上国	857,159	63	847,071	64	791,631	64	－1.2	－6.5
サハラ以南アフリカ	131,380	61	135,980	61	132,844	61	3.5	－2.3
アラブ	62,400	63	67,473	64	70,803	64	8.1	4.9
東アジアおよび太平洋地域	232,904	69	186,404	71	114,123	73	－20.0	－38.8
南西アジア	382,151	60	412,242	61	436,704	62	7.9	5.9
ラテンアメリカおよびカリブ	41,932	56	39,254	56	33,055	54	－6.4	－15.8

出所：UNESCO［2003］p.87.

メント推進のために、2005年までに初等と中等レベルでの男女格差を解消し、2015年までにはすべてのレベルの教育段階における男女格差を解消することをうたっている。このMDGs目標はそれまでの国際社会の教育普及の取り組みを集約している（Roberts［2005］）。

日本にいるわれわれには実感がなかなかわかないかもしれないが、世界には教育を受けたくても受けることができない子どもたちや大人が大勢いる[1)]。2000年時点において世界全体では約80%の人々が文字の読み書きのできる**識字能力**（literacy）を備えており、男性85%に対して女性は74%と推計されている。その一方で表６－１にあるように、同じ時点に世界中で８億6000万人以上の大人は文字の読み書きができず、その64%は女性である。地域において若干の差異はあるが、男女差にはあまり際立った変化がない。2015年までにこの非識字人口数は減少が予想されるが、減り方はおだやかで、2015年においても全世界には８億人を若干下回る数の人々が文字の読み書きができない状態であると予測されている。女性の割合も63%と2000年とほぼ変化がない。

就学年齢にある子どもたちのうち2001年において世界中で約１億350万の子

1）本章では発展途上国の人材を育成するという意味から途上国の**教育開発**を考える。これとときどき混同されるのが**開発教育**である。これは日本や他の先進国において南北問題や途上国の貧困さらには国際協力に関しての教育の促進や定着への取り組みを意味する。開発教育に関しては田中［1994］やOsler［1994］参照。

表6－2　すべての児童の初等教育の達成見込み

進　行　率	低所得国	中所得国	発展途上国全体
良好な進捗状況	22	47	69
すべての児童への初等教育達成	11	26	37
2015年までに達成される見込み	11	21	32
好ましくない進捗状況	51	19	70
2015年までに達成される見込みなし	28	15	43
達成見込みなしの度合いが極度に悪い	23	4	27
データなし	9	7	16
危機的状況（好ましくない＋データなし）	60	26	86
全　体	82	73	155

出所：Bruns *et al.* [2003] p.5.

どもたちが学校に行くことができない。その大半は発展途上国の子どもたちである（UNESCO［2004］）。これはおよそ途上国の就学児童の3人に1人は、必要とされる5年間程度の基礎教育を受けられないことを意味する（Delamonica *et al.*［2004］p.3）。1990年から2000年までの間に学校に通えない子ども数は約4％減少したが、その変化は地域差がきわめて大きい。たとえば南西アジアでは学校制度の普及に伴いこのような子どもたちの数は1990年から2000年の間に約20％減少したが、反対にアフリカでは人口増加率に学校制度の普及が追いつかず17％も増加した。アフリカでは現在のペースのまま推移すれば、すべての子どもたちが学校へ通うことができるのは22世紀である（UNICEF［2003］p.2）。学校に行けない子どもたちのうち女児は57％を占め、1990年時点と比べ10年間で6ポイント減少した（UNESCO［2003］pp.49-50）。

このような厳しい現状ではMDGsの達成は容易ではない（UN Millennium Project［2005］）。最近の推計によれば途上国全体ではすでに達成済みと今後達成可能と考えられる国々をあわせた合計数69と、現在までの進展度のままでは目標達成が不可能と予測される国々の数の70はほぼ同数である。とりわけ低所得国では達成不可能である割合が高く、可能と考えられる国の倍以上である（表6－2参照）。達成困難とされる国では進展どころか反対に状況が悪化している国もある（Bruns *et al.*［2003］）。

2 開発と教育

開発と教育は大変深い関係にある。明治以来の日本の近代化政策を支えた要因の一つは教育制度の改善と普及にあった[2)]。しかし現在の日本は、高等教育まで含め、教育の普及が制度的に徹底されたために、かえって若者のなかには何のために学習・勉強をするのかその意味がわからない者も少なくない。

それとは対照的に、途上国では勉強をしたいと思ってもさまざまな理由で勉強する機会を得られない子どもたちは多い。教育を受ける機会を奪われている理由は複合的である。途上国で頻繁に見かけられる事例としては、貧困のために子どもを学校へやりたくても学費や教材費などを捻出できない場合、家庭にとって子どもがたとえば農作業などのための大切な労働力であり、子どもが学校へ行くと経済的利益が損なわれる場合、親自身も学校へ行った経験がなく教育の意義を理解していない場合、より極端な場合では女児は結婚し嫁に出すと、嫁ぎ先で家事をまかなうだけであるから教育は不要と思われる場合、さらに女児の場合は教育を受けて成人しても、男児の場合と比べ現金収入を安定的に確保できる職業に就く可能性が低いために、教育投資の費用を回収できないと親が考える場合（教育とジェンダー格差は次章で検討する)、などがある。とりわけその日その日の生存がかかっている貧しい人々にとって、将来的には有意義かもしれない教育の長期的効果を期待して子どもを学校へ行かせることは大きいリスクを伴う判断である。さらに近年増えている紛争などにより学校への就学機会が奪われていることも理由の一つである[3)]。

このように困難な状況にある教育の意義を改めて整理すると、いくつもの重要な論点が確認できる。第二次大戦後多くのアジア・アフリカ諸国では国民の要求に応えるために、またそれぞれの国家建設の重要な手段として、学校教育

2）開発における日本の教育の経験については、国際協力機構［2003］参照。

3）なぜ子どもたちが学校へ行けないかに関しては国や地域によって差がある。国ごとの統計資料のなかには、親に対して何が就学を疎外しているかを質問し、その回答を集計している場合もある。

制度の普及は拡大されつづけてきた。他方、「開発」をめぐる理解が、経済成長から社会開発へと相対的に変化するにつれて、開発全般における教育の意味づけも変化してきた[4)]。そして、現在では教育のもつ重要さは以前よりも高まっているといえる[5)]。

第一に、教育はそれ自身において重要な課題であるとともに、**経済成長**（economic growth）を促したりまた持続的開発へ貢献したりというように他の開発目標達成の手段でもある。この2面性はMDGsのなかにも見て取ることができる。教育はジェンダー格差の是正や貧困の削減のための有効な手段であるとともに、他方それ自体が重要な目標でもある。

第二に、教育は人間の人格的発達や価値観の形成、社会的に是認できるモラルの共有といった側面を通じて**社会を統合**する（social integration）役割を負っている（江原［2001］p.28）。社会という視点から見れば教育は学校制度を通じて社会全体に共通する価値観を形成し、次世代へ受け継いでいくのである。その意味で学校教育と社会全体のアイデンティティーの形成、国民意識の育成は不可分とされてきた。

第三に、教育は**人権**（human rights）として侵されることのない価値としての認識が近年高まっている[6)]。人権としての教育は、単なる機会均等の保証だけではない。それ以上に教育は人間として個々の人々に、みずからがどのような人生を歩むのかを問いかける。教育を受けることで人々はさまざまな知識

4）開発を経済成長と理解している限りにおいては、教育は経済活動の担い手を育成する意味合いをもつ。1970年代の人的資本（human capital）に関する議論も、人材を資本と規定することで経済成長をより幅広くとらえ直そうとした。他方、社会開発や人間開発を開発と考える立場に立てば、貧しい人々のエンパワーメントに資することが教育にも求められることになる。教育を受けたことで貧しい人々が自信をつけ、これまでとは違ったより自分らしい生き方を実現することが望まれている。

5）教育の意義に関しては、たとえばUNESCO［2003］第1章参照。

6）1989年11月に国連総会において採択された18歳未満の児童の権利に関する条約（子どもの権利条約）第29条は、子どもが教育を受ける権利を規定している。そこでは、①子どもの能力の発達、②人権の尊重、③自己の属する社会の価値観や他の文明に対する尊重、④自由・平等・平和・寛容といった精神の育成、⑤自然環境の尊重、が教育の内容や意義として掲げられている。

を習得し、また社会の多様な課題への意識を高めていくことが期待されている。さらに、みずからの生き方や社会のあり方を問い直し、どうすればより人間性が深まっていくかを問いかけることになる。このような問いかけを伴わない、教える者から学ぶ者への単なる知識の受け渡しは、教育であるとは言い難いともいえよう。

第四に、開発が**エンパワーメント**（empowerment）を目指すものと理解する限りにおいて、教育は貧しい人々や社会の底辺にある人々に対して、識字や基礎知識を通じて問題解決能力を向上させることを目指す。また個人の潜在的能力を引き出すことによって、より自己実現の可能性を高め、意義ある人生を歩むことができる可能性を広げることが期待されている（能力的エンパワーメント）。さらに、それが就労機会の向上や就労選択の幅の拡大につながる場合もでてくるであろう。就労により賃金を得られれば経済的エンパワーメントに発展してゆく。

さらに、教育とエンパワーメントは社会的側面でもつながっている。社会的に「あたりまえ」と思われている事柄に疑問を抱いたり、問題意識を喚起することは重要で、これを思考的エンパワーメントと呼んでもよい。そのような問題意識の発達は既存の社会関係を是正する方向へ転回していく可能性をも秘めており、社会的エンパワーメントが関連してくる[7)]。しばしば教育の社会統合的役割は、個人による社会貢献の可能性としてとらえられるが、統合のあり方自体が教育によって変化する可能性をも秘めている。このように教育とエンパワーメントは図６-１にあるように、複雑に関係している（水野［2001］）[8)]。

これまで開発における教育の重要性はさまざまな論者によって指摘されてきた。第１章に見たアマルティア・センの潜在能力や自由をめぐる議論は、教育と密接に結びついている。しかしそれ以上に今日われわれが忘れてはならない

7）小國［2003］は「社会的エンパワーメントとは、さまざまな相互依存関係のなかで、自らの生活世界を自分なりによくしていくために知を創造し、それを他者と共有、修正しつつ自らや周囲に変化をおこしていくことではないだろうか」（p.63）と指摘している。

8）本書第２章で見たように、エンパワーメントというときのパワー（力）は多様な内容を含むことを想起されたい。

図6－1　教育効果とエンパワーメントの関係

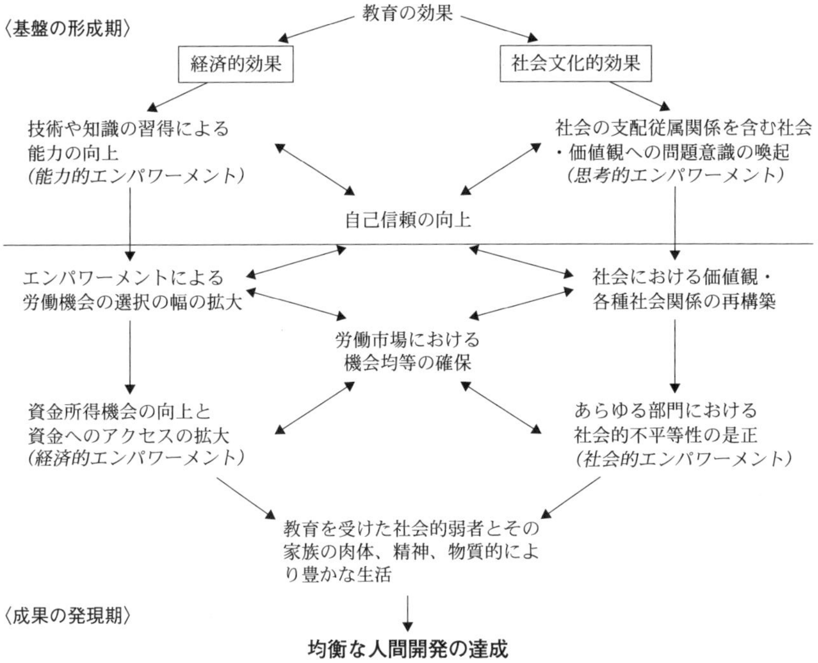

出所：水野［2001］p.37をもとに改訂。

人物の１人は**パウロ・フレイレ**（Paulo Freire, 1921–1997）であろう。

フレイレはブラジル生まれの教育学者で、1970年に刊行された『被抑圧者の教育学』は多くの言語に翻訳され世界中で読まれたといっても過言ではない（Freire［1970］）[9]。そのため彼は20世紀後半において最も幅広い影響を与えた教育者と評されることもある。彼はブラジルをはじめラテンアメリカの社会の底辺に生きる人々を抑圧から解放するためには、これまでの知識伝達型の教育をやめ、抑圧された人々自身の主体性を重視した対話型教育の実践によらなけ

9）フレイレと並んで頻繁に取り上げられるのはイヴァン・イリイチ（Ivan Illich, 1926–2002）であろう。イリイチも既存の学校のあり方を厳しく批判した脱学校論（deschooling）を展開した。さらにイリイチは教育だけではなく産業社会批判を展開し、２章で見た脱開発論者の１人とされることが多い。

ればならないと主張した。従来の教育は銀行型教育と呼ばれる。預金にたとえられた情報の注入によって知識を蓄積することを揶揄した比喩的表現である。銀行型教育では知識が一方的に伝達されるだけで、学習者は受動的にそれを受け取るだけである。これでは社会の現状を変えられないとしたフレイレは、問題提起型教育の実践として対話を重視する。具体的問題を設定し、それを批判的に省察することで、問題をより総合的に把握することが可能となる。その過程が**意識化**（conscientization）と呼ばれるもので、問題を傍観せずに主体的に取り組む姿勢を養う過程である。ここでは学習を媒体として教える者と学ぶ者は相互に意識を高め、より人間らしさを求めていく過程が尊重される。

このようなフレイレの主張は今日まで途上国で大きな影響を与えた。エンパワーメントという用語こそ用いられていないが、内容において後のエンパワーメント議論を先取りしていた（Parpart *et al.*［2002］p.5)。彼自身その主張のために15年に及ぶ亡命生活を強いられることになる。彼の影響は家庭や職場や地域社会における相互学習という学校以外でのインフォーマル教育と、社会的弱者との対話を実践する教育を実施しようとしてきた多くの団体やNGOに引き継がれてきたといえよう。社会的に抑圧されている人々が将来に希望を見いだすことができるような教育とは何か、フレイレが生涯をかけて追い求めたテーマはMDGsを掲げる今日の国際社会が直面している課題でもある[10)]。

3 教育をめぐる歴史的推移

第二次大戦後から現在まで、途上国の教育をめぐる開発議論とその変遷を振り返るといくつかの時期に区分することができる[11)]。

10）晩年の著書『希望の教育学』（フレイレ［2001］）も参照。フレイレに関するホームページ情報源は少なくないが、とりあえず http://www.paulofreire.org/ を挙げておく。

11）無論ここで採用する時代区分は参考のためであり、たとえば廣里［2001］は世界銀行の取り組みを中心に、江原［2001］はアメリカを中心にして、違った区分を設けている。

第1期：第二次大戦後から1960年代

戦後復興は経済再建を中心として進み、開発も経済成長とほぼ同意義でとらえられていた。そのため開発議論のなかでは教育は二次的役割しか与えられていなかった。他方、戦後から1960年代までに植民地支配から解放された多くの国々が独立を果たし、新たな国家建設へと向かうことになる。ナショナリズムに燃えるこれらの新しい国々では学校教育の普及により国民意識の形成という役割が教育に与えられていった。また独立を達成した途上国の人々が新時代を実感できるためには一定程度の福祉の向上が必要不可欠であったが、とりわけ初等教育はその一環としても整備されていった。その結果この頃の国際協力の対象としては主に中高等教育が想定されていた[12)]。

第2期：1960年代から1970年代

前の時代に引きつづき開発は経済成長として理解されていた。さらに第2章で見たように途上国の貧困問題の解決は途上国の伝統的社会を近代化することによって解決できるとする**近代化論**の考え方が勢いを得ていた時代である。たとえばロストウの発展段階論が1960年に発表されるに伴い、教育は経済発展のなかでもとりわけ「離陸」を可能にする前提条件としての位置づけがより明確になっていく。

また当時シカゴ大学教授であったセオドア・シュルツ（Theodore W. Schultz, 1902-98）は、従来開発途上国の経済発展と農業の関係を研究していたが、そのなかで経済成長の要因として人材育成が大きく貢献することに注目した。彼はこれを**人的資本**（human capital）と名づけた（Schultz［1961］）。この理論は教育への支出を投資として考え、それが経済的な所得向上や生産性の上昇を生み出すことを計量的に証明しようとし、その貢献に対して1979年に

12）第1期と第2期は近代化論の影響が大きかった時代である。教育と関連するテーマとしてマスコミを含む情報やコミュニケーションの諸課題がある。この頃は教育制度が普及し、社会が近代化しマスコミが発達すれば、途上国の人々が貧困から脱却し開発を推進するために必要とする情報は自然と得られると思われていた。無論このような理解はその後変遷していく。この研究分野を開発コミュニケーションと呼ぶ（久保田［1999］）。

ノーベル経済学賞が授与された[13]。この人的資本論は教育投資への理論的根拠を与え、これ以降国際機関を中心に、教育は経済成長への投資分野と積極的に位置づけられ、諸活動が展開されることになる。とりわけ、途上国の経済躍進を担う指導者層や専門家の育成を目指した中高等教育や職業訓練においてさまざまな援助が実施された。その結果、途上国の学校教育は新時代エリートの育成という役割を明確にしていく。

この1960年から1980年の間に途上国の教育現場では劇的な変化がおこっている。新しく独立した国々は教育を普及することを優先的に考え、たとえば政府予算の多くは教育に当てられた。1979年までGNPに占める教育費の割合は増加を続けた（Hallak［1990］p.12）。新しい教員も大量に雇用され、この20年間に初等教育における先生１人当たりの生徒数はむしろ低下している。また初等から高等までのすべての教育レベルで就学生徒数は大幅に増加し、初等教育においては２倍以上の増加となったが、人口増加を考慮すれば実施的には20%から30%の改善にとどまった（*ibid* p.10）[14]。

その一方でこの時代の後半になると近代化論への批判も登場するようになる。同時に、農村教育への注目、子ども以外にも成人、女性、仕事をもつ青少年など範囲は限定されているが大衆教育の必要性が認められはじめたことは重要である（江原［2001］）。またラジオなどの教育媒体の登場で、村や街角にいながらにして学習の機会を得るノンフォーマル（非正規）教育も教育全体の一環として位置づけられるようになる。

第３期：1980年代

80年代は**構造調整**（structural adjustment program）がほとんどすべての途上国で導入され経済構造改革が実施された。それ以前の時代が教育の普及を後押ししたのに対して、80年代は学校教育予算も政府支出削減の対象とされた

13）その業績は門下生のベッカー（Gary Stanley Becker, 1930-）に引き継がれていく。

14）またこの間にインド、タイ、フィリピンなどいくつかの国では自国製の教科書が用いられはじめた（Hallak［1990］p.14）。

ため、教育にとっては危機の時代であった。

しかしこの危機は80年代に入って突然はじまったのではない。それ以前の時代はむしろ教育の質より量の拡大であったが、そのことがすでに矛盾をはらんでいた。増加する教育費、低下する教育の質、学校は卒業しても就職できない、そのため改善しない失業問題などの要因は80年代になると一層悪化していった。

そこへ構造調整が導入されることになる。教育においてもそれまでとは異なりGDPに占める政府支出の割合は80年代を通じて減少傾向が見られた(Hallak［1990］p.26）。その結果拡大してきた学校制度を維持管理できなくなり、学校施設は場所によっては荒れ放題のまま放置されたところも少なくない。このような状況は生徒の就学意欲を低下させるとともに、教員の勤労意欲も奪い去った。

限られた政府予算を効率的に使うために、中高等教育での職業訓練を削減し、代わりに初等教育に相対的に力点を置く方向性が出されていく。同時に規制緩和やサービスの民営化という、担い手として政府より市場を重視した構造調整の処方箋が教育分野にももち込まれ、一部の教育は政府から民間へと移管される傾向が強くなった。さらに中央政府から地方へと権限を委譲し、中央政府を小さくしようとする地方分権も教育に少なからず影響を与えることになる。

第4期：1990年代以降

失われた10年を経た1990年代は90年3月にタイのジョムティエンにおいて開催された、**万人のための教育世界会議**（World Conference on Education for All）によって幕を開けることになる。すべての子どもたちに初等教育を提供する（universal primary education, UPE）という考え方自体はすでに1960年代前半から国際機関をはじめとして唱えられていたが、その後の取り組みは必ずしも十分ではなく、それが構造調整の10年を経て再度提起されたことの意義は小さくない。

またこの会議では基礎教育（basic education）を基礎的な学習ニーズ

(basic learning needs) を満たすための教育と規定した。それは「人間が生存し、自らの能力を十分に伸ばし、尊厳をもって生活し、働き、開発に全面的に参加し、生活の質を高め、知識に基づいて判断し、学習を続けるのに必要な不可欠の学習手段と内容」と定義された(斉藤泰雄［2001］p.303)。この基礎教育は子どもだけでなくすべての人々に提供されるべきであるとした点で、従来の子ども中心の教育概念を拡大した。同時に学校だけでなくノンフォーマル(非正規)教育も含めた包括的対応を促した[15)]。

ジョムティエンでの会議は大変微妙な時期に開催された。一方で、構造調整の10年を引き継いでいるために、限られた経済的資源を有効に使うという考えに影響されてはいる。しかし他方、経済成長を開発ととらえる狭い考え方から脱却し、社会開発や人間中心の開発を目指そうという変化が見えはじめた90年代初頭の時期でもあった。すなわち構造調整の弊害や限界を乗り越え、途上国の次世代を担う人材を育成する教育にもう一度幅広い視点から着目したことは有意義であった。そのため教育を保健や基礎医療と歩調を合わせて取り組むべき公的サービスとして位置づけた議論も見られた。

ジョムティエン会議開催から20世紀の終了までの10年間に、就学者数は世界全体で6億人弱から6億5000万人弱へと増加した。この間に学校へ通うことができない子どもの数も1億800万人から1億400万人へと減少し、その数値に占める女性の割合も1990年の63%から2000年の57%へと改善した。しかし他方で、国の数にすれば全体の4割の国々においては、初等教育の就学数は進歩するどころかむしろ悪化していった(UNESCO［2003］)。

そして20世紀最後の2000年4月に、西アフリカのセネガルの首都ダカールにおいて**世界教育フォーラム**(World Education Forum)が開催された[16)]。これはジョムティエンから10年にわたる教育普及の現状を評価し、今後の取り組みを再確認するためである。この会合には世界180カ国のみならず、国際機関

---

15) この会議に関しては、以下を参照。http://www.unesco.org/education/efa/ed_for_all/background/world_conference_jomtien.shtml。

16) 公式ホームページはhttp://www.unesco.org/education/efa/wef_2000/index.shtml。

やNGOが多く参加した。ダカール会議ではジョムティエンの精神を確認している。会議の宣言文は「すべての子ども、若者、成人は、言葉の最良にして最も深い意味において基礎的な学習のニーズを満たす教育を受ける人間としての権利を有している。すなわち、知ることを学ぶ、為すことを学ぶ、ともに生きることを学ぶ、人間として生きることを学ぶ、これらを含む教育である。それは個人の才能と潜在能力を引き出し、学習者の人格を発達させることを目指す教育である。そうすれば人々は自らの生活を向上させ、社会を変革することができるようになる」と述べている（斉藤泰雄［2001］p.315)。その結果以下の六つの目標が採択された。

1．包括的な早期幼児ケア・教育を拡大し改善する。とくに、最も弱い立場や不利な状況にある子どもたちに焦点を当てる。
2．2015年までに、すべての子どもたち、とくに女子および困難な状況にある子どもたち、少数民族に属する子どもたちに重点を置いて、無償・義務制の良質な初等教育にアクセスでき、それを修了することを保障する。
3．適切な学習・生活技能プログラムへの公正なアクセスを通じて、すべての若者と成人の学習ニーズが満たされるよう保障する。
4．2015年までに、とくに女子を中心にして、成人識字率の現水準を50％改善することを達成する。すべての成人向けの基礎・継続教育への公正なアクセスを確保する。
5．2005年までに、初等・中等教育での男女間格差を解消し、また2015年までに教育におけるジェンダーの平等を達成する。とくに、良質な基礎教育への女子の完全かつ平等なアクセスと学業成績を確保する。
6．教育の質のあらゆる側面を改善し、とくにリテラシー（識字能力)、ニューメラシー（計数能力)、基本的生活技能の面で、すべての人々に明確に認識でき、かつ測定しうる学習成果が達成されるようエクセレンス（優秀さ、質の高さ）を確保する（斉藤泰雄［2001］p.316)[17]。

この目標実現のため国際社会はその進展度合いを把握し、公開することとし

17）ダカール行動の枠組みの第2と第5目標が後のMDGsに取り込まれることになる。

ている[18)]。

❹ 教育改革の現状

ダカール宣言とMDGsに見られるように、教育を充実させるために国際社会はさまざまな取り組みを実施してきた。しかし本章の冒頭でも述べたように途上国を取り巻く状況は生やさしいものではない。MDGsは教育の量的側面の拡大を目指している。これに対してダカール宣言は質に関しても言及をしているが、何をもって教育の質とするかはそれぞれの地域の歴史的取り組みの違いもあり、単純な一般化は難しい（UNESCO［2004］）[19)]。加えて途上国と一言でいっても表6－3にあるようにその地域差も顕著になりつつある。そのなかで**万人のための教育**を（Education for All, EFA）という理念の実現を目指し、限られた資源を効率的に使うためのいくつかの関連する方法が現在進行中である（Murphy［2005］）。

EFAにいくら必要か？

これまでも初等教育や成人への基礎教育の普及を阻んできたのは公的資金の不足である。では理念としている万人のための教育実現、とりわけすべての子どもたちへの初等教育（UPE）の実現に、いくらの費用がかかるのであろうか。

現在豊かな国々は平均しておよそ国民総生産（GNP）の約1.4%を初等教育に支出している。これを1人当たりGNPとの比較で見ると豊かな国々は平均

18）UNESCOが定期的に刊行する*EFA Global Monitoring Report*がそれである。ダカール会議の六つの目標に対する進捗状況はこのモニタリング・レポートに大変詳しく記載されている。またアフリカではAssociation for the Development of Education in Africa（ADEA）が2年ごとにアフリカ諸国の進捗状況を確認する会議を開催し、その関連資料はhttp://www.adeanet.org/に公開されている。

19）UNESCO［2004］では、①多様な学習者、②国家の経済的・社会的状況、③物質的・人的資源、④教授・学習過程、⑤教育成果で質を考察している。

表６－３　地域別に見る途上国の教育現状

地　域	教育開発の方向性と課題
東アジアと東南アジア	・初等教育はすでに普及し、教育開発の中心は中等教育であり、その無償化・義務教育化が進行中。 ・経済発展に伴って高等教育の需要が高まり、大学の大衆化が進む。 ・中等教育以上の教員の質的向上と、高等教育および研究分野への協力要請が強い。
南アジア	・初等教育の普及が遅れており、とくに女子の初等教育の拡充が緊急課題。 ・学校建設、教員養成、教材と教科書の開発など、初等教育を中心とした教育インフラの整備に対する協力要請が強い。
中近東	・中等教育、技術教育の質的改善が必要。 ・教育方法、教材開発、実験施設などの教育の質的な改善を目指した技術教育への協力要請が強い。
アフリカ	・経済不況と政治的な不安定要因を抱え、基礎教育拡充が進んでいない。 ・教育行政、教育計画、学校建設など基礎教育分野への重点的協力が必要。 ・学校、教員養成校の建設・拡充などの教育インフラ、およびそれに伴う開発計画の策定や教育行政分野の協力要請が強い。
中南米	・初等教育はすでに普及し、内部効率つまり中途退学と留年が課題。 ・中途退学者へのノンフォーマル教育や教師の質的向上に対する協力要請が強い。
東ヨーロッパ	・教育水準は高く、技術教育や高等教育での改革が必要。 ・市場化経済運営のための人づくり、産業教育分野の技術協力要請が強い。

出所：内海［2001］p.70。

でその18%が１人当たりの教育支出である。これに対して貧しい国々ではGNPの1.7%が支出され、先進国よりも割合として若干高くなっている。また１人当たりGNPとの比較で見ると貧しい国々は平均でその12%が１人当たりの教育支出である。こちらは先進国の数値よりも低くなっている(UNESCO［2003］p.101)[20]。

ある最近の推計によると2015年までに途上国で万人のための教育を実現させ

20）実際多くの途上国政府の支出項目のなかで教育は第１位を占めることが多い。そしてその費用の大半は教員の給与に当てられている。

図６－２　「万人のための教育」達成のための必要公的資金

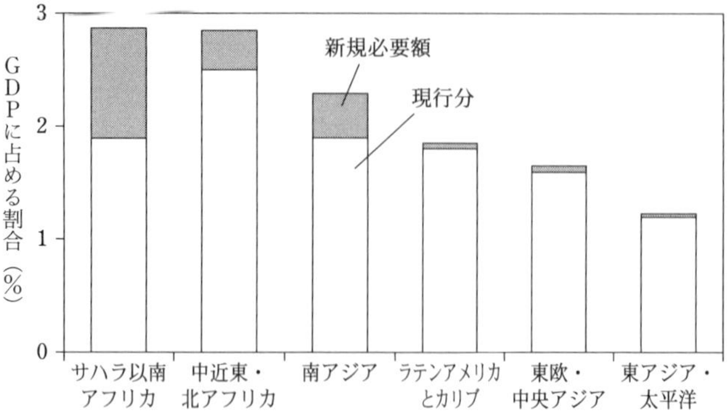

出所：Delamonica *et al.*［2004］p.27.

るためには今後１年間当たり91億ドル（約9500億円）が必要であるとされている。内訳として、初等教育維持費が年間で69億ドル、質の向上のために11億ドル、教員１人当たりの生徒数を減らすためにさらに５億ドル、新規投資に６億ドルである。これを満たすには世界中の教育への公的支出を今後1.4％ずつ毎年増加させる必要があるとこの推計は指摘している。この規模の金額は全世界で見ればそれほど高くないが、地域的に見ると南アジアとサハラ以南アフリカでは負担が重く、外部からの新たな支援なしには実現が不可能であろうとこの推計は警告している。とりわけアフリカでは今後2015年まで毎年4.3％ずつ公的資金を教育へ向けて増加させなければならず、これに耐えられるアフリカ諸国は多くないからである。図６－２にあるようにアフリカでは新たに必要とされる資金の割合が他の地域よりも際立って高いことがわかる（Delamonica *et al*.［2004］）[21)]。

このような外部資金導入の必要性の議論に必ずといってよいほど伴うのは、外部援助を期待する前に途上国自身の教育改革が必要であるという（主に先進諸国側からの）反論である。しばしばこの二つの立場は水と油のように二者択

21）Bruns *et al*.［2003］は異なったデータと計算方法を用いているため、多少違った数値を出しているが、状況を知るうえでは大きく異なった結果とはいえない。

一で議論されるが、しかし実際には外部支援と途上国自身の改革努力の両者が連動して、効率的・効果的に教育を推進することが最も大切である。外部資金の規模には大小の議論があるが外からの支援が必要である点では国際社会は一致している。また援助は途上国自身の改革努力の代わりにはならず、どのような将来像をもってみずからの国民を育成するかは途上国の人々やその政府自身の課題であることに変わりはない。他方、安易な援助による資金不足の解消はときとして途上国自身の改革努力を阻害しかねない。そのような危険性があるからこそ、EFA に向けての進捗状況を各国が互いに知ることができる透明な政策環境を作り出し、そのなかで建設的な議論が展開されることが大切である。

セクター・ワイド・アプローチ

効果的・効率的に教育を普及させるために近年とられる方法の一つが**セクター・ワイド・アプローチ**（sector-wide approaches, SWAP）である[22)]。SWAP には、保健と医療の分野で見たように、功罪両面が見受けられる。そのうち評価できる点は、多様な関係機関の調整には効果的であることである。すなわち、教育省や地方政府、それを支援する多様な外国機関だけではなく、NGO や住民代表も含めて教育行政全般を協議する場として機能することが期待できる。他方、現在のところ成功しているとされる SWAP であっても、必ずしも PTA をはじめとする住民自治組織や NGO などが十分参加しているとは言い切れない。むしろ政府関係機関の調整と、途上国政府と支援機関との定期協議や調整に功を奏している場合が多い。

しかし、途上国において行政機構が未整備であり、なおかつ教育のように多くの人々が優先的開発分野であると考えている場合は、PTA や住民代表を含む多種多様な担い手がお互いに連携し[23)]、すべての人々への教育の普及を目指す以外には道はないように思われる。その意味で今後 NGO を含めて教育の担

22）教育におけるセクター改革に関しては横関［2003］、ウガンダの事例については前田［2002］、ガーナに関しては吉田［2001］をそれぞれ参照。

い手の多様化が予測される今日、そのような多様な関係者との連携の模索はきわめて切実な課題となっている[24)]。

そのうえで教育の質と量が途上国においては場合によって相反するジレンマを抱えている厳しい現状をふまえ、重要な課題に関して幅広い議論が必要であろう。第一にそれぞれの途上国における教育の意義についての長期的ビジョンの確立が急務である。MDGs 目標としての就学率の向上は歓迎されよう。しかしさまざまな資源が不足している途上国では、就学生徒の増加は、より混雑した教室や教科書のさらなる不足といった学習環境の一層の悪化を招きかねない。実際アフリカのいくつかの国々では近年質の問題が指摘されている (UNESCO［2004］2 章)。量と質のバランスをどのようにとるのかという視点を欠き、量的側面のみで教育の拡充を図ろうとすると、教育のもつ本来的意義を果たすことができないであろう。つまり質の悪い教育では社会的に恵まれない人々のエンパワーメントに資さない危険性がある。第二に、そのうえで限られた資源を、教室の増築といった量の側面と、教員の研修やカリキュラムの改善といった質の側面にどのように振り分けるのが適当かが議論されなければならない。

教育サービスの地方分権化

地方分権化（decentralization）はこれまで主に経済的効率化の視点から実施されてきた。すなわち分権化を実施することで、中央からの一律のサービス提供に代わり、地域の事情をよりよく反映する公共サービスの提供が可能となる。そのことは財政的にも効率的であり、限られた国家財政を節約できるはずであると考えられてきた。しかし、分権化は地域ごとの多様なサービスを認め

23）PTA の関与は、教育の質を向上させるためにも大切である。なぜなら地域の人々が学校運営にかかわることは、教師がどのような内容の教科をいかに教え、生徒がどの程度修得できているか、にも関心を寄せる可能性が高いからである。地域の関心が高まれば教員も職務に励む動機づけになるであろう。

24）教育を担う著名な NGO の一例はバングラデシュの BRAC であるが、これに関しては http://www.brac.net/edf.htm 参照。

ることをも意味する。つまり中央が決めた画一的サービスから、内容面で地域ごとに異なった多様なサービスへの転換である。これは教育においてはとりわけ政治的・社会的意味合いが深く、地域ごとの文化的特性や、地域のアイデンティティーの問題と深く関連してくる。地域の歴史的伝統を重視すれば国家の公用語と異なる言語での教育を求める場合も少なくないであろう。このような地方ごとの欲求は場合によっては地方の独立運動のような政治的な意味合いを強くもち、中央政府にとっては容易に受け入れられない。

このような政治的状況を恐れているためか、現在まで行われている教育サービスの分権化は教育内容を中央政府が決定し、実施を地方政府に任せるという形態が多い。その結果地方の自治権が強まったのではなく、反対に実際上は地方の影響力は弱くなっている場合も多い。

それゆえ、現在の教育サービスの分権化は、地域の自治というある種の政治的要求と、限られた資源の効率化という経済的要求の二つの側面の矛盾にさいなまれている[25)]。

その解決に向けて、分権化された制度の下ではいままでと異なった行政と現場の関係の構築が不可欠である。たとえばPTAをはじめとする地域の人々による学校運営への関与をあおぎつつ、学校自治を生かそうとすると、従来型の中央省庁による学校現場の管理は不向きなことが多い。分権化により中央の役割は地方や学校現場を支援することが求められるが、この発想の転換はなかなか実現していない。量と質のバランスのとれた教育発展を目指すのであれば、この転換は不可欠である（Saito［2003］）。

サービスの民営化

民営化（privatization）は公的セクターによる経済社会分野への過度の介入を止め、それよりも効率的とされる民間セクターへサービス提供者の役割を移

25）世界銀行は教育サービスの分権化に関して、5冊のブックレットシリーズを刊行している。そのうちの一つとしてFiske［1996］。また吉良［2001］は世界銀行の教育支援にみる地方分権の矛盾に関して考察している。

すことである。教育の場合は公立学校と並び私立学校による学校運営を許すことを意味する場合が多い。

実際に規制緩和と民営化によって中高等教育が公立学校から私立学校へと相対的に移管している場合も見受けられる。このような民営化によってサービス提供がどのように変化したのかについては、民営化の実施期間がまだ比較的短いために、必ずしも結論を得ているとは言い難い。

他方、とりわけアフリカ諸国においては構造調整期をはさんで、公立学校が事実上の運営麻痺をおこした場合にPTAをはじめ地域が運営を救ってきた。このような地域の自主的努力が、新しい民営化の推進で台無しになってはならない。むしろ反対に、地方政府、地域住民の代表者、そして民間の学校運営者が、立場は異なっても地域の子どもたちや成人をどのように教育していくのかに関して一定程度の協力関係を築いていくことが急務である。そのような関係構築のやり方は一様ではないが、今後もより一層多様なサービスの提供が予測されるだけに、避けては通れない課題であろう。

加えて私立学校やNGOの運営校と公立学校など違った形態の学校間の交流が促進されることが望まれる。裕福な家庭では、金銭的に高くても質のよい私立学校へ子どもを通わせる傾向がとりわけ都市部において強い。この傾向は今後も続くであろうから、異種間学校同士の生徒また教員の交流は比較的コストのかからない研修機会であり、教育の質の改善への契機を与えるであろう。

5 教育のまとめ

MDGsが教育を正面から取り上げ、その主要目標の一つとして期限を定めて取り組みを促したことは大変意義が大きい。とりわけ今日のグローバル化の時代に教育はさまざまな意味で新たな試練に直面しているからである[26)]。

---

26) たとえばIT技術の登場とそれに伴う情報アクセスへの可否はいわゆるデジタル・ディバイドを生み、先進国と途上国間の新たな課題となっている（UNDP [2001]）。これに関しては*Journal of International Development*の2002年1月号が特集を組んでいる。

しかし他方で、多くの関係者が指摘するように、教育はたとえば初等教育の完了率といった数値で表されることだけが重要なのではない。むしろ教育の質や有効性、社会的改善へのつながりなどがきわめて大切になってくる。教育を受けた個人が連携し社会的問題をいかに解決するかという意味で、点から線へ、線から面への発展が期待されるのであろう。これらは数値で測ることは困難である。

またエンパワーメントを開発の目的として重視するのであればあるほど、多種多様な状況下に生きる貧しい人々への多様なエンパワーメントのあり方が望まれることになる。その意味で、これまでの知識伝達を重視した画一的教育に対して、教育の取り組みそれ自身における多様性の尊重が求められることになる。以前にもたとえば少数民族の権利や営みの尊重という意味において多様性への寛容さが主張されてきたが、このような特殊な場合だけに多様性を限定せず、地方分権化の時代であればあるほど多様な価値観との共存に向けて教育が橋渡しをすることが望まれるようになってくる。

今後の途上国での教育の促進は、このようにきわめて困難な課題を抱えつつ進んでいく必要に迫られており、まさに人類の英知が試されているといっても過言ではない状況である。そのうえで、子どもたちが学校で意味ある教育を受ける機会をより一層進展させるためには、多面的で地道な取り組みが必要である。たとえば貧困により学校へ子どもを行かせられない親が多い現状では、学費免除だけではなく文房具や制服を含めた諸費用を支援することも必要である。子どもたちへの学校給食が就学率を上げる場合もある。

さらに教員のやる気を引き出すことも不可欠である。多くの途上国では同じ能力をもつと考えられる職種に比べて教員の給与は低下しつづけている(UNESCO［2004］)。教員の給与の問題は国家財政が緊迫しているために改善は困難であるが、しかし政府が教員の質を確保する第一歩として職務に見合うだけの給与をきちんと支払うための施策を検討する必要がある。また辺境地に教員を確保するために、政府の財政が窮屈であれば、たとえばNGOと地域が協力して教員用の宿舎を確保するといった努力も大切であろう。

本章で見たように教育普及の取り組みはMDGsの制定から援助資金の計算

といった大枠の議論が主流になりつつある。無論それも大切ではあるが、教育を途上国の人々がどう考えているか、子どもに教育を受けさせたいと希望しているのか、希望があっても実現しない原因は何か、など途上国の当事者の視点に立ち返る必要が再度提起されるべきであろう。その意味で**生計アプローチ**は貧しい人々が自分の置かれている状況でそれぞれの行動を策定し、行為主体としてその周りの社会とのやりとりを重視しており、原点回帰の意味でも重要である。さらに例として挙げた制服費の支援や学校給食の普及などの地道な努力はそのような当事者の視点に立てば一層不可欠な対策となるであろう。

6 社会開発のまとめ

貧困を解消するために経済活動を活発化する考え方を経済成長とし、それに対して人間の能力の開花を重視し、みずから望む人生を実現できるようにという点を重視するのが社会開発である。無論この両者の関係は必ずしも互いに対立するものではない。むしろ人間の生存を永続的に確保するためには、さまざまな物質的資源を利用した経済活動と、人間自身の生命的価値の尊厳の両方が長期間保証されなければならない（佐藤誠［2001］）。そのため多くの場合この両者の間にいかに有効な相互補完の関係を築くことができるかが重要である。社会開発の考え方をとれば、健康であることによって自己実現を図る可能性が高まる。また教育を受けることで知識や識字を身につけ、それによって自己の可能性を広げることもできる。しかし他方、従来の経済成長が想定していたように、収入が増加しなければ教育を受けて健康であっても職にも就けず、あまり生活改善には寄与しないという場合もありうる。それゆえに経済成長の恩恵が貧しい人々の自己実現の過程に寄与していくことが大切であって、経済活動の重要性自体が否定されるべきではない。

このような自己実現の鍵を握るのが**エンパワーメント**である。第２章においてエンパワーメントとは社会的弱者が自己実現を図るためにさまざまな「力《ちから》」を得ていく過程でありその結果であると説明された。政治的権力から遠い人々、経済的に恵まれない人々、また多くの場合文化的にも疎外されている人々、さらに環境面においては厳しい生存状況に直面している人々が、自己実現を図ろうとすることは容易ではない。それらの人々自身の努力だけでは、どうすることもできないことも少なくない。政治的参加の機会は制限され、経済的資源に乏しく、文化的にも尊重されず、環境破壊の危機の最中にある貧しい人々や恵まれない人々の周りには多くの社会や制度の壁が立ちはだかっている。それを打破するにはさまざまな力が必要である。教育や健康はそのような力の第一歩であるが、それらだけで決して十分ではない。本章で見たように教育とエンパワーメントは多面的にかかわりあっている。

経済成長を総括した第 4 章の終わりにおいて、経済成長と民主主義の関係や民主化に向けて NGO が期待されていることなどを学んだ。社会開発が意味する自己実現を果たすためには、社会へさまざまな意味で参加していくことが不可欠である。自分の人生に影響を与える事柄の決定が他人によってなされている限り、自己実現の可能性は遠い。もし社会的弱者が社会にかかわる機会が増えれば、他人の決定によって自分の人生が振り回される度合いは少なくなると期待される。

そのような社会への関与は、各種の状況において考えることができよう。たとえば開発支援を実施する政府機関や NGO によって各種活動が計画され実施される場合、その過程へ貧しい人々自身の意見を反映させることも重要である。他方もし、その人々が生きる途上国の政治制度全体がきわめて抑圧的であり国民の政治参加を制限していたならば、個別活動への参加自体がままならないばかりか、そのような具体的参加の有効性も国全体の抑圧体制のなかでかき消されてしまう危険性すらある。自己実現を目指すエンパワーメントとはこのように政治的・経済的・社会的側面を有し、それら諸側面が総合的に威力を発揮することが重要となる（佐藤寛［2005］）。

また、エンパワーメントは個人ならびに集団の両者がその主体となることが考えられる。つまり貧しい人々個人が力を得ることもあれば、そのような人々が集団として活動する結果、以前では不可能なことが実現できるようになる場合もある。以上をふまえ、エンパワーメントを少し別の表現で描写すると以下のようになる。

エンパワーメントとは社会的弱者が優越者に対して従属的立場にあるという状況から脱却することを目指し、他の同様に恵まれない人々と連帯しながら、人間らしくありたいと願う人間の根本的なアイデンティティーを実現することである。その実現のためにより具体的なさまざまなニーズを満たしていく能力を付けていることでもある（斎藤文彦［1999］；Parpart *et al.*［2002］）。

さらにこのエンパワーメントは生計アプローチにおいても重要であることはいうまでもない。生計アプローチは行為者の主体性を重んじた考え方である。社会的に疎外されている人々が力を付け自己実現に近づくようになることは、生計アプローチにおいては生計手段が増加したり、また各種の資源を利用する可能性が高まったりすることを意味する。以前は利用できなかった資源を利用することで新たな取り組みが生まれる可能性もある。さらに個人では変革が難しい社会の規範や慣行を集団で取り組むことによって少しずつ変化させていることもありうるであろう。このように力をつけた人々は、主体性を保ちつつも周りの制度や社会に働きかけ、それを利用し、また場合によっては変更を促し、生活が改善されることの実現を図ろうとしていくのである。生計アプローチはそのようなやりとりの動的側面を捕捉しようとする考え方である。

復習キーワード

教育：education
識字能力：literacy
社会統合：social integration
人権：human rights
エンパワーメント：empowerment
パウロ・フレイレ：Paulo Freire
人的資本：human capital
万人のための教育世界会議：World Conference on Education for All
世界教育フォーラム：World Education Forum
万人のための教育を：Education for All, EFA
セクター・ワイド・アプローチ：sector-wide approaches, SWAP
地方分権化：decentralization
民営化：privatization

討論のための設問

Q：教育は途上国の開発になぜ必要なのであろうか。教育の意義に関して考察しなさい。

Q：万人のための教育を達成するためにはいくらの費用がかかるであろうか。それは民営化の推進で低く抑えることができるのであろうか。

もっと勉強するための文献

教育と開発に関する邦文文献も近年増加しつつあり、江原［2001］同じく［2003］などはその好例である。より深く考察するには日本語訳もあるフレイレの古典を参照されたい。またデータとしてはUNESCOの*EFA Global Monitoring Report*（UNESCO［2003］; UNESCO［2004］）が大変参考になる。

7 地球的規模の課題 1
：ジェンダー

食事を作っているガーナの女性

1 地球的規模の諸課題

前章までで開発のさまざまな考え方と第二次大戦後の歴史的取り組み、さらには**ミレニアム開発目標**（MDGs）の達成に向けた現在の取り組みを見てきた。第 3 章と第 4 章では経済規模を拡大し貧困を解消しようという経済成長を、さらには第 5 章と第 6 章では貧しい人々や虐げられた人々の能力の開花を支援するための保健と教育の整備を中心に社会開発について考えた。

本章以降の三つの章では開発に関連する**地球的規模の諸課題**（global issues）に関して考察する。ここでいう地球的規模の課題とは、単にどこかの国や地域だけの課題ではなく地球全体の課題であることを意味する。それはとりわけ以下の三つの意味において重要である。第一に、その解決は他の要素と複雑に絡み合っており、課題の根本的解決には総合的対策が必要である。第二に、地球的規模の諸課題は、単に貧困に直面する途上国だけの問題といった限定的意味合いをもつものではない。むしろその影響は先進国であるか途上国であるかを問わずに及ぶ、文字どおり地球的規模の問題群である。第三に、それゆえに豊かな先進国が貧しい途上国を援助してあげるといった発想で容易に解決できる問題ではなく、先進国は先進国の、途上国は途上国のそれぞれの役割が問題解決に求められるいずれも難題である。地球上のすべての国々が共同で総合的対策を実施することによってのみ解決が可能になるであろう[1)]。

すべての地球的規模の諸問題を扱うゆとりがないので、本書ではまずこの章においてはジェンダーを、次の第8章では環境と開発の問題を、さらに第9章においては人口増加と都市化の課題をそれぞれ取り上げる。

これまでの章でもジェンダーに関しては、部分的に取り上げられてきた。農業との関係では、援助で新技術が導入される場合の研修はしばしば男性に対してのみ実施されてきた。しかし実は途上国では女性が家庭の食糧確保に責任をもつ場合が多いことから、農作業の研修は女性に対して実施されないと効果的ではないことが経験的に判明してきた。たとえばサハラ以南のアフリカにおいては現在でも6割以上の男女が農業に従事している。そして日常の草取りや水まきは女性の仕事、刈り取りは男性の仕事と分業されているのが普通である。しかし土地を所有している女性はほとんどおらず、男性名義であることが圧倒的多数である。そのこともあって、これまでは女性が農業従事者であることを認識せずに男性に対してのみ農業訓練を実施し、女性の役割を無視・軽視していたことが多かった。

それ以外の事例では、工業化においては、たとえば輸出加工区で働く労働者のうちの多くは農村の親元を離れて都会へ出てくる若い女性が多いことから、女性の収奪であるといった批判がなされた。

保健においても、女性は家族の福祉に重要な役割を担っており、子どもを育てること、家庭での炊事・洗濯、飲料水や燃料としての薪の確保、といった仕事の大半は女性が担っている。そして大人がこれらの仕事をできない場合は、

1）地球的規模の諸問題は経済学的には地球公共財の課題として、政治学的にはグローバル・ガバナンスの問題として近年着目を集めている。前者についてはカールほか［1999］、Ferroni and Mody［2002］を、後者に関してはHeld and McGrew［2002］を参照。

他の男性の大人が代わりとなるのではなく、しばしば家計内の別の女性、すなわち女児の責任とされることが大半である。この状況では、母子を含む家族の健康を守るためには、地域ぐるみの保健活動に女性が参加できる環境整備が重要である。

さらに教育においては子どもの就学比率を男女平等にすることがMDGsの目標とされているが、女児の教育機会の確保は依然として男児に比べて厳しい。

これらをふまえ、この章では男女の役割分担とその平等性に関して考察する。

2 セックスとジェンダー

ジェンダー（gender）という用語は1990年代頃から日本でも頻繁に用いられるようになった。この用語の意味を正しく理解するにはもう一つの別の用語と対にして考えることが有効である。それは英語の**セックス**（sex）である。英語のsexが生物学的な性差を表すのに対し[2)]、genderとは社会的・文化的に意味づけられた性差や性差別をあらわす。前者がオスとメスといった生物学上の区分であるのに対し、後者は男らしさや女らしさに関してそれぞれの社会や文化がどのような役割や意味さらには価値観を与えているかを指す。そしてこの両者の間には複雑な関係が見られる。たとえば論理的に考えて生物としてのオスやメスのヒトに最もふさわしい衣装や服装が社会的・文化的に見て必ずしも是認されるものであるとは限らない。すなわち、ジェンダーはセックスによって決定されているのではなく、むしろ逆の場合が多い。それゆえに、男女の役割分担や男らしさ女らしさに関する規定は時代や文化的背景によって変わるものである（国立婦人教育会館女性学・ジェンダー研究会［1999］）。

ジェンダーが地球的規模の課題であるのは、なぜであろうか。それはジェンダーが価値中立的ではなく、多くの場合男性による女性支配を生み出してきた

2）生物学上の雄雌二分法も各種の問題を抱えていることは周知のとおりである。

からである。日本でも男尊女卑という表現があるが男女の支配・被支配関係に関連する諸問題は、何も日本のみにおいて見られるのではなく、違った形をとりつつも他の先進諸国や途上国を含めまさに地球全体に存在するのである[3)]。

従属的立場におかれた女性がその能力を十分に発揮できずにいるとすれば無論それ自体が問題である。男尊女卑といったゆがみ（ジェンダー・バイアス）が大きい社会は社会的正義や公平という観点から見て大いに問題がある。第1章で開発とは究極的には自由の実現であるとの考え方を紹介したが（Sen [1999]）、その意味では女性は自由を剥奪されており、女性にとって好ましい開発を実現する機会を奪われている。さらに問題はそれだけではない。女性はたとえば家庭で子どもの面倒をみることが多く、社会における女性の役割は女性のみならず男性を含めた社会全体に大きな影響を及ぼす。開発という観点から見ればこのような好ましくない状況の結果、男性を含む社会全体が損失を被っている。このようにゆがんだ開発は、資源の活用という意味では非効率であり、なおかつ効果が持続しない点において非効果的である[4)]。

さらに男女の関係性を複雑にしているのは、経済成長が進み、社会変化が急速におこると、この男女の役割分担や男らしさや女らしさに関しての価値観が多様化し、そのことがさまざまな摩擦や軋轢を生むことである。経済力をつけはじめた女性が社会進出をする際にさまざまな主張を展開することは自然である。それが大きな社会騒動となった一例が1990年代以降のミスワールド・コン

3）もし仮に特定の地域では男性による女性支配が見られ、また別の地位では女性による男性支配が見られるとすると、男女間の支配・被支配の関係性は場所によって異なることになる。しかし実際には男性による女性支配が見られ反対の事例はほとんど存在しない。また第2章で見た開発と資本主義をめぐる異なる立場は、ジェンダーに関していずれも問題である。これは偶然ではなく、男女の関係性が一定の構造的問題を抱えていることを示唆している。構造的問題であるからこそ、個々の女性の能力や特性を超えて、ジェンダーの問題は地球社会全体で考えられなければならない課題なのである。

4）途上国の女性の厳しい状況はいくつかの自伝に余すところなく描かれている。たとえば貧しい家庭に育ち、盗賊から国会議員へと波瀾万丈の人生を送ったインドのプーラン・デヴィ（デヴィ［1997］）、ソマリアの遊牧民出身のスーパーモデルであるワリス・ディリー（ディリー［1999］）を参照。

テストであろう。この問題は西欧の美が世界的に受け入れられるものか否か、女性のあり方を保守的に主張する人々とそれに反対する人々の間での論争などが複雑に絡み合い、開催地においてときには死傷者を出すほどの騒動に発展した[5)]。この騒動はジェンダーが変化する際の可能性と問題点を例示している。

３ ミレニアム開発目標とジェンダー

MDGsはそれまでの国際社会の取り組みを反映し、ジェンダーの平等と女性のエンパワーメントの推進をその三つめの目標に掲げている。より具体的な達成目標として、先の章でも見たように2005年までに初等・中等教育におけるジェンダー格差を解消し、2015年までにすべての教育レベルにおける男女の機会均等を目指している。

MDGsではこのような女性のエンパワーメントの実現を図る指標として以下を挙げている。

1．男性に対する女性の初等・中等・高等教育レベルにおける就学率
2．15歳から24歳における男性に対する女性の識字率の割合
3．非農業部門における賃金雇用者としての女性の割合
4．国会議員における女性の割合

このようにMDGsにおいてはジェンダー問題は主に教育における機会均等として具体化された。このような目標設定に関しては功罪両面が存在する。プラス面としては、女性のエンパワーメントにとって最も重要な要素の一つである教育を前面に押し出し、各国に対して教育面での男女差別の解消の実現を強く迫ることにより、女性の社会的地位の向上につなげていくことを明確にしている点が挙げられる。女性が教育を受けることができない場合、その否定的影響は女性本人だけでなく、家庭を通じて男性へも広がる。たとえば教育を受けている場合とそうでない場合を比べると、女性が一生涯に出産する子どもの数

5）日本人には理解しにくい問題かもしれないが、女性の水着での審査は肌を露出する習慣がない社会では、そのような習慣の妥当性をめぐり大問題を引き起こす。

は前者の場合が後者より少なくなることはよく知られている。またこのような否定的影響は次世代へも受け継がれていく。母親が教育を受けていないと、その子どもたちも十分な教育が受けられない可能性も高くなるのである(UNICEF［2003］)。

他方マイナス面としては、女性のエンパワーメントが就学率における男女格差の解消という数字上の均衡にすり替えられてしまう危険性である。つまり男性も女性も同じ就学率であることは、男女格差の解消としては望ましいかもしれないが、それと女性のエンパワーメントとは直結しない場合もありうる。たとえば男女ともの就学率が大変低いレベルで平等を達成した場合、それが女性にとって数々の活動を実施する際の実質的な支えになるとは考えにくい(UNESCO［2003］)。

この目標実現にあたっての現状はどうであろうか。MDGsの四つの指標すべてを満たしているのは世界中でわずか7カ国だけで、それらはスウェーデン、デンマーク、フィンランド、ノルウェー、アイスランド、オランダ、ドイツである。途上国で女性のエンパワーメントがMDGsの指標で比較的進んでいるのは、アルゼンチン、コスタリカ、南アフリカである。就学率の改善、識字率の男女格差解消、非農業雇用者の男女平等において、進展がはかばかしくない国々の多くは貧しい国々である（Elson and Keklik［2002］p.13)。

就学率について見ると、2000年時点のデータが存在する国々のうち約6割の国々は初等教育就学率での男女平等を達成し、また全体の約3分の1は中等教育でも男女平等を達成した。さらに1割ほどの国々がもう少しで達成できると推測されている。他方、初等教育入学時における男女格差がいまだに存在し、11カ国では女児が男児の8割以下の入学率しかない状況である。この11カ国のうち七つはアフリカ諸国である。これらの国々ではMDGsの目標達成は不可能と考えられる（UNESCO［2003］p.47)。初等教育と中等教育の男女平等の達成度を国ごとに比較したのが表7－1であるが、これを見ればそれぞれの国の状況がよく把握できる（UNESCO［2003］p.109)[6)]。

青年男女の識字率については、世界で約1億4000万人の非識字人口がいると推測され、そのうち半分以上にあたる8600万人は女性である。全体の約3分の

表７－１　初等・中等教育における男女平等の達成度（2005年と2015年の達成目標に対する国家推定）

中等教育における男女平等

初等教育における男女平等	2000年時点で達成した国	2005年までに達成しそうな国	2015年までに達成しそうな国	2015年までに達成しそうにない国	国数
2000年時点で達成した国	アルバニア、オーストラリア、アゼルバイジャン、バルバドス、ベルギー、ブルガリア、カナダ、カーボヴェルデ、チリ、クロアチア、キプロス、チェコ共和国、エクアドル、フランス、グルジア、ドイツ、ギリシャ、ガイアナ、ハンガリー、インドネシア、イスラエル、イタリア、日本、ヨルダン、カザフスタン、クウェート、大韓民国、ラトビア、リトアニア、マルタ、モルドバ共和国、オランダ、ノルウェー、ポーランド、ルーマニア、ルワンダ、スロバキア、スロベニア、マケドニア共和国、アメリカ合衆国 40	オーストリア、ボリビア、ジャマイカ、ケニア、マラウイ、ポルトガル、サモア 7	ベリーズ、ボツワナ、フィンランド、ナミビア、ニカラグア、パナマ、カタール、スペイン、タンザニア、ベネズエラ 10	バーレーン、バングラデシュ、中国、コロンビア、コスタリカ、デンマーク、アイスランド、アイルランド、マレーシア、モーリシャス、メキシコ、ミャンマー、ニュージーランド、フィリピン、ロシア連邦、セルビア・モンテネグロ、スリナム、スウェーデン、スイス、トリニダード・トバゴ、アラブ首長国連邦、英国、バヌアツ、ジンバブエ 24	81
2005年までに達成しそうな国	オマーン 1	エジプト、イラン、モーリタニア、ネパール 4	ブルネイ・ダルサラーム、ガンビア、レソト、サウジアラビア 4	モロッコ、セネガル、チュニジア 3	12
2015年までに達成しそうな国	パラグアイ 1	キューバ、スーダン、シリア・アラブ共和国 3	コモロ、コンゴ、ガーナ、ウガンダ 4	アルジェリア、ベナン、カンボジア、チャド、ラオス、トーゴ 6	14
2015年までに達成しそうにない国	エストニア、キルギス、スワジランド 3	シエラレオネ 1	ブルンジ、マカオ（中国）、ニジェール、南アフリカ、タイ 5	ブルキナファソ、コートジボワール、ジブチ、エチオピア、インド、イラク、マダガスカル、モンゴル、モザンビーク、パプアニューギニア、セントルシア、トルコ 12	21
国数	45	15	23	45	128

出所：UNESCO［2003］p.109を邦訳。

図７－１　青年識字率（15～24歳）

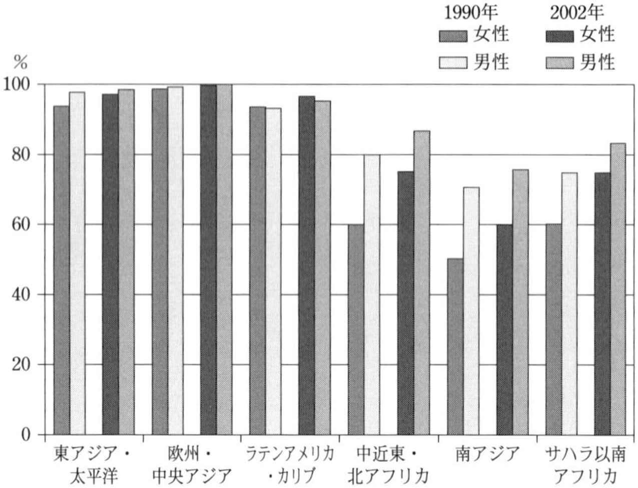

出所：http://www.developmentgoals.org/Gender_Equality.htm

１の国々は青年男女の識字率平等を達成したが、別の約３分の１の国々では達成できていない。残り３分の１のうちその約半分はデータがなく、残り半分の国々では女性の識字率のほうが男性より高くなっている。若い女性の半分以上が文字の読み書きができない国々では進展度合いが遅すぎ、MDGs の達成は困難であると考えられている。とりわけアフリカのなかでも西アフリカでは問題の程度が深刻である（Elson and Keklik［2002］p.21）。図７－１は地域ごとの青年の識字率を男女別に示している。

また2003年の最新の推計では世界全体で15歳から24歳の青年の失業率は14.4％と高い数値を示している。先進国では青年は成人に比べ2.3倍の失業可能性であるのに対し、途上国では成人と比べ3.8倍の失業の可能性を抱えている。そして世界全体の青年失業者の約85％が途上国に存在する。青年失業率は男女比で見ると図７－２にあるように、多くの途上国において女性のほうが男性よ

6）就学生徒の男女格差をなくすための一つの有効な方法は女性教員を増やし教員の男女比を均衡化させることである（UNESCO［2003］p.60）。

図７－２　青年ならびに成人の失業率（2003年）

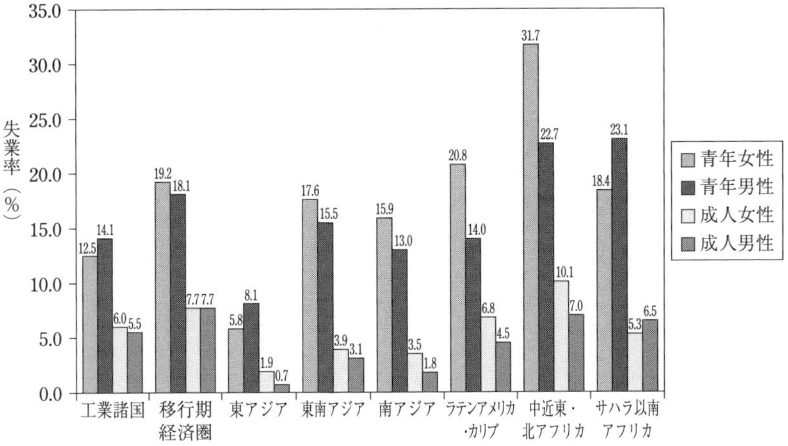

出所：ILO［2004］p. 12.

り厳しい状況にある（ILO［2004］）。

非農業賃金労働においては、データがある87カ国のうち、半分以下の39カ国においてしか労働者の割合における男女平等は達成されていない。しかし、仮に賃金労働者における男女の比率が平等になっても、女性は依然として賃金や労働条件において男性よりも問題を抱えている。1980年代以降世界的に見れば女性の社会進出は進みつつあるが、他方で途上国においては最も貧しい女性たちは農業やインフォーマル・セクターでの雇用に従事している[7]。この農業やインフォーマル部門の状況は統計的データの不備から多くはわからないが、表７－２にあるようにいずれの地域においても女性は男性に比べて、雇用主から賃金を得るというよりも零細な自営業に従事する割合が多い。それゆえこの分野の改善は今後も切に望まれている（Elson and Keklik［2002］p.30）。

国会議員に占める女性の割合は世界全体では2002年時点において14％にすぎない。国際的な一つの目安とされた30％を超えた国は同年においてわずかに11カ国である。しかし表７－３にあるように、この女性議員の割合と経済的な貧

７）インフォーマル・セクターの説明に関しては本書第４章参照。

表7－2　非農業インフォーマル部門における賃金労働と非賃金労働の割合（%）

	非賃金労働			賃金労働		
	全体	男性	女性	全体	男性	女性
北アフリカ	62	72	60	38	28	40
サハラ以南アフリカ	70	71	70	30	29	30
ラテンアメリカ	60	58	61	40	42	39
アジア	59	63	55	41	37	45

注：表はそれぞれの地域ごとに、いくつかの国々のデータをもとに算出されている。
出所：ILOのデータによるElson and Keklik〔2002〕p.39をもとに作成。

表7－3　女性議員の割合

（単位：%）

	一院制／下院	上　院	両議会合計
北欧諸国	39.7	—	39.7
アメリカ合衆国	18.6	18.7	18.6
ヨーロッパ（ヨーロッパ安保協力機構加盟国　北欧諸国を含む）	18.5	16.2	18.0
ヨーロッパ（ヨーロッパ安保協力機構加盟国　北欧諸国を含まない）	16.4	16.2	16.4
アジア	15.1	14.5	15.1
サハラ以南アフリカ諸国	14.6	13.0	14.4
太平洋地域	11.2	20.5	12.5
アラブ諸国	6.8	7.5	6.9

注：2004年10月末日現在の列国議会同盟（Inter-Parliament Union）の集計。
出所：http://www.ipu.org/wmn-e/world.htm を邦訳。

富の度合いとの間にそれほどの関連性がなく、豊かな国々と貧しい国々の間で大きな違いは見られない。むしろ世界的に見てこの割合は大きな改善を見せている。議員数に見る男女平等への進展は政治的意思があれば比較的短期に目に見える改善を行うことができるからである。しかし他方で、ナイジェリアとインドネシアのように民主化によって女性の政治進出の割合がむしろ減少した国々も見られる（Elson and Keklik〔2002〕p.40）[8)]。

最後に地域的にはアフリカの女性が他のどの地域よりも厳しい状況におかれ

8）このデータに関しては列国議会同盟（Inter-Parliament　Union）のホームページ、（http://www.ipu.org/english/home.htm）参照。インドネシアに関しては、スハルト政権時代には一種のお飾り的存在として女性が議会へ送られていたが実質的には立法府の一員としては機能していなかった。その制度が民主化後撤廃されたことの反動である。

ている。これは就学率以外の、たとえば経済的指標や妊産婦死亡率やエイズといった社会関連の指標で見てもアフリカ女性の困難さは際立っている。

このような状況の結果、最近の推計では45カ国がMDGs目標達成困難とされている。そしてそれらの達成困難な国々では、１人当たりの経済成長率が0.1から0.3％低下し、女性１人当たりの子ども数は0.1から0.4増加し、2015年まで５歳未満の子どもの死亡率が1000人に対して平均で15人分増加し、同様に５歳未満の栄養不良児が2.5％増加すると警告している（Abu-Ghaida and Klasen［2004］）。

❹ 国際社会のこれまでの取り組み

第二次大戦後、国際社会は男女差別の撤廃に努めてきた。国連を中心にたとえば1948年の世界人権宣言、1979年の女子差別撤廃条約、さらには1990年の子どもの権利条約において男女平等は明確に規定されている（村松・村松［1995］）。しかし歴史的に見れば開発と女性や男女の役割分担をめぐる考え方は、時代とともにときに大きく揺れ動いてきた[9)]。

第二次大戦後1970年代まで：近代化論と福祉アプローチ

開発が経済成長と同義であった頃には、ジェンダーはまったく脇に置かれていた。従来の経済学の枠組みでは、男性であろうと女性であろうと経済主体は合理的判断を行うと想定された。そもそもその前提に男女差や性別といった項目の重要性をもち込む余地は見られない。**近代化論**では核家族の確立によって、いわゆる近代的家族ができると想定した。そのなかで男性が賃金を稼ぎ女性が家族を世話するという現在もよく見られる役割分担が定着していった。しかし、産業社会を近代的社会と規定すると、同じ活動をしていても女性が家庭

9）ジェンダーと開発をめぐる考え方を整理する際にしばしばwomen in development（WID）やgender and development（GAD）という用語が使われるが、同じ用語が時代でも異なった意味で用いられるため、このような説明はしばしば不適切である。そのためここでは、Moser［1993］を参照しつつ本文のような内容面での区分を重視する。

で行う無給の家事労働一切は経済的には無価値と判断され、男性が家庭外の賃金労働として行えば経済的に価値のある行為とされた[10)]。しかしこれが後のフェミニストたちから激しい批判を招くこととなる（Elson［1995］）[11)]。ところが、近代化論が勢いをもっていた頃は、このような男女の役割分担に関してはまったくといってよいほど着目されていなかったし、ましてや後のフェミニストの反論など予想されていなかった。

このように近代化論においては、女性は主に家庭を守る母親としてとらえられていた。女性が母親としての役割を果たすことが開発にとっても最重要であると思われた。そのうえ、そのような母親たちは社会的弱者であるので、保護されるべき対象であると考えられた。これを**福祉アプローチ**（welfare approach）と呼ぶ（Moser［1993］）。このアプローチは1970年代まで大きく唱えられており、それ以降別のアプローチの登場で相対的には主流ではなくなったが、しかし現在でもこの考え方は依然として影響力を保っている。

1970年代後半：平等アプローチの登場

1960年代以降主に欧米での女性解放運動の進展をうけて[12)]、1975年にメキシコシティで第1回世界女性会議が開催される。これを契機に国連は1975年を国際女性年とし、それに続く1976年から85年までを国連女性の10年と定めた。

1970年代になるとそれ以前の近代化論の失敗を指摘し、それに代わって女性の経済発展における役割を明確に規定しようとする動きが勢いづいた。とりわけ（経済）開発の過程における男女平等を重視し、男性だけでなく女性も開発における積極的参加者として認識されるべきであると主張されはじめた。国連

10）このように従来の経済発展の考え方はジェンダーを無視していた。そのため新しい分析枠組みが必要で、それらはジェンダー分析とか社会ジェンダー分析と総称される。これに関してはMoser［1993］参照。

11）1970年代はベーシック・ヒューマン・ニーズなどが取り上げられたが、しかし全体としてみれば開発を経済成長とみる考え方自体に大きな変化は見られなかった。

12）女性解放とフェミニズム（女性尊重主義としばしば訳される）に関して扱うことは本章の目的を超えているが、途上国との関連ではJackson and Pearson［1998］参照。

女性の10年の間はこの**平等アプローチ**（equity approach）が大きな影響力をもつこととなる。

これは1970年に刊行されたエスター・ボーズラップ（Ester Boserup, 1910-1999）の古典的著作 *Woman's Role in Economic Development* に大きく影響を受けている（Boserup［1970］）。この著作のなかで彼女は近代化が女性には恩恵を与えておらず、むしろ女性の土地や教育や技術の利用を妨げていると指摘し、男女別に経済指標をとることの必要性を主張した。そして女性を単なる母親や二次的経済主体とみるのではなく、女性が正当な経済行為の主体として開発過程へ参加することを訴えた。

1980年代：構造調整と効率アプローチ

1980年代にはこれまで見てきたように**構造調整政策**が多くの途上国で実施された。その背景には経済運営はもっぱら市場による自律的能力の発揮に任せるべきであるとの新古典派経済学が主流になったことが挙げられる。新古典派の処方箋であった構造調整よって、一方では経済効率を重視する考え方が支配的になるとともに、他方では構造調整が順調に実施されるためには女性の日常的役割が大変重要であるとの認識が広まった。

構造調整政策とその実施は、政府支出の削減を通じて公的サービスの低下を招くことが通常であった。そのために実施過程では多大な苦しみが伴った。その結果、皮肉にも新しい「貧民」が生み出された。そのような苦しみは、途上国の家庭では食糧の確保や収入の足しにするための経済活動など、女性のやりくりによって和らげられた側面が大きい13)。政策実施における適応性は、女性が経済活動で果たしていた役割を再認識させることとなる。世界銀行や国際通貨基金（IMF）といった国際金融機関は、女性を男性と比べても見劣りしない経済成長の源として認識するようになる。ここでは女性はいわば経済成長の

13) Stewart［1995］は構造調整の貧困への影響について体系的に分析しているがジェンダーの視点からは必ずしも満足できる分析とはなっていない。Elson［1995］はこの問題に1章をあてている。

ための最後の道具であると位置づけられた[14]。この**効率アプローチ**（efficiency approach）においては、女性は男性と平等に経済活動の担い手として認識され、経済効率を十分に上げるためには女性の活力を生かすことが重要であると認識される。

1990年代以降：人間開発とエンパワーメント・アプローチ

失われた10年であった1980年代を経て、1990年代に入ると社会開発・人間開発というように、開発をより多面的にとらえ直すようになる。そのなかでジェンダーと開発に関しても、それ以前の取り組みの反省に立ち総合的・複合的視点が強調されるようになっていく。

また1995年には第４回の**国連世界女性会議**（United Nations World Conference on Women）が北京で開催された。この北京会議の主目的はその10年前のナイロビでの第３回世界女性会議で採択された「女性の地位向上のためのナイロビ将来戦略」でうたわれた目標を21世紀初頭までに実現する方策の策定であった。ここで以下の項目を改善するための行動計画が採択されることとなる。

1．女性への持続し、増大する貧困の重荷
2．教育および訓練における不平等および不十分、ならびにそれらへの不平等なアクセス
3．保健および関連サービスにおける不平等および不十分、ならびにそれらへの不平等なアクセス
4．女性に対する暴力
5．武力またはその他の紛争が女性、とくに外国の占領下に暮らす女性に及ぼす影響
6．経済構造および政策、あらゆる形態の生産活動およびそれらへのアクセスにおける不平等

14）言説分析の視点から見ると、経済成長路線は男性のみで達成されないとわかると女性を担い手として巻き込んでいったのである（Escobar［1995］）。

7. あらゆるレベルの権力と意思決定の分担における男女間の不平等
8. あらゆるレベルにおける女性の地位向上を促進するための不十分な仕組み
9. 女性の権利の尊重の欠如およびそれらの不十分な促進と保護
10. あらゆる通信システム、とくにメディアにおける女性の固定観念化、および女性のアクセスおよび参加の不十分さ
11. 天然資源の管理および環境の保護における男女の不平等
12. 少女の権利に対する持続的な差別および侵害[15)]

同じ頃に北京会議以外にも女性とジェンダーに関連するいくつかの重要な国際会議が開催されている。1992年にはリオデジャネイロで環境と開発に関する国連会議（通称地球サミット）が開催された。この会議は政府代表だけでなく世界各地のNGOが参加する方式を採用した最初の重要な国際会議であった。途上国から参加した多くの女性関連のNGOや団体が活発に会議で活動した結果、この会議の行動計画であるアジェンダ21は、持続可能な開発の達成のためには女性が男性と平等にその過程に参加する必要性を明記した（詳しくは第８章参照)。

また1994年には国際人口開発会議がカイロで開催され、第５章で見たようにリプロダクティブ・ヘルスやライツ（性と生殖に関する健康・権利）という重要な概念を提起した。とりわけこのライツを重要な人権と規定し、女性が主体的に子どもを産むか産まないかを決める権利をもつことを明記したことの意義は決して小さくない。

このような一連の会議を通じてそれ以前から主張されていた女性のエンパワーメントが前面に押し出されることになる。すなわち**エンパワーメント・アプローチ**（empowerment approach）の登場である。1975年の第１回世界女性会議からこの考え方は主張されていたが、それが広く議論されまた受け入れられようになったのは90年代である。男女格差と差別は正義や公平に反するだけではなく、そのような格差は経済的に見ても社会全体への損失である。エンパ

15）より詳しくは、http://www.gender.go.jp/kodo/index.html 参照。

ワーメントにより女性の立場を従属から自立へと転換することは、女性のみの問題ではなく男性や社会全体の問題であることを提起した。

重要なことは、エンパワーメントは元来立場が異なる多様な女性たちを共通の目標に向かって結びつけていったことである。国際会議での討論に参加していた比較的教育水準が高い女性たちと、途上国の草の根レベルで小規模ながら活動を実施していたそれほど社会的にも恵まれていない女性運動家たちは、1990年代の一連の国際会議を通じて次第にネットワークとして結ばれていくようになる。そのプロセスには葛藤も見られたが、女性の社会的地位の確保という大きな目標に向かって多面的な取り組みが可能になっていった事実は意義深い。

そして北京会議から5年たった2000年のニューヨークでの国連特別総会は「21世紀の男女平等・開発・平和のために」と名づけられ、それまでの成果と今後の課題が討議された[16)]。

このように1990年代以降は開発観の変化に伴い、ジェンダーの位置づけも変化していった。いくつかの重要な刊行物がこの間にも発表され大きな影響を与えてきた。キャロライン・モザー（Caroline Moser, 1944-）は1993年に *Gender Planning and Development*（邦訳『ジェンダー・開発・NGO』）を著した。このなかで彼女は女性のさまざまな役割とニーズを規定し、それらを満たすために政策立案から計画策定のそれぞれの段階を総合的に一体化するジェンダー・プランニングという概念を提起した。そしてジェンダーのゆがみをなくすためには研修が必要であり、その具体的な実施方法を提言した。この著作は国際援助機関に幅広い影響を与え、わが国の政策と活動にも少なからず貢献した（Moser [1993]）。

1994年にはナイラ・カビーヤ（Naila Kabeer, 1950-）が *Reversed Realities* を刊行した。本書はその「逆さまになっている現実」という刺激的タイトルが示すように、それまでの主流の開発論に内在する階層化された男女格差（gender hierarchies）のために途上国では男女関係が反転しており、それを概念的

16）たとえば http://www.un.org/womenwatch/confer/beijing5/ を参照。

にも現実面でも元へ戻そうという野心的主張である（Kabeer［1994］）。

さらに、UNDPは1990年以降人間開発報告書のシリーズを刊行してきたが、1995年に刊行した*Human Development Report 1995*のなかで新たに以下の二つの指標を提示した。第一は、ジェンダー開発指数（Gender-related Development Index, GDI）であり、第二はジェンダー・エンパワーメント測定（Gender Empowerment Measure, GEM）である（UNDP［1995］）。前者は人間開発指数（HDI）と同様、基本的な人間の能力達成を測定するが、GDIは男女の不平等に着目し、ジェンダー格差が大きいほどGDIは低くなる。またGEMは女性が経済・政治分野へ進出し意思決定に参加する度合いを測る指標である。

そして、マーサ・ヌスバウム（Martha C. Nussbaum, 1947-）は2000年に*Women and Human Development*を著す。彼女はこれまでにもアマルティア・センなどと共同研究を実施してきたが、この本のなかでセンにならい能力アプローチ（capabilities approach）を提唱する。彼女いわく、人間がよい暮らしを送るためには一定の基礎的能力が充足される必要があり、その充足度が豊かさの度合いである。このような基礎的能力はかなりの程度、文化や社会の違いにもかかわらず共通していると彼女は主張する。たとえば健康で、適切な栄養や住居があり、性と生殖に関してもみずからが選択できる状況が含まれるとする。また考え、想像し、五感を使い、みずからの能力の開花の実現できる状況がよい暮らしを送るために必要であると主張する。このような必要条件を満たすために開発を含めて公共政策の計画や策定は実施されなければならないと強調した（Nussbaum［2000］）。

これらの議論を通じてジェンダーは単なる女性問題から男女関係を内包する重要な社会関係の解明へと進展してきた。そして開発においては、女性はもはや弱者として保護される対象から、開発過程に積極的に関与し、また関与すべきである主体として認識されることが定着した。それであるがゆえに、男女格差の廃絶は、女性にとってのみの課題ではなく、社会全体の課題となったのである。

そしてジェンダーと開発をめぐる議論は総論から各論へと展開している。各論の論点としては近年多岐にわたるが、以下が含まれよう。ジェンダー格差を解消するための国家予算配分のあり方、ジェンダー格差と女性のさまざまな政治社会的参加、環境保全とジェンダーに見られる男女の役割分担、ジェンダーと人口増加、リプロダクティブ・ヘルスとライツ、とりわけアフリカで問題になっている性器切除や女子割礼[17)]、女性の組織化と小規模金融（マイクロ・クレジット）、地方分権化や民主化と政治的代表性、紛争・復興支援におけるジェンダー分業、またジェンダーとガバナンス、移民、グローバル化のそれぞれの関係性などである[18)]。このように、ジェンダーはもはや単なる学問的流行ではないし、一部のフェミニストのみの主張ではなく、貧困と開発における中心的テーマとなった。

❺ 日本におけるジェンダー格差

ジェンダー格差の問題は日本にとって決して人ごとではない。なぜなら本章の前半部分で述べたようにMDGsの基準を達成している世界の７カ国のなかに日本は含まれていない。むしろ先進国において日本は最もジェンダー格差が歴然としている社会である。このことは意外に聞こえるかもしれない。確かに日本は就学率においては男女格差は見られない。むしろ他の先進国に見られるように女性の学習達成率が男性を上回っている場合も見られる。しかしその一方でたとえば衆議院での女性議員の比率は約７％であるが（2004年12月24日現在ホームページ資料）、これは統計が存在する先進国においてはほとんど唯一の１桁の事例である。また政府関係者や民間企業の管理職の割合もきわめて低く、先進国では世界最低水準である。そのためたとえばUNDPの最新ランキングで見た場合、HDIでは日本は世界９位であるが、GDIでは12位、GEMでは38位とその地位を大きく下げている（UNDP［2004］）。経済力・寿命・教育水準といった指標に比べて日本がいかにジェンダーにおいて格差が大きい

17）たとえば内海［2003］参照。
18）これら主要論点についての要領よいまとめとしてはHunt［2004］参照。

社会であるかを国際的に物語っている。

このことはとりもなおさず、MDGsの指標に見られるように教育面の男女平等の達成だけでは、女性のエンパワーメントに必ずしもつながっておらず、社会全体にさまざまなゆがみを抱えている構造的な問題を総合的に解決することの必要性と難しさを奇しくも日本みずからが示していることになる。

逆説的であるが、ジェンダー問題の難しさを日本は身をもって経験しているからこそ、途上国をはじめとする世界の多くの国々とこの問題に関してともに取り組む使命を負っているともいえる。この課題に関する限り日本は教えてあげる・助けてあげる立場であるよりも、むしろ教えてもらう・助けてもらう立場に近い。それを逆に活用した国際貢献の可能性があるのではなかろうか。

6　まとめ

地球的規模の課題の一つめとして本章ではジェンダーを取り上げた。ジェンダーとは社会的・文化的に意味づけられた男女の役割分担である。このような男女のあり方に関する考え方は、同じ場所でも時代とともに変遷するし、また文化が異なれば違った理解が成立しうる。

開発との文脈で重要なことは、このような男女のあり方がこれまではかなりの程度軽視されてきたことである。そのため近年の開発研究ではジェンダーがさまざまな局面で取り上げられている。しかし他方で、本書で見たようにジェンダーと開発に関する考え方自体が、時代とともに変化してきたことは重要である。現在では四つのアプローチのうちエンパワーメントの考え方が主流となりつつあるが、しかしそのことはそれ以前のアプローチがまったく消滅したことを意味しない。

むしろ日本のようにジェンダー問題が際立っている国の政策議論から明らかなように、いまだに福祉アプローチや平等アプローチに基づくと思われる考え方や政策が提唱されている。その意味では、ジェンダーと開発をめぐる異なったアプローチが同じ時代に混在する現実を認め、そのうえで最終的には男女ともののエンパワーメント達成に向けての議論が必要であろう。

復習キーワード

地球的規模の諸課題：global issues
ジェンダー：gender
セックス：sex
福祉アプローチ：welfare approach
平等アプローチ：equity approach
効率アプローチ：efficiency approach
国連世界女性会議：United Nations World Conference on Women
エンパワーメント・アプローチ：empowerment approach

討論のための設問

Q：地球的規模の諸問題とはいったい何であろうか。

Q：ミレニアム開発目標に見るジェンダー格差の是正は妥当な目標設定といえるであろうか。

Q：ジェンダーの格差を是正する考え方は変遷してきたが，今後の展望を考えるとき，どのような視点が重要であろうか。

もっと勉強するための文献

日本語の基礎文献としては村松・村松［1995］ならびに国立婦人教育会館女性学・ジェンダー研究会［1999］が挙げられる。英語文献は本文中に紹介したそれぞれを参照されたい。なお Elson and Keklik［2002］にあるように，国連機関も世界の女性のさまざまな状況に関して定期的に有意義な報告書を作成している。

8 地球的規模の課題2：環境保全

ウガンダのビクトリア湖にある小島で保護されるチンパンジー

❶ 地球環境の課題

前章のジェンダーに引きつづき、本章では第二の地球的規模の課題として**環境**（environment）について考察する。環境問題は日常生活から発生するゴミ問題から、地球温暖化にいたるまで幅広い問題を抱えている。そして一つの環境問題は別の環境課題と密接に結びついている。

われわれを取り巻く地球の環境は、大気、水、土、そしてそれぞれの地域に根づく多様な生物たちが微妙な**生態系**（ecosystem）を構成している。そしてこれらの環境はわれわれに資源を提供し、人間の活動に不可欠なエネルギー・食料・水などを供給している。同時に地球環境はわれわれ人間がその活動の結果排出する汚染物や廃棄物を吸収し、浄化しようとしている。

人間はこのように環境とのやりとりのなかで生存している。歴史的に見れば地球上の生命誕生からおおよそ19世紀初頭まで、生物の体の大きさとエネルギー消費量はほぼ比例していたとされる。大きな体の生命はより多くの食糧が必要であったからである。しかしこのような比例関係は人類による**産業革命**を経て20世紀に激変する。とりわけ近代化に邁進した旧ソ連を含む主要国は第二次世界大戦後はエネルギー消費量が急増し、先進国では経済成長に伴う公害問題に象徴されるように、環境の危機が身近な問題となっていった。途上国においても、急増する人口はそれだけ多くの食糧やエネルギーを必要とするようになる。国全体が貧しいなかで経済生産を増やすことがまず優先され環境保護はつねに二の次とされてきた。その結果、貧困が環境劣化を生み、環境の悪化が貧困を生むという悪循環が生じることとなる。

このようにして先進国と途上国は局面は違うものの、同じ地球の住人として多様な環境問題に直面することとなった。生活の便利さへの飽くなき意欲を開発と表現するならば、開発と環境は切っても切れない関係にある重要な課題である（川田ほか［1998］；井村ほか［2004］）[1]。

❷ ミレニアム開発目標と環境

ミレニアム開発目標（MDGs）では、その第七の目標が環境の**持続可能性**（sustainability）を確保することと規定している。そしてその目標達成のために、①各国の政策や諸活動に持続可能な開発という原則を組み入れ、環境資源の喪失という状況を改善すること、②2015年までに安全な飲み水と基礎的衛生環境が確保できない人々の割合を半減すること、③2020年までに最低１億人のスラム居住者の生活の顕著な改善を実現することを、具体的目的として示している。

第一の持続可能性を組み込むことに関しては、森林資源、生物多様性、エネルギー消費、二酸化炭素やオゾン層を破壊する有害ガス、の諸課題を重要視している。**森林資源**（forests）は1990年から2000年までの10年間において、お

1）これまで各種の環境悪化に関しては断片的に報告されてきたが、現在国連を中心に地球規模の総合的変化を調査中で、ミレニアム生態系アセスメント（Millennium Ecosystem Assessment）と呼ばれる（http://www.millenniumassessment.org/en/index.aspx）。

よそ9400万ヘクタールが消失したと推測されている。そのような喪失はとりわけアフリカとラテンアメリカ地域において大きい。**生物多様性**（biodiversity）とは地球上の動植物、遺伝子、また生態系の多様性を意味する。生態系は多様であることによって長期的には安定を保っていると考えられるが、その多様性が人間活動によって劇的に減少していると考えられる。また人間の生活が便利になるにつれて**エネルギー消費**（energy consumption）は拡大し、石油や石炭をはじめとする化石燃料の消費が拡大してきた（石見［2004］pp.90-98）。1950年以降だけでも化石燃料の消費は世界全体で4倍以上増加した。20世紀終わりの時点で、全人口の約15％の先進国の人々が世界の約半分のエネルギーを消費し、半分以上の二酸化炭素を排出している。日本人年間1人当たりの二酸化炭素排出量は1990年代後半以降約10トンとされる（全国地球温暖化防止活動推進センター・ホームページ）。その結果、産業革命の頃と比べると大気中の二酸化炭素の濃度は約3割増加し、**地球の温暖化**（global warming）を加速させた。気候変動に関する政府間パネル（Intergovernmental Panel on Climate Change, IPCC）の推計では、気温は過去100年間でおよそ0.5から0.6度上昇し、この傾向は今後も続き、2100年までに1.4度から5.8度近くの上昇が予測されている。温暖化は世界の各地で異常気象や天候異変を招いている。こうした変化はとりわけ農業や漁業といった第一次産業に頼る途上国に大きな影響を与えている[2]。

MDGsの第2目標の**水**（water）に関しても世界の状況は深刻である。図8-1にあるようにこの100年間で世界の水の消費量は全体として10倍以上に増加したと考えられる。水消費は水資源の存在に大きく影響されるが、水消費量は国によって大きく異なり、南北格差も大きい。2000年における1人当たりの年間の家庭用水消費量の世界平均は約46立方メートルであるが[3]、「湯水のように使う」という表現にあるように水が豊富である日本はこの約2.5倍の122立方

2）気候変動に関する政府間パネルはhttp://www.ipcc.ch/参照。

3）一般に健康な生活を送るために必要な1日当たりの水消費量は、気候の違いなどから、50から150リットルとされ、世界の平均消費量はこの範囲とおおむね対応する。

図 8－1　世界の人口増加と取水量の推移

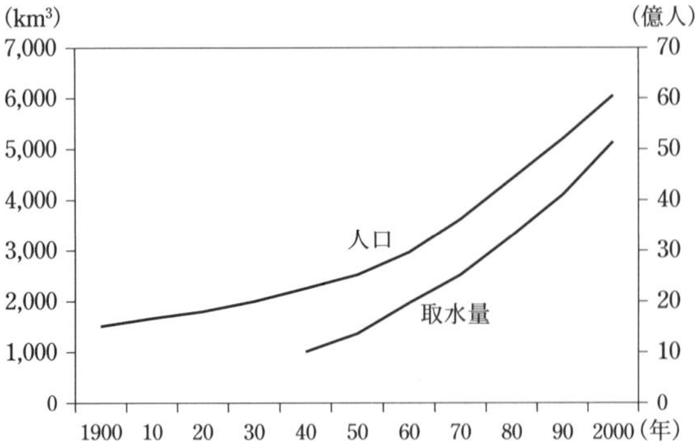

出所：『平成 15 年度環境白書』（表序 - 1 - 15）。
http://www.env.go.jp/policy/hakusyo/img/218/fb1.0.1.15.gif

メートルを消費している。年間消費量第 1 位のアメリカでは203立方メートル以上であるのに対し、パキスタンでは20立方メートル、インドでは11立方メートルである（World Water Organization 資料)。

途上国では清潔な水と衛生環境が確保できないために多くの子どもが下痢にかかり、年間300万ほどの人々が死亡している。1990年から2000年の間に900万の人々が安全な水へのアクセスを得たと考えられるが、これは人口増加分にすぎず、2000年においても依然として12億人の人々が安全な水を確保できない状況である[4)]。

基礎的衛生環境についても、途上国の状況は深刻で、不衛生な環境はたとえばマラリア蚊の増殖の原因になっている。1990年から2000年の間に世界全体では衛生環境が整ってきた人々の割合は51％から61％へと改善した。しかしそれでも表 8 - 1 にあるように、地域差が大変大きい状況である。世界全体では2000年において約24億人もの人々が不衛生な環境で暮らさざるをえない状況になっている。2015年までに基礎的衛生環境が確保できない人々の割合を半減するという目標を達成するためには、新たに17億人の人々が清潔に暮らせる環境

4 ）水問題に関しては2003年に世界水フォーラムが開催された（http://www.world.water-forum3.com/)。

表 8－1　世界の水・衛生へのアクセス状況

（単位：100 万人）

水		人　口（2000 年）	水にアクセス可能な人口（2000 年）	人　口（2015 年）
アフリカ	都　　市	297	253　(85%)	501
	都市以外	487	231　(47%)	577
ア ジ ア	都　　市	1,352	1,254　(93%)	1,943
	都市以外	2,331	1,736　(74%)	2,404
ラテンアメリカ・カリブ地域	都　　市	391	362　(93%)	504
	都市以外	128	79　(62%)	127
オセアニア	都　　市	21.3	21　(99%)	25.7
	都市以外	9.1	5.7　(63%)	10.4
ヨーロッパ	都　　市	545	542　(99%)	566
	都市以外	184	161　(88%)	154
北アメリカ	都　　市	239	239 (100%)	278
	都市以外	71	71 (100%)	66
計		6,055	4,956(81.8%)	7,154

衛　生		人　口（2000 年）	衛生にアクセス可能な人口（2000 年）	人　口（2015 年）
アフリカ	都　　市	297	251　(85%)	501
	都市以外	487	220　(45%)	577
ア ジ ア	都　　市	1,352	1,055　(78%)	1,943
	都市以外	2,331	712　(31%)	2,404
ラテンアメリカ・カリブ地域	都　　市	391	340　(87%)	504
	都市以外	128	62　(48%)	127
オセアニア	都　　市	21.3	21 (100%)	25.7
	都市以外	9.1	7.3　(80%)	10.4
ヨーロッパ	都　　市	545	537　(99%)	566
	都市以外	184	137　(74%)	154
北アメリカ	都　　市	239	239 (100%)	278
	都市以外	71	71 (100%)	66
計		6,055	3,652(60.3%)	7,154

注：端数処理のため計の欄は、必ずしも一致していない。
出所：『平成 15 年度環境白書』（表序－1－3）
http://www.env.go.jp/policy/hakusyo/img/218/tb1.0.1.3.gif

を整備する必要がある。

MDGs の第 3 目標で取り上げている**スラム**（slum）とは通常、途上国で計画性がない定住生活をしている人々の居住する地域で、大変混雑しており、公的サービスはまったくといっていいほど提供されておらず、都市部で最も劣悪な生活環境である。世界全体では都市人口の約 3 分の 1 がスラムに暮らす人々である。世界のスラム人口は2001年において9億2400万人以上とされ、実にその94%が途上国に暮らしている（本書第9章参照）。途上国では都市人口の劇的増加がおこっているが、さまざまな問題のために対応は追いつかず、このままでいけばスラム人口は2020年までに15億人に増えると予測されている[5)]。

3 第二次大戦後の国際社会の環境問題への取り組み

第二次大戦後1970年代まで：近代化論の黄金期

人類のエネルギー消費は、図8-2にあるように近代化とともに劇的に変化した[6)]。**近代化論**（modernization theory）は生産性の向上と総生産量の増大を目指し、より科学的な生産方法を農業ならびに工業で追求した。同時に農業よりも経済価値の増大が見込める工業を推進することが近代化であると考えられえていた。この考え方の下では、「工場から出る煙は文明の象徴である」とされ、多少の環境破壊はやむをえないとして是認された。その過程では、自然を制御し、人間が使いやすいように変容させる技術が多く開発され使われていった。巨大開発プロジェクトは軒並みその例であるが、大地を開拓し鉄道や道路を引き、発電所やダムを建設することは、文明化の過程として歓迎された。

経済成長に論理的根拠を提供する経済学は、もっぱら効率に関心を注いだ。多大な人間の欲求を満たすため手に入る労働力、土地、資本などの生産手段は限られている。そのためできる限り少ない投入材で可能な限り多くの産出物を得られるかという比率に関心が寄せられ、その効率を改善することが文明化であり進歩であると考えられた[7)]。そこでは進歩の代償として将来への負の遺産が残されることは、最近まで主要な関心の対象ではなかった。

5）MDGsと環境に関するデータは、http://www.developmentgoals.org/Environment.htm#sanitation 参照。

6）環境史は歴史学の新しい分野であり、McNeill［2000］は大変示唆に富む。

7）効率とはもともと熱力学の概念で、これが産業革命を経て経済学へ輸出されることになる（川村［2003］）。経済学においては、環境は従来市場での自由な取引の枠組みの外側に位置づけられ、経済行動の主体に与える悪影響として規定されてきた（丸山［1998］）。

図 8－2　世界のエネルギー消費量の歴史的推移

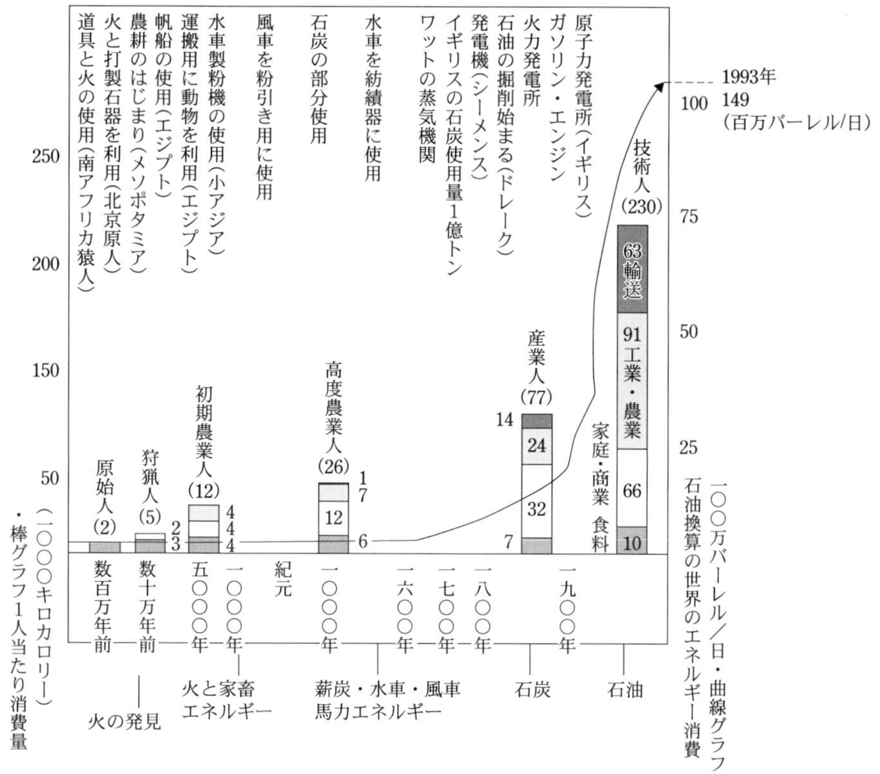

原始人………100万年前の東アフリカ。食料のみ
狩猟人………10万年前のヨーロッパ。暖房と料理に薪を燃やした。
初期農業人…B.C.5000年の肥沃な三角州地帯。穀物を栽培し家畜のエネルギーを使用。
高度農業人…1400年の北西ヨーロッパ。暖房用石炭・水力・風力を使い家畜を輸送に使用。
産業人………1875年のイギリス。蒸気機関を使用。
技術人………1970年のアメリカ。電力、内燃機関を使用。食料は家畜用を含む。
出所：『平成 10 年度環境白書』（表 3－1－3）
http://www.env.go.jp/policy/hakusyo/img/210/fb1.3.1.3.gif

さらにこのような近代化論と経済成長への信仰は、西欧の産業革命の成功と植民地主義の拡大を経て地球規模へと拡大されることになる。その結果、西欧的な近代化が唯一の近代化であるとされ、それまで地球の各地域ごとに尊重されていた人間と自然との微妙なバランスはまったく価値がなく、それに代わって近代的科学知識によって自然を管理し人間を豊かにすることが目指されるようになっていく。

無論このような近代産業社会のあり方への警告は西欧社会でもなされていた。たとえばアメリカでは1962年にレイチェル・カーソン（Rachel Carson, 1907-1964）が有名な *Silent Spring*（邦訳『沈黙の春』）において、DDTや農薬をはじめとする化学物質の害を世に訴えた（Carson［1962］）。彼女の訴えは当時のケネディ大統領の関心をひいたが、しかし周知のようにアメリカの農薬産業界は彼女の主張を非科学的であると執拗に反撃した。その結果、経済成長を優先する産業社会のあり方そのものは矛盾を抱えつつも存続していった。

1970年代：先進諸国での公害と近代化論の衰退

しかし欧米においてもカーソンの警告は現実味をもって徐々に受け取られることとなっていく。日本でも高度経済成長を成し遂げた1960年代は**公害**（pollution）の時代でもあった。日本の三大公害病はいずれもこの頃に大きな社会問題となっている[8)]。

さらに1972年にローマクラブは *The Limits to Growth*（邦訳『成長の限界』）というショッキングな報告を行った。システム・ダイナミックスの方法論を用いて、地球全体の人口増加による食糧不足、環境汚染や天然資源の枯渇の状況をもとに、地球の将来を約100年間にわたってコンピューターモデルによって推定した内容であった。その結果現在のような開発が続けられるならば、地球の限界を超えてしまい人類文明は突如崩壊すると警告した。この本は地球の限界を強調したことで知られるが、環境問題を正面から取り上げたことで後世に強い影響を与えた（メドウズほか［1972］）。

このようななかで同1972年にはストックホルムにおいて国連人間環境会議が開催される。これは環境問題全般にわたって国連が取り組んだ初めての会議で、この会議が採択した宣言には環境問題を人類全体に対する脅威ととらえ国

8）水俣病（1953〜60年）、神通川の領域で発生したイタイイタイ病（大正期〜1950年代）、四日市ぜんそく（1960年代）の三つである。

際社会の取り組みの必要性が明記された。この会議をうけて同年末には国連の組織として環境問題に取り組む国連環境計画（United Nations Environmental Programme, UNEP）が設立された。

1980年代：持続的開発の時代へ

1970年代からすでに後の環境問題を考えるキーワードとして不可欠の**持続可能な開発**（sustainable development）という用語は用いられていた。そして各種の環境問題は一層深刻の度合いを強め、1980年代に入るととりわけレスター・ブラウン（Lester Brown, 1934-）によって持続性が次の四つの領域で問題であるとされた。

・エネルギー：石油や石炭ではなく再生可能な新しいエネルギー源への転換がなされなければ近代文明は持続しない。
・生態系：森林や海洋生物をはじめ多くの資源は劇的減少を示しその多くが開発の結果である。
・気候温暖化：森林伐採や大気汚染を通じて進行している地球の温暖化は将来破滅的結果を招くおそれがある。
・食糧確保への不安（food insecurity）：開発として実施された農業プロジェクトは皮肉にも多くの地域で食糧の入手可能性を危うくしている（Brownを引用してBrohman［1996］p.309）。

1980年代には多くの論者がこの持続性という用語を違った意味で用いるようになる。そして1987年いわゆるブルントラント委員会が *Our Common Future*（邦訳『地球の未来を守るために』）を刊行し、そのなかで持続可能な開発という概念を（再）提示した（World Commission on Environment and Development［1987］）。持続可能な開発とは、将来の世代のニーズを満たす能力を損なうことなく、現在の世代のニーズを充足すること、と規定された。言い換えれば、現在の世代が豊かさを追求するために環境を消費する場合、それによって将来の世代が同様なニーズを満たそうとすることへの妨げとなってはならないという意味である。この将来の世代とは子々孫々にいたるまで長い目で見た時間の範囲を意味しており、いまわれわれの世代が無責任に環境を利用することで将来の地球人類へ負の遺産を残してはならないという考え方である。これは現在の世代と将来の世代の間の公平をうたった原則で、環境についての一つめの公平課題である。この考え方によって、貧困克服に必要な開発と環境保全の両立を目指したのである。

この考え方は開発を中止して環境保全を採択するといったより急進的な考えに比べると、従来の開発推進路線を堅持しつつそれに環境保護の要素を若干加味した限定的な軌道修正にすぎないといえよう。すなわち、先進国においても途上国においても経済成長の恩恵である豊かな社会を放棄することはできず、経済成長を続けながら環境への負荷を最低限に抑えようとしたものである。環境保護をより重視する立場からすれば、産業社会に潜む環境悪化の根本的問題の検討をすることなく、その結果生じる問題だけを対症療法的に解決しようとした「環境管理主義」であると批判された（Redclift を引用した Brohman［1996］p.310）[9)]。ところが、経済成長を優先する人々は、貧困は環境悪化の原因でありかつ結果でもあるから、環境を保護するためには経済成長を止めるのではなく反対により促進することによって貧困を克服する必要があると反論した（Escobar［1995］）。その結果、経済成長路線は色合いを変えつつも基本的には維持されたのである。

1990年代以降：人間開発における環境の位置づけ

1990年代になると開発それ自体をめぐる考え方が、経済成長と狭く規定する考え方から、人間の本来の能力を開花することを目指す社会開発・人間開発へとより広く変化してくる。また、これまでの環境劣化によって途上国の貧しい人々の生活状況はたとえば1960年代と1990年代を比べれば後者のほうが悪化した場合も少なくなかった。このような状況のなかで、持続可能性という概念は批判を受けつつも中心的概念として定着していくことになる。

また、この頃になると途上国において大きな**社会運動**（social movement）

9）その結果、無論急進的なエコロジストたちをはじめ多くの論者が持続可能な開発論を一蹴する。たとえばSachs［1999］。

がわきおこるようになる。それまでの主流の近代化論的開発活動に反発し、それぞれの地域で歴史的に培われた自然との共生の知恵を大切にし、外からもち込まれた巨大近代化プロジェクトに反発する各種の環境運動が各地に発生し、しかもそれらが相互に連携しはじめ大きなうねりを見るようになる。これらの運動はいずれも草の根の厳しい現実に根ざし、その地域の人々の参加を得つつ既成の産業社会のあり方に疑問を提示していった。その際NGOがしばしばそれらの運動を支援し、他の運動との連携を図っていった（McCormick [1995]）。

同時にこれらの環境運動は、少数民族にとっては独自文化の生存をかけた人権確保の戦いや、女性にとっては男女の役割分担を正当に認識しない政府や国際開発機関に対するジェンダーをめぐる闘争と、重なり合うようになってくる。すなわち家庭を守る立場にあった女性たちが、そのために必要な環境へのアクセスをいままでのように認められない場合、環境問題はジェンダー問題となり、また人権問題となっていったのである（綿貫［1997］）。環境はもはや経済に服従する二次的立場から、社会と人間のあり方そのものを見直すそれ自体が重要な論点へと変貌を遂げようとしていた。

このような大きなうねりを見せはじめる1990年代初期に、環境問題に関する歴史的会合が開催されることとなる。1992年６月にリオデジャネイロにおいて、**環境と開発に関する国連会議**（United Nations Conference on Environment and Development）が開催された。通称これは**地球サミット**（Earth Summit）と呼ばれている。この会議は約180各国の参加を得て、しかもそのうち約100カ国は国家元首である首相や大統領が出席したきわめて大規模かつハイレベルな国際会議であった。このサミットによって、以下の重要な文書が、国際社会の合意として採択された。

・温暖化防止のための気候変動枠組み条約（後1994年に発効）
・生物多様性条約（1993年に発効）
・森林原則声明
・環境と開発に関するリオ宣言
・アジェンダ21

とりわけリオ宣言は持続可能な開発の実現を目指すことを明記した[10)]。

アジェンダ21（Agenda 21）は持続可能な開発を実現するための具体的行動計画であり、①社会経済的要素、②開発のための資源の保全と管理、③主要な社会構成員の役割の強化、④実施手段、の4項目からなっている。②の項目では、具体的には大気、森林、砂漠化防止、生物多様性、海洋、淡水資源、バイオテクノロジーの活用といった分野ごとの活動内容まで踏み込んでいる。また、③においては女性、先住民、NGO、地方自治体、労働者、産業界、農民が主要な行動者として位置づけられている。とりわけ女性を明記したことはジェンダーによって資源消費が異なるという考え方を反映しはじめた点で大変意義があった。

そしてこのアジェンダ21を地域ごとに実現するためにローカル・アジェンダ21の策定がうたわれた。持続可能な開発を地域で実現するために、それぞれの地域ごとに政府、自治体、企業、市民が共同で学習し、行動していく計画プロセスで、地球規模の目標実現のための地域からの行動を目指した[11)]。

しかしこのような宣言の合意の裏側には先進国側と途上国側の間で激しいやりとりがあった。先進諸国は地球環境問題は人類共通の課題であり、先進国も途上国もともに取り組むべき課題であると主張した。しかし途上国側から見れば、地球環境問題の責任は先進国にあると主張された。先進国は途上国の資源を活用して現在の経済的豊かさを手に入れた、その代償を支払うのは途上国ではなく先進国であるという認識である。途上国は現在も貧困に苦しんでおり、その解消を目指す開発をまず優先させるべきで、環境という名目で途上国に足かせをはめることは不当であると主張した[12)]。この環境問題をめぐる南北対立は、同世代における富める者と貧しい者と間の公平という持続可能な開発をめぐる二つめの公平問題を浮かび上がらせた。その結果リオ宣言では先進国と途

10）環境と開発に関する国連会議についてはhttp://www.un.org/geninfo/bp/enviro.html。

11）国際環境自治体協議会（ICLEI）のホームページによると、2001年時点で113カ国、6000以上の自治体がローカル・アジェンダへの正式な対応を開始した（http://www.iclei.org）。

上国とは「共通だが差異のある責任」をとることが合意された。

地球サミットの意義はなによりも環境という問題を包括的かつ正面から多くの国々の参加を得て協議したことにある。その結果、環境問題への意識は高まり、また重要な諸条約もこのサミットの後に発効している。しかしながらこのサミットだけでさまざまな環境問題が解決したわけでは無論ない。途上国の一部では改善は見られたものの、貧困はかなりの場所で解消されずそれが環境劣化を引き起こしていた。このように環境問題への取り組みに対しては、先進国と途上国それぞれを取り巻く政治・経済・社会状況が複雑に影響していた。

地球サミット後に発効した気候変動枠組み条約は、大気中の温室効果ガスの濃度を安定させいわゆる地球のグリーンハウス化を防ぐことを目的としていた。しかしこの条約は法的拘束力のある各国ごとの温室効果ガスの削減目標を示していなかった。そのため地球温暖化防止会議がその検討を開始し、1997年に京都で開かれた第 3 回の会議（United Nations Framework Convention on Climate Change, COP3）で採択された**京都議定書**（The Kyoto Protocol）においてそのような数値目標を定めたのである[13)]。京都議定書は二酸化炭素を含めた 6 種類の温室効果ガスの排出と、森林による二酸化炭素吸収とを含め、全体としての削減目標を定めた。それによると1990年を基準値として2008年から2012年までの間に日本は 6 %、アメリカ 7 %、EU 8 %の削減を目指し、先進諸国全体で少なくとも 5 %の削減を目標と設定した。

この交渉過程では、1990年を基準年として国別に見た場合、世界の約36%の二酸化炭素を排出するアメリカの動向が鍵を握っていた[14)]。アメリカは環境規制が自国の経済成長の足かせとなることを嫌っていた。また近年の東アジアとりわけ中国の経済成長に伴い途上国の温室効果ガスの排出が増加しているにも

12）途上国は、すでに先進国が工業化の過程で公害などの環境問題を経験していることを知っているので、これを回避するには相対的に有利な立場にあるとの議論もある。いわゆる環境における「後発の利益」である。しかし途上国の場合は市場経済の未整備などの課題も多く、単純な議論は危険である（石見［2004］pp.144-152）。

13）第 3 回地球温暖化防止会議は http://cop3.org/を参照。

14）2000年時点では世界の23%となる（UNDP［2004］）。

かかわらず[15)]、削減義務を先進諸国のみが負うことへ反発した。結局、京都議定書は環境対策に一定の市場取引の仕組みを取り入れることで決着した。その仕組みとは排出権取引で、先進諸国の間で割り当て排出量を市場で取引できるとするものである。また**クリーン開発メカニズム**（clean development mechanism, CDM）と名づけられた仕組みも導入され、途上国と先進国が共同で実施した削減量を先進国の貢献として数えられることになった。

その後、京都議定書は紆余曲折を経ることになる。2001年にアメリカのブッシュ政権はこの京都議定書から一方的に脱退を表明する。そしてロシアによる議定書批准をうけてようやくこの議定書は2005年２月に発効した[16)]。現在議定書への期待と不安が交錯している状況であるとともに、すでに議定書が対象としていない2013年以降の温室効果ガス削減のあり方が議論されはじめている。

日本は1970年代の石油ショック以降において省エネ対策が大変進んだ結果、国内でのさらなる温暖化ガス排出削減には大変な費用がかかるため、産業界には環境対策強化への消極論も根強い。他方、議定書が定める排出権取引とCDMには政府のみならず一部の民間企業も期待を寄せており、そのような活動の準備が進みつつある。

京都議定書がこのような市場取引を導入したことは、環境への取り組みにおいて経済効率を重視する考え方が依然として強いことを示している。すなわち環境は大切であるがいかなる費用がかかっても実施するほど大切ではない、と位置づけられたに等しい。その意味で持続可能な開発があくまでも開発を継続させることを前提に環境への配慮をうたったのと同様に、経済成長上の考慮にいまだに生態系への配慮より重きを置いていることを示している。そのため京都議定書は歴史的文書ではあるが、これによって地球温暖化が解決できるかどうかは予断を許さない[17)]。

そして2002年には**持続可能な開発に関する世界首脳会議**（World Summit

15）2000年時点で中国の二酸化炭素排出量は世界の12％である（UNDP［2004］）。

16）京都会議を引き継いだCOP10と呼ばれる会議がブエノスアイレスで2004年に開催され、そこでの合意を国際社会が実行できるかどうかが注目される（http://unfccc.int/）。

on Sustainable Development）が南アフリカのヨハネスブルグで開催された。リオの地球サミットから10年を経た2002年に開催されたこの会議の目的は、リオで採択されたアジェンダ21の実施状況やそれ以降新たに生じた課題の克服に関して討議することであった。たとえば経済のグローバル化は急激にその速度を速めていたが、その恩恵は先進国と途上国に決して一様に配分されたのではなかった。先進国には恩恵が及ぶが、途上国にはしわ寄せとなる場合が多くなる傾向があった。そのため多くの途上国は環境問題の解決がさらに複雑かつ困難になったと主張した[18]。

このヨハネスブルグ・サミットの結果、実施計画とヨハネスブルグ宣言が採択された。実施計画では、①貧困撲滅、②持続可能でない生産消費財の形態変更、③気候変動と大気汚染の防止と生物多様性保護を中心とする経済社会開発の基礎となる天然資源の保護と管理、④グローバル化する世界における持続可能な開発への取り組み、⑤島嶼国やアフリカといったとりわけ厳しい問題を抱える地域の課題などが取り上げられた。宣言ではリオ以来の持続可能な開発への取り組みへの決意を改めて表明している[19]。

このヨハネスブルグ・サミットはリオと比べると参加国の数ならびにそのレベルにおいて、10年前の熱意が失われた感がある。実際リオへは当時のブッシュ・アメリカ大統領が参加したが、このサミットには息子のブッシュ大統領は参加していない。また環境と開発をめぐる途上国と先進国の立場の違いも基本的にはさほど埋まらなかった。したがって、この会議はリオから10年を経てさまざまな問題を討議した意義は認められるが、大きな進展がなかったという評価が一般的であろう（フレイヴィン［2003］はじめに）。

17）多くの環境保護NGOや研究機関は、排出権取引が地球全体での温室効果ガスの削減につながらないと警告している。この仕組みは豊かな国が経済活動を縮小させずに削減分を資金で買い取るため、温暖化の原因を根本的に解決しないと批判されている。一例としてSimms *et al*.［2004］。

18）フレイヴィン（［2002］第1章）が多くの課題を解説している。

19）ヨハネスブルグ・サミットについてはhttp://www.johannesburgsummit.org/html/basic-info/unced.html を参照。

❹ 開発と環境の両立は可能か？

ではヨハネスブルグ・サミット以降の時代に生きるわれわれが環境と開発をどのように両立することができるのであろうか。あるいはそもそも両立は可能なのであろうか。このような問いに簡単に答えることは無理である。しかしこれは今日生きるわれわれにとって避けては通れない文字どおりの地球的規模の課題でもある。

この課題に対して、1980年代以降国際社会がとってきた対策における矛盾にまず目を向ける必要があろう。それはこれまでも指摘したとおり、持続可能な開発は依然として開発優先であり、環境保護が二の次であるという事実である。とりわけ1980年代以降は経済効率を優先させる際に、市場の役割を重視し、政府の管理を少なくしてきた[20)]。

さらに、天然資源の保護を図るために、近代西欧社会をモデルに想定して、途上国にも同様の制度の確立を求めてきた。それは保護しようとする資源を個人の所有に委ねればその個人に資源を効率的・効果的に管理しようとする意欲がわき、結果として環境保全に役立つ、と想定したからである。たとえば森林や土地の所有権を個人のものとして明確化させるための法案が多くのアフリカ諸国で立法化されている。共同利用できる土地や森林はみんなが勝手に使う結果枯渇しがちである。それとは反対に個人の所有権が確立されればその人が「私の森」や「私の土地」を保護する措置をとるであろうと考えてのことである。しかし実際には共有制度によって資源を守ってきた地域は多く、このような個人を主体とする西欧モデルを世界に普遍的に当てはめる方法で環境保全を図るには無理がある（大塚［1999］）[21)]。

確かに効率性の視点も重要であるが、しかしわれわれは**ガバナンス**（governance）という新たな視点で環境問題を考えることが重要なのではなかろう

20）このように、第２章で考察した開発をめぐる異なる立場によって、資源や環境のとらえ方は当然違っている。

か（World Resources Institute［2003］）。ガバナンスという用語はとりわけ1980年代以降頻繁に用いられるようになった。しかし他方、それを用いる人々によって意味する内容が異なっており、これを正確に定義づけることはきわめて難しい[22]。ガバナンスとは**多様な利害関係をもつものが、それぞれの利害対立や摩擦を超えて、共通の問題解決を図る過程でありその結果である**、とここでは規定したい（Hemmati［2002］）。

環境問題においてとりわけガバナンスが重要な理由はいくつもある。第一に、環境問題のような複雑な問題は一つの機関や組織だけで解決はできない。すなわち利害が往々にして対立する人々や組織の間に、立場は異なっても共通問題としてその解決に当たるという協力関係が構築される必要がある。資源を保全したいものと利用したいものもしばしば対立する。また利用の結果えられる便益も均等に配分されることはあまりないため、利益の配分をめぐっても対立が生じることがしばしばである[23]。しかしこのような立場の違いはあってもその資源が完全に枯渇すれば資源の管理者・使用者の双方を含む多くの人々が困るのである。

ガバナンスが有効に機能するためには、そこに関連してくる利害関係者間に一定の協力関係が成立する必要があるが、そのような協力関係は待っていれば自動的に達成できるのではない。達成のためには、社会的に恵まれない人々や

21）この延長として知的財産権の問題がある。資源を個人の所有権として確立させようとする動きは、途上国の人々がこれまで日常的に利用していたさまざまな資源に対して、その科学的効能を解明した西欧の多国籍企業が財産権を主張することと連動している。現在世界のあちこちでこのような多国籍企業への反対運動・訴訟が繰り広げられている（Commission on Intellectual Property Rights［2002］）。

22）似た用語でガバメント（government）は「政府」、ガバナンスは「統治」と訳されている。しかしこの訳語は内容を正確に伝えていない。井上［2004］はガバナンスというカタカナ表記の代わりに「さまざまな主体（利害関係者）が協働（コラボレーション）して資源管理を行う仕組み」として「協治」という表現を用いている（p.87）。

23）たとえばアフリカをはじめ途上国で国立公園の設立によって野生動物保護を目指す場合、その保護政策のコストを負担するのは公園の近くに住む住人であるが、保護の恩恵を受けるのは外国人旅行者である。このような不一致は利害の配分構造の問題を示している（Hulme and Murphree［2001］）。

阻害されている人々が富める者や権力者に対して意見をいえるための**エンパワーメント**が不可欠である。資源が劣化するその代償を支払わされるのはしばしば貧しい人々である[24)]。

MDGsにもスラムに住む人々の生活改善を挙げているが、このような人々がその声を発し、その声が政策に反映されるようになることによってのみ多くの環境問題は解決できる。以前はスラムに住む人々は厄介者として、政府による強制撤去の対象になったが、今日ではそのような人々の対話への参加を促し、協議の過程を通じてスラム改善を図ることが主流になりつつある[25)]。

ガバナンスが協議を中心とする問題解決のあり方として、環境の場合にはとりわけ大切となる二つめの大きな理由は、環境とは二つの異なった論理と制度が交差する領域だからである。その交差点とは人間が作り上げている政治や経済の運営に必要とする社会制度と、自然がもっている生態系の仕組みの両者の交わりである[26)]。産業社会の政治制度と地球の生態系は共存できる部分もあれば、現在の環境問題のように人間の制度が生態系に負荷を押しつけている場合もある。人間と自然が共生するためには、人間が自然を制御し統治するのではなく、人間が作り出しているさまざまな社会制度が自然のもつ変化のサイクルを許容できるように歩調をあわせていくことも必要となってくる。そのためには、環境問題への取り組みは幅広い学問的知見を総合的に集約することが必要となってくる[27)]。そのような学際的研究は協議や協調を重視するガバナンスの

---

24) 発展途上国、とりわけアフリカ諸国の環境保全対策は、必ずしも効果を上げていない。その理由はいくつも指摘できるが、重要な原因は実施される政策の内容が人々の生活実態にそぐわないことである。すなわち、政府は枯渇しつつある資源の保存のために、貴重な資源を「使わせない」ことを目的としている。その一方で、高い人口増加率、改善されない貧困に直面しつつ生活している途上国の人々は、毎日の生存のために必要な資源は「使わざる」をえない。とくに水や薪は女性が採集・管理しているのが通例で、代替資源が入手できないなかで、仕方なく資源が消費されている。このような状況では、資源消費者のエンパワーメントが不可欠である。政治的発言力を高め、経済的自立を向上したうえで、代替資源を入手するための確固とした立場を築くことが不可欠である。

25) タイのバンコクにあるクロントイ・スラムや、フィリピンのマニラにある通称スモーキー・マウンテンといわれたゴミ捨て場の周りに住む人々の場合を思い出してほしい。

26) 興味深い研究として Gunderson *et al*.［1995］; Gunderson and Holling［2002］参照。

考え方によって担保される可能性が高まるであろう。

このようなガバナンスという考え方によって、環境問題につきものの課題である「**ただ乗り**」(free-riding) を防ぐ可能性を高めていくことができる。ただ乗りとは問題解決のコスト負担は回避しつつその解決の結果のみを享受しようとすることである。環境問題においてこのただ乗りは中心的問題でありつづけてきた。身近な例でいえば、たとえばゴミの分別収集にしても、面倒であるから分別したくないという誘惑に駆られることは少なからざる人が経験しているであろう。とりわけ分別しないことによる負の結果を当人が負わない場合は、面倒さのみが意識される。その意味で「他の人々には分別してほしいが私はしたくない」となる。しかし当人だけではなくもし仮にすべての人が分別しないと、社会全体としては最悪な結果となる。ただ乗りは個人にとっては「合理的な」選択でありえても、それを全員が実施した場合は社会的には大きな問題を抱え込むという逆説（パラドックス）問題であるともいえる。

このようなパラドックスはガバナンスによって解決の糸口をつかむことができ、環境ガバナンスが重要となる三つめの理由である。実際にエレノア・オストロム (Elinor Ostrom, 1933-) が記念すべき著作である *Governing the Commons*（コモンズを統治する）で示したように、世界の各地の事例を見れば、利用する資源を個人ではなく小規模の共同グループで管理・運用することによって成功してきた事例は多い。通常このような資源は**コモンズ** (commons) と呼ばれる。この言葉は本来イギリスの共有地や入り会い牧草地を意味した。今日ではより広く使われ、私的所有や公的管理にないたとえば森林や河川などの資源とその利用にかかわる社会の仕組みを意味する。魚をとる海洋資源、木を切り出す森林資源などに典型的に見られるように、多くの人々がそれを利用する。そして一見これらの資源利用の結果はタダであり、代償を払わなくてもすむような誤認に陥るため、資源の管理が難しい（黒崎・山形

27) 学際的研究として近年注目されているものの一つが政治生態論 (political ecology) である。これは単純にいえば政治的・経済的権力がどのように自然を変化させ、また自然がどのように社会に影響を与えるかという相互の関連性に着目する比較的新しい学問分野である。島田［1999］と佐藤仁［2002］の補論参照。

[2003] 10章)[28]。オストロムはこのように管理が難しい共同資源の成功例は近代国家が警察機能を発揮して地域の取り組みに介入したというより、それぞれの地域で長い歴史をかけて工夫されてきた運営方法が地域の人々によって自主的に引き継がれ、結果として環境を守ってきた経験則を体系化した（Ostrom [1990]）。その仕組みを解明し、さまざまな環境問題の解決に応用しようとする研究がいまでも盛んになされている[29]。

この共同資源の管理・運営に関するコモンズの研究が示唆するように、環境ガバナンスは決して一つの普遍的なモデルに収斂されていくものではない。それぞれの地域に歴史的・文化的に育まれてきた多様な知恵や経験があり[30]、それを生かした多様な取り組みが可能であるはずである。ガバナンスの視点を導入するのは、西欧近代的科学知識によって地球を制御するといった巨大なプロジェクトを発想するのではなく、正反対に草の根の地道な取り組みを世界各地の人々がお互いに共有し、互いに学びあうことが促進するためである[31]。

5 まとめ

開発と環境の両立は難しい問題である。かつて人間は大自然を尊敬と畏怖の

28）コモンズは**公共財**（public goods）に似ている（黒崎・山形 [2003] p.155）。公共財は私的財と異なり、多数の利用者により使われるが、利用に当たり必ずしも対価を支払わない者を排除できず（非排除性）、またある人の消費によって他の人の利用も減少しないものである（非競合性）。

29）コモンズの研究では近年のものとして Ostrom *et al*. [2002]。関連学会のホームページ（http://www.iascp.org/）には膨大な事例研究がデータベース化されている。

30）地域の取り組みを強化するために、地方分権化の促進も資源保全に貢献するとされる。しかし分権化は決して万能薬ではなく、すでにその政策の功罪両面は社会開発の経験からも明らかである（Ribot [2002]）。

31）環境問題は知識がどのように社会的に形成され受け継がれてきたかを如実に表している。植民地時代を経て、西欧の科学的知識が各地の土着の知識を駆逐してきた。現在必要なことはそれら土着の知識に再度耳を貸しつつ、近代的知識と交差することで、人類全体にとっての新たな可能性を探ることである。知識の問題に関しては Broch-Due and Schroeder [2000] 参照。

念をこめて見ていた。しかし開発という考えが世界的に定着するにつれて、自然は環境と置き換えられた。その置き換えが意味したことは、経済成長のために必要で利用可能な資源としての意味づけであり、資源であるからこそ人間によって制御可能であると位置づけられた。結局、開発と環境というとき、開発が主で環境は従となった。

この転換は人間のおごりであろうか。開発そのものを拒否する脱開発論者は、「そうだ」と答えるであろう（Sachs［1999］）。しかし他方、ぎりぎりの生活を送る貧しい人々ほど自然や環境の貴重さを認識している。つまり、貧しい人々は無知であるから資源を無造作に使っているのではない。資源消費が長期的に好ましくないとわかっていてもそれに代わる手段がなく、日常の生活を確保するためにやむなく資源を消費していることが多い。そのため、開発と環境の両立は困難ではあるが、当事者のエンパワーメントを通じて解決が可能なのではなかろうか。

これは生計アプローチが、途上国の行為者である社会的に恵まれない人々の視点を重視することと重なってくる。実際生計アプローチによって環境保護を図る考え方や取り組みが進展しつつある（Jones and Carswell［2004］）。

さらに草の根の活動を重視する点では、環境をめぐる一連の課題は開発論と脱開発論が交差する分野である。そうであるからこそ巨大プロジェクトで地球全体を管理するという発想よりも、地域ごとの地道な取り組みから謙虚に学ぶ姿勢が必要なのではなかろうか。

そして環境にかかわる多種多様な利害関係者がそれぞれの役割を認識しつつ、各種の対応を一貫性をもって実施する必要がある。たとえば先進諸国は環境保全のための国際協力を実施することは必要であるが、それが資源利用者である貧しい人々のエンパワーメントにつながらなければ効果的とはいえないであろう。資源を消費せざるをえない人々に代替手段を提供できるような社会変革が、草の根レベルでも、国ごとにも、そして地球的規模でも必要なのである。近年たとえばそのような手段の一つとしてエコツーリズム（農村にある自然を生かした観光開発）やフェアー・トレードが着目されている[32)]。無論これらも課題を抱えているが、これらが着目される大きな理由は経済的恩恵を貧しい人々に正当に還元することが目指されている活動であるからである。これら諸活動の成功はもしかすると将来の環境が主で開発が従という逆転を引き起こすかもしれない。

復習キーワード

生態系：ecosystem
森林資源：forests
生物多様性：biodiversity
エネルギー消費：energy consumption
地球の温暖化：global warming
水：water
スラム：slum
近代化論：modernization theory
公害：pollution
持続可能な開発：sustainable development
環境と開発に関する国連会議：United Nations Conference on Environment and Development
地球サミット：Earth Summit
アジェンダ21：Agenda 21
京都議定書：The Kyoto Protocol
クリーン開発メカニズム：clean development mechanism, CDM
持続可能な開発に関する世界首脳会議：World Summit on Sustainable Development
ガバナンス：governance
ただ乗り：free-riding
コモンズ：commons

討論のための設問

Q：開発と環境の両立は「持続性」という概念によってもたらされるであろうか。
Q：環境を保全していくためには、どうすれば資源利用の「ただ乗り」を防ぐことができると思われるか述べなさい。

32）エコツーリズムに関しては、たとえば http://www.ecotourism.gr.jp 参照。

もっと勉強するための文献

フレイヴィン編の『地球白書』の各年版は環境に関する多くのテーマを刺激的に扱っている。井村ほか［2004］は環境と開発の近年の研究成果をよく示している。英語の文献をあえて 1 冊挙げるならば、新しい古典ともいえる Ostrom［1990］であろうか。環境省のホームページも『環境白書』のデータを多く公開しており有益である。

9 地球的規模の課題3：人口爆発と都市化

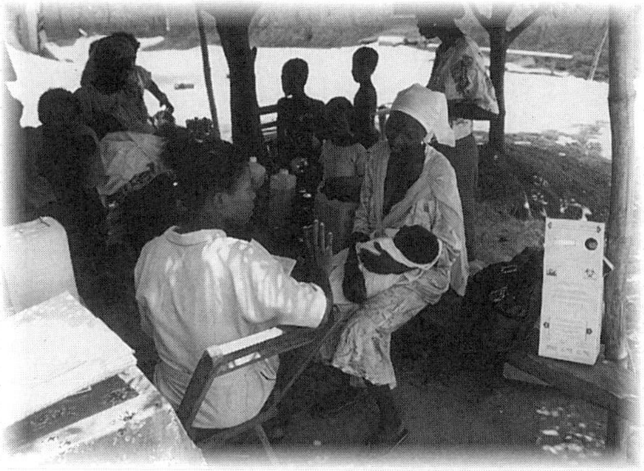

ガーナの農村で避妊の相談をする女性

1 ミレニアム開発目標と人口問題

第1章で見たように、世界の貧困は**人口問題**（population issues）と密接に関連している。いうまでもなく、人口が増加すればそれだけ多くの人々に対してよりよい暮らしを確保することが求められる。人口増加が原因となり、すでに限られているさまざまな資源の利用や保全が難しくなり、結果として貧困状況が悪化すると考えられる。また他方、貧困や衛生環境の不備のためにより多くの子どもを産まざるをえず、その結果かえって人口が増加することも事実である。世界の人口増加の大半は発展途上諸国で今後おこることをふまえれば、世界人口の推移は途上国が直面する貧困問題の解決とは切っても切れない関係にある（Demeny and McNicoll［1998］）。本章では先の二つの章に引きつづき、第三の地球的規模の課題として人口と貧困や開発の関係に関して考察する。

ミレニアム開発目標（MDGs）は人口増加を重要な問題と認識しているが、

他方人口増加率をたとえば現在の半分に減らすといった数値目標を直接には掲げていない。その代わり、世界の貧困人口の半減という大きな目標や、飢餓に苦しむ人々の割合を半減するという大きな目標を達成するにあたり、人口の割合に応じての削減を目指している。絶対数で見れば所得貧困に苦しむ人々や飢餓にあえぐ人々の数を減少させることは今後可能であるが、しかしその減少が人口増加分でうち消されないようにMDGsでは人口比率に対しての半減を目標としているのである。同様にエイズやマラリアにかかる危険性を半減することや、安全な飲み水が確保できない人々の半減も、人口比率に対しての達成を土台にしている。このように人口増加は貧困と開発に密接に関連する重要課題である。

さらに、この章の後半で見るように人口増加は都市部と農村部で今後均一におこると予想されるわけではない。相対的に見れば都市部の人口増加は将来大きくなると推定され、とりわけ2015から2020年あたり以降はほとんどの人口増加が途上国の都市部で発生すると考えられており、人口問題は都市化と関連し各種の困難な課題をわれわれ人類に突きつけることになる（UN［2004b］)。

❷ 人口増加の現状

20世紀を形容する表現はさまざまなものがあるが、人口という観点から見る限り20世紀は**人口爆発**（population explosion）の世紀であった（石見［2004］第3章)。世紀初めに約16億ほどの人口であったのが世紀の終わりには4倍近くの約60億人へと増えた。全世界の人口増加率は20世紀前半には年平均1％に満たなかったが、1970年代には2.3％とピークに達し、その後1％台前半に減少し現在に至っている（トダロ／スミス［2004］p.324)。このような急速な人口増加は人類の歴史上かつて経験されたことはなく、その意味で「爆発」という表現も必ずしも誇張とはいえない。

表9-1にあるように、20世紀後半アフリカの人口は平均2.56％で増加し、ラテンアメリカでは2.27％、アジアでも2％近い増加を示している（UN［2004b］)。この％で示された増加率は直感的にわかりにくいため、別の表現

表9－1　主地域の全人口、都市人口、農村人口（1950～2030年）

	人口（百万人）					1年間平均変化（%）	
主 地 域	1950年	1975年	2000年	2003年	2030年	1950-2000年	2000-2030年
全人口							
アフリカ	221	408	796	851	1,398	2.56	1.88
アジア	1,398	2,398	3,680	3,823	4,887	1.93	0.95
ヨーロッパ	547	676	728	726	685	0.57	－0.20
ラテンアメリカおよびカリブ	167	322	520	543	711	2.27	1.04
北アメリカ	172	243	316	326	408	1.22	0.85
オセアニア	13	22	31	32	41	1.77	0.97
都市人口							
アフリカ	33	103	295	329	748	4.39	3.10
アジア	232	575	1,367	1,483	2,664	3.55	2.22
ヨーロッパ	280	446	529	530	545	1.27	0.10
ラテンアメリカおよびカリブ	70	197	393	417	602	3.45	1.42
北アメリカ	110	180	250	261	354	1.65	1.16
オセアニア	8	15	23	24	31	2.13	1.07
農村人口							
アフリカ	188	305	500	521	650	1.95	0.87
アジア	1,166	1,823	2,313	2,341	2,222	1.37	－0.13
ヨーロッパ	267	230	199	196	140	－0.59	－1.17
ラテンアメリカおよびカリブ	97	125	127	126	109	0.54	－0.51
北アメリカ	62	64	66	65	53	0.12	－0.70
オセアニア	5	6	8	9	10	1.04	0.68

出所：UN［2004b］p.5を邦訳。

で表してみよう。20世紀後半の平均増加率ではアフリカの人口は27年ほどで倍増し、ラテンアメリカでは倍になるのに30年、アジアでは35年しかかからないことになる。２％という数値がいかに急速な人口増加率かがわかる[1)]。

21世紀になってからの世界人口の増加率を見ると、表9－2にあるように、2002年から2015年までの年平均増加率は世界全体で1.1%、途上国全体の平均で1.3%、アフリカでは2.1%、アラブ諸国2.1%、南アジア1.5%、ラテンアメリカ1.2%、東アジアおよび太平洋地域0.8%と推計されている。一般的に人口

1）人口の倍増期間を計算する方法は、70を増加率（%）で割るとよい（Haupt and Kane［2004］p.45）。たとえば２％で増加しているならば倍増期間は70÷２＝35で、35年で人口が倍増する。

表 9－2　人口の推移を表す主要指標

	全人口（百万人）			年平均人口増加率（％）		都市人口（全体に占める％）			15歳以下の人口（全体に占める％）		65歳以上の人口（全体に占める％）		合計特殊出生率（1人の女性当たり）	
	1975年	2002年	2015年	1975-2002年	2002-2015年	1975年	2002年	2015年	2002年	2015年	2002年	2015年	1975-2002年	2002-2015年
発展途上諸国	2,961.2	4,936.9	5,868.2	1.9	1.3	26.4	41.4	48.6	32.2	28.2	5.2	6.4	5.4	2.9
後発開発途上国	353.7	700.9	941.9	2.5	2.3	14.7	26.1	33.4	42.9	40.1	3.1	3.3	6.6	5.1
アラブ諸国	143.4	296.6	389.7	2.7	2.1	41.7	54.2	58.8	37.1	33.5	3.7	4.3	6.7	3.8
東アジアおよび太平洋諸国	1,310.5	1,917.6	2,124.6	1.4	0.8	20.4	40.2	51.0	25.8	21.4	6.5	8.4	5.0	2.0
ラテンアメリカおよびカリブ諸国	317.9	530.2	622.5	1.9	1.2	61.2	76.2	80.8	31.1	26.3	5.6	7.3	5.1	2.5
南アジア	842.1	1,480.3	1,805.3	2.1	1.5	21.3	29.6	34.3	34.8	29.6	4.7	5.6	5.6	3.3
サハラ以南アフリカ	305.8	641.0	843.1	2.7	2.1	21.0	35.0	42.4	44.3	41.9	3.0	3.3	6.8	5.4
中央および東ヨーロッパ、独立国家共同体諸国	366.6	408.9	398.4	0.4	-0.2	56.8	62.8	63.7	19.5	16.3	12.2	13.2	2.5	1.4
経済協力開発機構(OECD)諸国	925.6	1,148.1	1,227.7	0.8	0.5	67.3	75.7	79.0	20.2	17.9	13.3	16.0	2.5	1.8
高所得諸国	766.2	911.6	962.9	0.6	0.4	69.9	77.3	80.4	18.2	16.5	14.8	18.0	2.2	1.7
人間開発高位諸国	972.3	1,201.3	1,282.0	0.8	0.5	68.9	77.1	80.3	20.0	17.8	13.4	16.2	2.5	1.8
人間開発中位諸国	2,678.4	4,165.2	4,759.1	1.6	1.0	28.1	42.2	49.3	29.3	24.8	6.0	7.4	4.9	2.4
人間開発低位諸国	354.5	755.8	1,021.6	2.8	2.3	19.4	32.4	39.9	44.6	42.1	3.0	3.2	6.8	5.6
高所得諸国	782.0	941.2	997.7	0.7	0.4	70.1	77.8	80.9	18.3	16.6	14.6	17.7	2.2	1.7
中所得諸国	1,847.5	2,720.7	3,027.9	1.4	2.8	35.7	52.8	61.0	26.3	22.3	7.0	8.6	4.5	2.1
低所得諸国	1,437.1	2,560.8	3,169.0	2.1	1.6	20.7	31.2	37.5	37.0	32.8	4.3	5.0	5.9	3.7
全世界	4,068.1	6,225.0	7,197.2	1.6	1.1	37.2	47.8	53.5	29.4	26.1	7.1	8.3	4.5	2.7

出所：UNDP［2004］p.155 を邦訳。

増加率の高い地域ほど若年層がそれぞれの人口に占める割合が高く、たとえばアフリカでは15歳以下の人口が全アフリカ人の44％を占める。これに対して人口増加率の低い東アジア・太平洋地域では15歳以下の人口は全体の26％ほどで、逆に65歳以上の高齢者が全人口に占める割合は6.5％と高い（UNDP［2004］p.155）2)。このような年齢層ごとの人口分布は人口ピラミッドによって最もよく示される。

そして今後の人口増加の動向は20世紀後半よりは鈍化するものの、発展途上諸国の人口増加は続き、21世紀半ばには90億人規模へとさらに増加を続けると予測され、その後2300年頃までは人口の高齢化と出産率の安定化によりあまり

2）ちなみに同じUNDPの資料では、日本は15歳以下人口は全体の14％、65歳以上人口は18％である（UNDP［2004］pp.152-155）。

変化なく推移すると考えられている（UN［2004a］）。

❸ 人口増加をめぐる指標と理論

これまでに見てきたような人口の変化は、**出生率**（birth rate あるいは fertility rate）と**死亡率**（mortality rate）に区別して考察することが必要である。数式で表せば、以下のようになる。

人口増減＝自然増減＋社会増減

＝（出生数－死亡数）＋（移入数－移出数）

先進国の経験では、経済発展や栄養改善など生活環境の向上によって、かつては「多産多死」であった状況（第１段階）がやがて「多産少死」の第２段階へ、そして第３段階である「少産少死」へと長い時間をかけて変化してきた。最初に産業革命がおこったヨーロッパをはじめ西欧諸国の場合はまず19世紀中頃から死亡率がゆっくりと低下し、やがてその後19世紀末に出生率が低下しはじめた。この「多産少死」の間に人口増加がおこるのである。これがやがて第３段階を迎え、西欧では20世紀後半には第３段階が終了する。この変化の過程を**人口転換**（demographic transition）と呼ぶ。

日本の場合は、図９－１に見るように「多産多死」の時期がおよそ1870年頃までで、その後1870年から1960年までを「多産少死」の時期、そして1960年以降現在までを「少産少死」の時期と位置づけている（国際協力事業団［2003］p.73）[3)]。

このような人口転換の結果、先進国の経験ではやがて人口は安定していくのであるが、それを測るいくつかの重要な指標がある。まず出生率に関しては、**合計特殊出生率**（total fertility rate, TFR）が大切である。TFR とは女性が妊娠可能な年齢の間に通常の出生率に従って子どもを産むとした場合、その女性が一生涯に産む子どもの数をさす。TFR が2.1であれば人口は増加も減少もしないと考えられる。生物学的には男性ではなく女性しか出産ができないた

３）日本の人口については国立社会保障・人口問題研究所（http://www.ipss.go.jp/）参照。

図 9－1 日本の人口転換

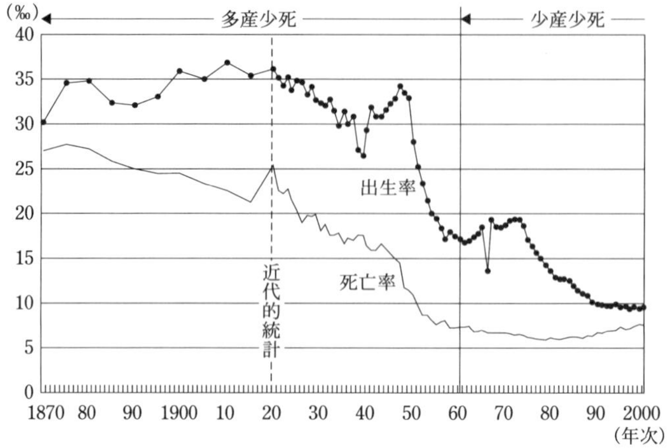

出所：国際協力事業団［2003］p. 73。

め、この数値は2であると、子どもとして産まれてくる女性がその世代の両親と同じ数の子どもを産むこととなる。しかしTFRが現実には2よりも若干高い2.1となっているのは、途上国では男性が女性より若干数が多いことと、出産年齢に達することができない女性がいるためである（Haupt and Kane［2004］）。この2.1という水準を**人口置き換え水準の出生率**（replacement-level fertility）と呼ぶ。

実際にはこの2.1に近い水準にある途上国は少ない。表9－2にあるように、地域別で見た場合21世紀初頭において、平均するとアフリカ地域では5.4、南アジアで3.3、そして東アジア・太平洋諸国では2.0となり、先進国の1.8にかなり近づいてくる（UNDP［2004］p.155)。場所によっては人口転換の過程が完了すると予測されるが、全世界で人口増加に抑制傾向がでるまでにはまだかなりの時間がかかると考えられる。

死亡率に関しては**乳幼児死亡率**（infant mortality rate）と**5歳未満児死亡率**（under 5 mortality rate）が着目に値する。前者は出生時から1歳になるまでの死亡率で、また後者は出生時から5歳になる日までに死亡する確率で、両者とも出生1000人当たりで示される。途上国全体では前者は1970年の108から2002年の61へと大幅に改善したものの、2002年時点の先進国平均の11とはまだまだ大きな開きがある。同様に2002年時点で５歳の誕生日を迎えられない子どもは途上諸国平均で89に対し、先進諸国では14である。その結果として途上国では平均寿命が短く、先進国の77年に対してアフリカでは50年に満たない（UNDP［2004］p.171）。

このような人口問題についていまから２世紀ほど前の1798年にイギリスのトーマス・マルサス（Thomas Robert Malthus, 1766-1834）は有名な *An Essay on the Principle of Population*（邦訳『人口論』）を発表した。これは人間を養うための食糧を生産する土地は限定的にしか入手できず、農業生産量は雇用者の増加に伴って全体としては増えるが１人当たりの生産量は減少していく。そのため食糧供給は算術級数的にしか増えない。これに対し人口は幾何級数的に増加する傾向をもつため[4]、やがて食糧供給は人口増加に追いつかず、人口と食糧の間の均衡が破られてしまうと主張した。この著作は大きな反響を呼び、改訂を重ねるに至る。マルサスは打開策として道徳的抑制、つまり教育の普及を通じた結婚の晩婚化を主張した。晩婚化によって子どもの数が制限されると考えたのである（マルサス［1973］）。

他方、そのような産児制限対策は当時としてはまだあまり一般的ではなかった。そのため結果として低水準の生活で人口を均衡させる状況からなかなか抜け出せない苦難を、後生の人々は「マルサスの罠」と呼ぶようになった。マルサス自身は産児制限を直接主張したわけではなかったが、振り返ってみればやはり彼が重要な提唱者であったといえる。この考え方はその後、**家族計画**（family planning）による人口抑制を貧困解消の鍵とする**新マルサス主義**（Neo-Malthusianism）としていまでも生きつづけている（家族計画とは男女のカップルが自然的また人工的避妊方法を用いて、出産の数と間隔を制御しようとする意図的な試みを意味する。家族計画には出産を回避するための避妊や中絶が含まれるが、他方妊娠を促進するために実施される行為をも含む幅広い概念である）。

４）たとえば１、２、４、８、16というように数字を倍にしていく増え方。

❹ 国際社会の取り組み

第二次大戦後の国際社会の人口問題への取り組みは、以下に述べる五つの主要な国際会議によって示すことができる[5)]。1954年に世界の人口問題の専門家がローマに集まった。これはまだ人口に関するデータがない時代で、この会議は人口増加に関する警告は発したものの、行動計画などは採択されなかった。

1960年代を国連開発の10年として規定したことで、この年代に入り世界は開発に没頭することになる。しかしこの頃世界の人口は30億人に達し、途上国の人口増加率も2.4%を記録していた。このような状況のなかで、1965年に旧ユーゴスラビアのベオグラードで会議が開催される。急速な世界の人口増加を反映して途上国における出生率の低下と家族計画の重要性が初めて開発政策との関連で討議された。しかしこの会議も前回と同様に、各国政府代表による討議というより、専門家による学術的検討という色彩が強かった。1967年には国連人口活動信託基金（現在の国連人口基金 United Nations Population Fund, UNFPA の前身）が設立された。人口問題への関心は高まり、国連をはじめ先進諸国や国際的 NGO の活動も始まったが、他方開発を優先し人口問題を二次的に扱う傾向は強かったといえよう。

1970年代に入り、先の章でも見たようにローマクラブの『成長の限界』が発表されるなど、開発一辺倒の考え方への警鐘が鳴らされるようになる。とりわけ『成長の限界』では増えつづける人口増加は環境汚染や資源の枯渇など地球の限界を超えてしまうと警告された。この頃から近代化論への盲目的傾斜に対する懐疑的立場が表明されるようになる。

1974年ルーマニアの首都ブカレストにおいて人口問題に関する初めての政府間会議である第１回目の国連会議が開催された。この会議では学術的情報交換から政策の立案へとその目的が変化した。136カ国の代表が集まり、世界の人口問題を人類の重要な課題と認識し、その複雑な経済的・社会的影響に関して

５）この項目は Haupt and Kane［2004］と国際協力事業団［2003］による。

討議を行った。先進国側は途上国側に人口抑制政策を求めたが、途上国側はこれに反発し開発こそが最善の人口抑制対策であるとした。この会議は結局経済成長優先に配慮しつつも、人口抑制政策の推進を勧告した。

本書第7章のジェンダーをめぐる課題でも見たように、1970年代は女性を母親として認識していた。そのため人口抑制政策においても出産する女性を産児制限の対象とし、これを保護することが主眼であった。援助の手法においても、女性の社会的立場や役割分担を規定のあり方を問い直すことよりも、たとえば避妊具などの普及によって女性の保護を図ることが主要な活動であった。

1980年代に入ると、状況は少し複雑化する。開発においては**構造調整政策**が多くの途上国で実施され、経済効率が重視された時代であった。そのようななかで、1984年にメキシコシティで国際人口会議が開催され、149カ国が参加した。この会議では前回よりも人口問題に関する認識が高まり、将来の世界人口を安定させることに関しての合意がある程度得られたといえよう。急速な都市化、国際人口移動（移民など）、人口の高齢化といった新たな人口問題の諸課題にも関心が向けられ、女性の地位の向上と役割の拡大、また政策を支える基礎データの収集などが対策として強調された。しかし経済政策において市場を重視した考え方を色濃く打ち出していた米英政権の担い手は、政治的には保守的であり、産児制限には基本的に反対であった。そのことも影響し、先進国どうしでも政策は必ずしも一致しなかった。他方この会議においては中国が1970年代から実施していたいわゆる「一人っ子政策」に関してその成果を強調し、各国代表から注目を浴びた。

人口と女性に関しては、この1980年代は過渡期的様相を呈している。一方において女性を最後の経済成長の担い手ととらえる効率重視の考え方では、女性はいままでと同じように人口抑制の「道具」としての位置づけしかあたえられていない。さまざまな議論はあるが、中国の一人っ子政策もその延長線上で理解することも可能である[6)]。他方、女性の地位向上や役割の拡大といった認識が徐々に見えはじめており次の**エンパワーメント**重視につながっていく萌芽が

6）中国の人口抑制政策に関しては、若林［1994］；若林［1996］参照。

感じられる。

1990年代に入り、開発を経済成長と狭く規定してきた傾向から、より広く人間の能力の開花を重視し、そのために貧しい人々がさまざまな力をつけることが重視されはじめてくる。1994年にエジプトのカイロにおいて**国際人口開発会議**（International Conference on Population and Development, ICPD）が開催された。この会議には180カ国の代表だけではなく1200を超えるNGOが参加した。参加者数だけではなく討議された内容においてもいままでの会議の集大成的位置づけとなった会議であった。この会議では人口抑制は単純な一つの解決方法では無理であるとの認識が共有された。その代わりに、女性のエンパワーメント、家族計画を含む質の高い保健衛生政策の実施が重要とされた。何よりも本書第５章で見た**リプロダクティブ・ヘルス**と**ライツ**（性と生殖に関する健康・権利、reproductive health and rights）という新しい概念が盛り込まれ、また採択された行動計画実施のための資金調達目標も示された[7)]。

カイロ行動計画は2015年までに以下の達成を目標としている。

・家族計画、セクシャル・ヘルスを含む、質が高く安価なリプロダクティブ・ヘルス・ケアをすべての人に
・乳幼児・妊産婦死亡率の大幅な低下
・ジェンダー間の公平および平等、そして女性のエンパワーメントを保証する広範な対策の実施
・すべての人々が初等教育を受けられるように
・教育における男女格差の是正

政治的に資本主義であろうとマルクス主義であろうとを問わず、女性はいままではあるときは国家の命令で子どもを産めと指示され、またあるときにはその反対に産むなという指示を強く受けていた。しかしこの女性のエンパワーメントとリプロダクティブ・ヘルスとライツの重視にあるように、女性は子どもを産むための「道具」という単純な認識は却下された。それに代わって、女性

7）詳しくはhttp://www.unfpa.org/icpd/icpd.htm参照。UNFPA［2004］はカイロ会議以降世界がどの程度カイロで合意した行動計画を実施してきたかを解説している。

の立場の向上がなければ家庭において子どもの出産や育児に関する決定過程への女性の参加はなく、そのような参加なくして効果的な人口対策もないという認識がなされたことは、大いに着目に値する[8)]。女性自身が主体的にみずからの健康や生活に密接にかかわる事柄を決定することが大切であるとの認識は、それまで単に女性を母親として保護するとか、避妊具を普及させる対象としてしか認識されなかったことと比べると大きな差があるといえる。しかし他方で、このエンパワーメント重視の考え方は、経済効率重視の立場を完全に消し去ったわけでは無論なく、女性のエンパワーメントを経済状況が必ずしもよくないなかでいかに達成するかは大変重要かつ困難な課題である[9)]。

❺ 現代世界の人口問題

エイズと人口

現在の世界の人口問題は単なる人口増加だけではなく、以下に見るようにさまざまに困難な問題を抱えている。

第一に、人口問題に死亡率の面から影響を与える要因の一つは各種の疾病であるが、そのうちでも現在とりわけ深刻なものは**エイズ**（HIV/AIDS）である。エイズの現状は第５章でも簡単に触れたが、2004年末時点での世界全体の感染者数は約4000万人弱と推定され（UNAIDS［2004］）、地域的にはアフリカが最も感染率が高い。エイズはいわゆるエイズ・ウィルス（Human Immunodeficiency Virus, HIV）によって引き起こされ、感染すると体内の免疫システムが侵され、治療されなければ死に至る。

エイズが単なる保健衛生上の問題ではなく、人口問題でもある理由は、感染者層が経済的に活発な人々であり、大量にエイズ患者が死亡することは社会の活力を大きく奪ってしまうことになるからである。エイズによって15歳から49歳までの生産年齢人口が大幅に減少することで、少ない大人が多くの子どもと

８）参加の推進と生計アプローチの行為主体の主体性の認識が見受けられる。
９）ジェンダーと人口や環境に関してはフレイヴィン［2002］６章参照。

高齢者の面倒を見る必要が生じる。その結果人口ピラミッドは中程が比較的細く上部が膨れた煙突型になると考えられている。最新の推計によれば世界全体ではエイズがある場合とない場合の人口の差は2050年には４億7900万人に達するとされ、これは世界人口の実に８％を占める（UN［2003］p.11)。エイズが最も深刻な53の国々では（うち38カ国がアフリカ諸国）この10年間に累計で4600万人がエイズによって死亡していると考えられ、その数は2000年から2050年までの間では２億7800万人へ増加するとされる（*ibid* p.viii)。さらに平均寿命もエイズ感染がある場合とない場合で大きく異なり、たとえば感染が最もひどい国の一つであるアフリカのジンバブエではエイズ感染によって今後平均寿命が2010年頃まで短くなりつづけ、ピーク時には32歳以下になり、それ以降もかなりの長期間50歳以下であると推測されている。このようにエイズによって表面的には人口増加には抑制がかかるが、他方その結果として残る人口は社会的・経済的にも問題が大きく、決して「質」のよい状態とはいえない[10)]。

エイズ対策は複雑な問題である。効果的対策のためには、感染予防や治療という側面ももちろん大切であるが、性教育を含めより総合的対策を社会全体がとらなければならない。感染予防では性行為の際のコンドームの普及や輸血における血液スクリーニングが有効である。しかし実際にはエイズは性交渉で感染することが多いため、たとえばアフリカでは一夫多妻制度という社会的風習や文化と重なり予防対策が難しい。そのため多くの国々が正面からこの問題と向き合うことに消極的であったし、現在でもその傾向は少なくない[11)]。また経済成長に伴い人の行き来が活発になるにつれてエイズ感染も拡大しやすくなるため、経済成長がエイズ問題を後押しするという皮肉な側面もあり、総合的対策なしでは効果は望めない（世界銀行［1999］)。

10）人口転換と並び、社会的・経済的変化によって引き起こされる疾病構造の変化を疫学転換（epidemiologic transition）という。たとえば子どもであれば、転換前には下痢や肺炎が主要な病気であったが、転換後はエイズや精神病などが主要疾病になることも少なくない。途上国が高齢化すれば、さらなる疫学転換がおこるであろう。

11）アフリカではウガンダは成功例としてよく取り上げられるが、エイズ問題を隠さずに国を挙げて正面から取り組んだことは国際的に評価されているといってよい。

治療面では免疫系の破壊を遅らせる薬を患者に投与することが一つの有効な方法であるが、しかしこの薬剤の費用は大変高い。そのため2001年にエイズ治療薬をめぐり国際的な問題が発生した。南アフリカとブラジルは、政府が中心となって特許で守られているエイズ治療薬の保護を制限し、安いコピー薬の輸入や国内での生産を試みた。これに対して欧米の製薬会社が特許を盾に提訴を行うという事態になった。この訴訟は特許による経済的利益かエイズ患者の命という人道主義かで世界的議論を巻き起こしたが、最終的には途上国に配慮する形で和解が成立した[12)]。

またこのほかにもエイズの影響は多面的である。感染してしまうとエイズ患者は社会的に差別を受ける傾向が強く、それに見合うカウンセリングやケアが必要である。また両親をエイズでなくしたエイズ孤児の増加もアジアやアフリカの各国で大きな社会問題となっている。このようなことからしても、エイズ対策に社会的取り組みが必要なことが判明する。

実は日本は先進国で唯一エイズの感染率が近年上昇傾向にあり、エイズ問題は決して他人事ではない（厚生労働省エイズ動向委員会資料）。とりわけ若者のなかで、複数の性交渉相手をもつ者ほどコンドームの使用率が低いという危惧される結果も報告されている。その意味でも人口とエイズ問題は着目されるべき課題である。

高齢化と社会保障

エイズと同様に人口問題の「数」よりは「質」の点で重大な関心を集めつつあるのは**高齢化**（aging）である。従来、人口問題は世界人口の増加により食糧不足や資源の枯渇や環境破壊を招くものとして注目されてきた。しかし1990年代に入り、世界人口の総数が以前ほどの急激な増大をみせず比較的落ち着きはじめるとともに、少子高齢化というそれまでは先進国に限定されていた問題が世界全体の問題へと変化していった。65歳以上の人々が世界人口に占める割

12）2001年にドーハで開催されたWTO（世界貿易機関）の閣僚会議では、医薬品の公衆衛生への側面を重視するという宣言が採択される。黒崎・山形［2003］７章も参照。

表 9－3　主地域における全人口および年齢層ごとの年間平均人口増加率（%、2000〜2050年、中位推計）

主地域	年齢層				全人口
	0-14歳	15-59歳	60歳以上	80歳以上	
全世界	−0.04	0.72	2.29	3.39	0.77
先進地域	−0.26	−0.32	1.06	2.24	0.04
発展途上地域	−0.01	0.92	2.79	4.20	0.91
後発開発途上国	0.99	2.19	3.24	3.90	1.84
アフリカ	0.78	1.98	3.03	3.85	1.64
アジア	−0.28	0.63	2.61	4.06	0.70
ラテンアメリカおよびカリブ諸国	−0.36	0.70	2.98	4.09	0.78
ヨーロッパ	−0.62	−0.71	0.81	2.08	−0.28
北アメリカ	0.30	0.49	1.65	2.39	0.70
オセアニア	0.06	0.66	2.02	2.83	0.78

出所：UN［2003］p.17を邦訳。

合は、20世紀中頃で5.2%にすぎずその後大きな変化がなかったが（UNの資料をもとに国際協力事業団［2003］）、1980年代半ば以降に大きくなりはじめ、2002年の時点では全世界人口の7.1%にあたる4億4000万人以上と推計されている（UNDP［2004］p.155）。

このような変化を主に引き起こしてきたのは先進諸国であるが、これら諸国の平均では2000年の時点で15歳未満人口よりも65歳以上人口のほうが多くなった。そして2050年には65歳以上人口が15歳未満人口の倍になると考えられる（UN［2003］p.15）。これまで発展途上国の人口は子だくさんに象徴されていたが、しかし表9－3にあるように、これら諸国でも高齢化は見られはじめている。2000年に3億7500万人であった65歳以上の人々は2050年には4倍以上の15億へと劇的に増加すると考えられる。そして2050年までには65歳以上の人口は全体の20%に達し、15歳未満の人口とほぼ肩を並べるまでになる。このような変化の結果、2050年には65歳以上の高齢者人口は世界で19億人になると見積もられている（*ibid* p.16）。

このように21世紀の高齢化は途上国でも発生することが明確であり、今日の長寿大国のほとんどは先進諸国であるが2050年にはそれが一変し、人口大国である中国とインドではそれぞれ9800万人と4700万人の人々が80歳以上になると考えられる。

いうまでもなくこのような全世界的高齢化現象は、社会保障の問題を提起している。いったい誰が高齢者の面倒を見るのか、その費用は誰がどのように負担するのか、ということが問題の核心である。しかし先進国と途上国と間ではいくつかの重要な違いがあり、注意が必要である（国際協力事業団［2003］）[13)]。

第一に、第二次大戦以降の途上国の人口転換は、先進諸国が１世紀半ほどあるいはそれ以上かけてたどった過程をわずか40〜50年ほどで急激に実現する。途上国の高齢化は先進国が経験したことのない急速なスピードで進行しており、そのために高齢者の福祉・介護の仕組みづくりが大きく遅れているのが現状である。

第二に経済力との関係でいえば、西欧諸国は経済発展が完了した後の段階から高齢化現象を経験しはじめたが、現在の途上国は経済発展の比較的初期段階から高齢化に直面することとになる。途上国の多くは多産少死から少産少死に至る過程で、多くの若い労働力を生み出すが、出生率が低下して通常20年から30年間はこのような豊富な若い労働力によって社会は活力に満ちている。その活力（人口ボーナスと表される）がうまく活用され、経済成長や社会開発を軌道に乗せることに成功すれば、高齢化問題を乗り切りやすくなるが、そうならなければ問題は深刻化すると考えられる。

第三に、途上国における高齢者扶養をめぐる考え方の変化である。途上国においてはかつての日本がそうであったように核家族ではなく拡大家族が基調であり、年とった親の面倒は子どもや孫が見ていくのが通常であった。今日の途上国のなかですでに人口増加率が低下している中国やタイなどでも、大多数の高齢者は子どもと同居し、家族による介護を期待することができる状況にあるとされる。しかし中国やタイにあっても、農村から都市への人口の流出（若者の都市部への移動）は見られ、農村部では残された人々の大部分が高齢者にな

13）世界の高齢化に関しては社団法人エイジング総合研究センターのホームページ（http://www.jarc.net/index.shtml）が参考になる。

図9－2　都市と農村における人口増加への割合（1950～2030年）

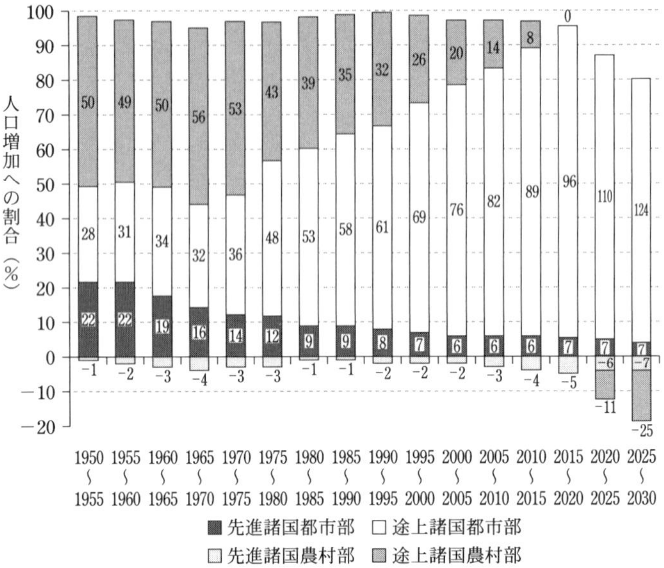

出所：UN［2004b］p.10.

ったり、また都市部では核家族化が進行するなどの傾向が見られる。近年の経済のグローバル化とあいまって海外への出稼ぎに若者が多く赴くことになれば、従来の拡大家族で高齢者の面倒を見るといういままでの社会のあり方そのものが立ち行かなくなる危険性が高い。

都市化

世界の人口問題の様相を大きく変化させる第三の要素は**都市化**（urbanization）である。1950年に25億であった世界人口は2000年に61億へと変化したが、この間の都市化率（都市に居住する人々の全人口に占める割合）は、30%から47%へと上昇した。現在30億もの人々が都市に生活している。そのうち20億が途上国の都市に住んでいる。すでに述べたように、今後の人口増加の大部分は農村ではなく都市において発生する（図9－2参照）。そして2007年には世界人口の半分以上が都市部の人口となり、それより10年後の2017には途上国において都市部人口と農村部人口が同じ割合となる。さらに2030年には実に世界

表 9－4　1000万人以上の都市の人口およびその 1 年間における変化の平均（1975～2015年）

人口集中都市	人口（百万人）				1 年間における変化の平均(%)	
	1975年	2000年	2003年	2015年	1975-2000年	2000-2015年
1　東京、日本	26.6	34.4	35.0	36.2	1.03	0.33
2　メキシコ市、メキシコ	10.7	18.1	18.7	20.6	2.10	0.89
3　ニューヨーク、アメリカ合衆国[1)]	15.9	17.8	18.3	19.7	0.47	0.66
4　サンパウロ、ブラジル	9.6	17.1	17.9	20.0	2.30	1.03
5　ムンバイ（ボンベイ)、インド	7.3	16.1	17.4	22.6	3.13	2.28
6　デリ、インド	4.4	12.4	14.1	20.9	4.13	3.47
7　カルカッタ、インド	7.9	13.1	13.8	16.8	2.02	1.68
8　ブエノスアイレス、アルゼンチン	9.1	12.6	13.0	14.6	1.28	0.97
9　上海、中国	11.4	12.9	12.8	12.7	0.48	−0.12
10　ジャカルタ、インドネシア	4.8	11.0	12.3	17.5	3.31	3.08
11　ロサンゼルス、アメリカ合衆国[2)]	8.9	11.8	12.0	12.9	1.12	0.59
12　ダッカ、バングラデシュ	2.2	10.2	11.6	17.9	6.17	3.78
13　大阪－神戸、日本	9.8	11.2	11.2	11.4	0.50	0.11
14　リオデジャネイロ、ブラジル	7.6	10.8	11.2	12.4	1.43	0.90
15　カラチ、パキスタン	4.0	10.0	11.1	16.2	3.69	3.18
16　北京、中国	8.5	10.8	10.8	11.1	0.95	0.13
17　カイロ、エジプト	6.4	10.4	10.8	13.1	1.92	1.55
18　モスクワ、ロシア連邦	7.6	10.1	10.5	10.9	1.13	0.53
19　マニラ、フィリピン	5.0	10.0	10.4	12.6	2.75	1.59
20　ラゴス、ナイジェリア	1.9	8.7	10.1	17.0	6.09	4.51

注：人口集中都市は 2003 年における人口の大きさ順に並べてある。
　　1）ニューヨーク―ニューアーク地域
　　2）ロサンゼルス―ロングビーチ―サンタアナ地域
出所：UN［2004b］p.8 を邦訳。

人口の 6 割が都市に居住することになると推測される。

2000年から2030年の間に途上国の都市人口増加率は平均で2.3%であり、先進国の都市人口の増加が微増であるのと対照的である。このように発展途上諸国での都市人口の急速な増加の結果、2003年と2015年で世界の巨大都市の顔ぶれは大きく変わる。現在は先進諸国の都市が世界の主要都市であるが、まもなく途上国の都市が世界の巨大都市である時代になる。表 9－4 を見ればその変化が明らかである。

そもそも都市人口の増加には、①都市部の人口の自然増加、②農村部から都市部への人口移動・流入、③従来は農村と指定されていた地域が都市に組み入れられるという行政区画の変更に伴うもの、の三つに大別される。歴史的に見れば、高齢化と並んで都市化においても歴史的経験で先行していたのは先進諸国である。しかし当然であるが途上国の都市化は突如発生したのではなく、第二次大戦後の当初は緩やかな形で発生していた。1960年代には②の移動・流入による増加によって引き起こされた人口増加の割合と、①の自然増加の割合は6対4であった。それが1980年代に入るとアジアでは都市への移動の割合が高まるが、それに対してアフリカやラテンアメリカでは自然増加の割合が相対的に高まるなど、地域差が見られるようになる。このことは都市の人口増加はもっぱら農村部からの移動・流入によっておこるという従来の主張よりも、都市部での自然増加が予想以上に大きい要因であることを示している（国際協力事業団［2003］）。しかし今後の途上国の人口増加は農村部からの移動・流入や、③の行政区画変更も主な要因と予測されている（UN［2004b］）

都市化が世界共通の課題であるといっても、現在の途上国を取り囲む状況は先進国とは異なり、容易なものではない。なぜなら途上国の都市化は経済成長の結果ではなく、その途上でおきている。すなわち途上国の都市化は都市における貧困層の拡大という大きな社会問題を抱え込んでいるという厳しい現実がある。しかもこの都市の貧困という様相は今後ますます悪化すると考えられている。貧困の問題は都市部での環境悪化や健康状況と密接不可分に結びついている。都市部での大気や水の汚染、また交通渋滞や交通事故は世界の主要大都市が共通に抱える問題であるが、途上国の都市では一層状況が深刻である。とりわけ衛生環境が悪いのはスラムの場合であり、第8章で見たようにMDGsが2020年までに最低1億人のスラム居住者の生活の顕著な改善を実現することと、具体的目的を示しているのはそのためである。

世界におけるスラム人口の推計は必ずしも容易ではないが、表9-5にあるように2001年現在で約9億2400万人がスラムに暮らしているとされる。世界平均で見れば都市人口の3分の1がスラム居住者であり、途上国では都市人口の実に43％がスラム人口である。さらにアフリカを含む最貧国の都市ではその割合がさらに高まり7割と考えられている。表9-5にあるようにスラム人口の絶対数を見れば、地域別には南アジアが最も多く、順に東アジア、アフリカ、ラテンアメリカ地域と続く（UN-Habitat［2003］）。

表9－5　スラム居住人口（2001年推計）

	全都市人口（百万人）	全人口における都市人口の割合（%）	都市スラム人口（百万人）	全都市人口におけるスラム人口の割合（%）
全世界	2,923	47.7	924	31.6
先進国	902	75.5	54	6.0
ヨーロッパ	534	73.6	33	6.2
その他	367	78.6	21	5.7
発展途上国	2,022	40.9	870	43.0
北アフリカ	76	52.0	21	28.2
サハラ以南アフリカ	231	34.6	166	71.9
ラテンアメリカおよびカリブ	399	75.8	128	31.9
東アジア	533	39.1	194	36.4
中国を除いた東アジア	61	77.1	16	25.4
中南アジア	452	30.0	262	58.0
東南アジア	203	38.3	57	28.0
西アジア	125	64.9	41	33.1
オセアニア	2	26.7	0	24.1
移行経済諸国	259	62.9	25	9.6
独立国家共同体	181	64.1	19	10.3
他ヨーロッパ諸国	77	60.3	6	7.9
後発開発途上国	179	26.2	140	78.2

出所：UN-Habitat［2003］p.5を邦訳。

途上国の都市化が貧困を伴う問題であることから、国際社会はその困難性を認識してきた。この問題の解決は人口の増加を抑制するという単なる対症療法では解決できず、都市を取り囲む複雑な政治・経済・社会・文化的状況への総合的対策が不可欠である。都市はたとえば産業を集積するなどして経済発展に寄与すると考えられる反面、途上国地域ではスラムや治安の悪化が深刻化してきた。このような背景から1976年に第1回の**国連人間居住会議**（United Nations Conference on Human Settlements）がカナダのバンクーバーで開催された。この時、都市の貧困に関して問題提起がなされたが、当時はまだ農村の貧困が世界の主要関心事であった。また近代化論では立ち後れた農村を進歩の象徴である近代都市へと変貌させることは問題ではなくむしろ望ましいと考えており、1970年代にはその影響がまだ尾を引いていた側面もあろう。

それから20年後の1996年にトルコのイスタンブールで第2回の会議が開催さ

れ、世界の171カ国が参加し都市化と貧困の問題を討議した。この20年間にさまざまな意味で変化があった。都市化のペースは加速し、スラム問題も多くの都市関係者にとって頭の痛い問題となっていた。しかし他方そのような問題を解決するためにはスラム居住者を犯罪者や悪者として強制排除するといった古い方式ではなく、スラム居住者の居住権を認めてその貧しい彼ら・彼女らの意見を聞き[14]、効果的解決方法を探る必要性に迫られていた[15]。

会議では「イスタンブール宣言」と「世界行動計画」からなる「ハビタット・アジェンダ」が採択された。そのアジェンダではたとえば都市政府は居住改善のために地域の代表や、NGO、若者、高齢者、女性といった各種の関係者と協働が不可欠であるという認識が基盤になっている。これは先の第８章で見た**ガバナンス**という考え方を反映している。都市の状況を改善するためには多様な利害関係者がその利害の相違を超えて共通の目標に向かってパートナーとして協同する必要があるからである[16]。

またイスタンブール宣言では、すべての人々に対して適切な居住を得る権利である**居住権**（housing rights）を段階的にかつ最大限に実現していくことがうたわれた。世界行動計画では、この目標を達成するために、急激な都市化の渦中にある発展途上国への国際協力の推進が求められた。

このハビタット会議の流れを受けたものがMDGsであり、すでに見たようにスラムの居住改善もその目標のなかに取り上げられている。そしてその目標達成を測る尺度として、安全な水の確保、衛生環境の向上、居住権の確保(secure tenure)、適切で長持ちする家屋、適切な居住空間の確保をとりわけ重視している（UN-Habitat［2003］）。

しかしながらこの章で見たように都市化の問題は顕著になりつつあるが、都市問題は依然として他の問題ほど重要視されていないといっても過言ではない。都市はいまだに近代の象徴として認識されるため、政策決定者の注意を引

14）スラム居住者の様子に関してはたとえばヘーマサトン・ラピーパット［1987］参照。
15）世界の居住をめぐる取り組みについては内田・平山［1996］参照。
16）具体的活動例はフレイヴイン［2003］第７章に紹介されている。

きつけにくいことが主な理由であると考えられる。主要国の支持がないために国連をはじめ国際社会も1996年のイスタンブール会議以降その後の進展を議論する同規模の会議を予定していない。

6 まとめ

人口問題は貧困の原因でもあり結果でもある。人口問題が原因で貧困が悪化もするし、逆に貧困が原因で人口増加がおきる。つまり、人口と貧困は悪循環の関係にある。

20世紀に入ってからの人口爆発は、とりわけ第二次大戦後急速に進み、そのため国際社会もその対応を協議してきた。しかし当初は近代化論が大きな影響力をもつ時代で、たくさんの子どもは国力増強につながると考えた指導者たちも少なくはなかったであろう。しかし、人口問題は地球的規模の課題として徐々に認識されるようになり、1994年のカイロでの国際人口会議が一つの重要な転機となる。ここにおいて打ち出されたリプロダクティブ・ヘルスやライツという考え方、さらにはその前提となる女性の立場の向上は、それまでの考え方からの大きな転換を見せた。もはや女性は人口の道具ではなく、女性自身が行為者・決定者として尊重される必要がある。

急速に増加する人口問題は、現在ではエイズ、高齢化、都市化という三つのさらなる課題に直面し、より一層複雑になっている。とりわけ、途上国においてはこれらの変化が、経済成長の後ではなくその途中でおこるために、貧困の問題を抱えつつこれらの課題に対処する必要性にせまられるという、さらなる困難が待ち受けている。

このような人口に関連する諸問題は日本にとっても他人事ではない。エイズ感染率の上昇、人口の増加ではなく減少、高齢化、これらはどれ一つとっても大きな課題である。さらにこれらの要因の複合的結果として今後おこるかもしれないことは、途上国からの労働者の受け入れである。

7 地球的課題のまとめ

この章を含め三つの章において、ジェンダー・環境・人口という地球的規模の課題に関して考察してきた。それぞれの章においてこれらの課題は別々に扱われたが、しかし実際にはこの三つは緊密に連携している。たとえばジェンダーという男女の関係性についての社会的規範は、誰がどのような環境資源を消費するかを規定する。すなわち男性が管理したり消費したりする資源と、女性が責任をもつ資源はしばしば異なるが、その一つの大きな原因は男女の役割分担をめぐる考え方である。男性が現金収入を得、女性が家庭を管理することが近代的家族であるとすれば、市場向けに販売されるモノの多くは男性が、家庭で消費されるモノの大半は女性が管理するであろう。しかし、このような役割分担は永久に変化しないというわけではない。事実同時代においても、地域ごとに男女の役割分担は異なる場合が多い。環境の状況が大きく変化すれば、以前の男女の役割分担は変化することが考えられる。自然災害発生時や紛争下においては、そのような変化がありうるのではなかろうか。

環境と人口の関係は、この章で見たようにやはり互いに影響しあっている。環境が悪化し、貧困が増加することが、将来への不測の事態への対応の一環として、より多くの子どもを産むという選択になることもある。また人口増加はそれだけ多くの人間で限られた資源を分かち合うことになる。その結果、貧困がさらに深刻になることもありうる。

人口とジェンダーは、リプロダクティブ・ヘルスやライツが象徴するように、ジェンダーの視点なしに人口問題を正しく理解することはできない。男女間の力の格差が人口問題の解決を困難にしている。

このように、三つの課題はそれぞれが互いに関係しあい、三つどもえの状況（トリレンマ）をつくっている。それゆえに、どれか一つだけをほかから切り離していては問題の解決は期待できない。さらに、これらいずれもが地球的規模の課題であるため、先進国・途上国を問わず、悪影響は両方の国々に及ぶ。そのため、先進国と途上国の双方が課題を正しく認識し、その解決を目指し、それぞれの役割を果たす必要がある。

本書においては**生計アプローチ**を重視してきた。これは行為者がその周りの政治的・経済的・社会的・文化的状況に働きかけ、問題解決のための選択肢を選ぶという視点を強調している。ここで重要なことは、ジェンダー・環境・人口といったそれぞれの地球的課題の解決には、途上国の貧しい人々の視点を尊重し、その視点に立った解決方法を模索する必要性である。地球的規模の課題は三つの章で見たように、国家代表が重要な国際会議において問題解決に努める場合が多い。それ自体は無論必要であるが、しかし課題解決には十分ではない。

まず第一に、当事者の主体性の尊重が望まれる。途上国の女性たちは男性に比べて明らかに能力が劣っているから、男尊女卑の関係が築かれてきたのではない。途上国の社会的弱者は無知であるから、貴重な環境資源を浪費しつづけているわけではない。また途上国の女性たちはみずから進んで必要以上の子どもを産むわけではない。これらはすべて政治的に尊重されない、経済的に恵まれない、社会・文化的に黙殺された結果、発生するのである。その意味で、さまざまな意味で社会的に恵まれない人々の意思・意向を尊重し、みずからの思いを実現する可能性としての「力《ちから》」をつけることがまず先決である。

第二に、そのうえで、これらの社会的に恵まれない人々を取り囲む構造的要因を解明する必要がある。ここで取り上げた男女関係、資源の管理者と消費者の関係、子どもを産む者と受け入れる者の関係は、いずれも構造的要因により複雑になっている。生計アプローチの考え方が重視するように、そのように入り組んだ周りの構造を明らかにし、その結果、本人たちの自己実現を阻んでいる諸要素を一つずつでも取り除く努力が望まれる。社会構造を打破する取り組みは、国際的そして国内的という双方の視点から同時に進まなければ、複雑に入り組んだ地球的規模の問題解決はおぼつかない。

復習キーワード

人口問題：population issues
人口爆発：population explosion
出生率：birth rate あるいは fertility rate
死亡率：mortality rate
人口転換：demographic transition
合計特殊出生率：total fertility rate, TFR
人口置き換え水準の出生率：replacement-level fertility
乳幼児死亡率：infant mortality rate
5 歳未満児死亡率：under 5 mortality rate
家族計画：family planning
国際人口開発会議：International Conference on Population and Development, ICPD
リプロダクティブ・ヘルスとライツ：reproductive health and rights
エイズ：HIV／AIDS
高齢化：aging
都市化：urbanization
国連人間居住会議：United Nations Conference on Human Settlements

討論のための設問

Q：人口転換の過程について説明しなさい。
Q：人口問題は地球的規模の問題であるが、先進国と途上国では状況は異なっている。21世紀における先進国と途上国の人口問題の類似点と相違点を述べなさい。

もっと勉強するための文献

国際協力事業団［2003］は人口問題のいろいろな側面を日本語で解説した良著である。エイズ、高齢化、都市化という現在のより個別的課題に関しては、本文中の引用文献を参照。英語では、Demeny and McNicoll［1998］が人口問題を1冊で扱かっており便利である。また Haupt and Kane［2004］は人口に関する重要概念をわかりやすく解説しており定評がある。

10 開発倫理学への接近

ガーナに残る奴隷貿易時代の要塞の跡

1 開発とは何か

これまでの章において経済成長や社会開発といった開発のさまざまな側面を考察してきた。また現在の世界はいくつもの地球的規模の課題に直面している状況にあることを見てきた。さまざまな開発課題の解決方法が時代とともに変遷してきたように、開発という一言で表される内容も決して一様ではなく、理論と実践の紆余曲折を経て今日に至っている。

本章では開発とは何かという根本的問いかけに対して、倫理的視点から再度回答することを試みる。近年では**開発倫理学**（development ethics）という新しい学問領域が進展を見せており、その研究成果を考察しながら、本書全体が取り組んでいる開発課題を再度深めていくことにする[1]。規範的・倫理的とい

1）学会としてはたとえばInternational Development Ethics Association（IDEA）があり、http://www.development-ethics.org/にて貴重な情報を公開している。

う意味は開発が特定の基準に照らし合わせて「正しい」か「間違っているか」という考察を意識的に取り上げることを意味する[2)]。そこで対象となる開発とは本書第2章で見たように、①望ましい社会のあり方、②長時間かけて社会が変化していく過程、③政府やそれ以外の組織が社会を意図的に変化させようとする行為、の三つがあることを再度想起したい。すなわち開発には「望ましい」未来像へ向かって社会を変化させるという意味がある以上、いままで見てきたように開発を経済成長という狭い範囲のみではなく、いろいろな社会的変化全般を取り上げる必要がある。

このような規範的・倫理的考察は、その考察がよりどころとする価値基準と誰がどのように価値判断をするのかという問題を必然的に含んでいる。たとえばいまの世界は第二次大戦直後の世界よりよくなったか、といった問いかけは自然なものである。さらにより具体的には、たとえば第4章で見た国際貿易は先進国に有利で途上国に不利な構造になっていることは許容できるのであろうか、とは重要な倫理的問いかけである。また第6章で見た教育については、地球上のどこに生まれた子どもたちに対しても教育を受ける権利を保障することは、倫理的にどのような意味があるのだろうか。同様に第5章で取り上げた健康の問題について、経済的貧しさによって寿命が短くなることは不公正か、などこれまでの章で取り上げた問題の多くは道徳的・規範的側面をもっている。

加えて、近年しばしば議論される開発の諸課題も倫理的側面を有している。たとえば飢餓に苦しむ途上国の人々に対して先進国のわれわれは支援の手をさしのべるべきか。途上国が抱えている巨額の累積債務は先進国が免除に応じるべきか。そのときしばしば人道的という理由が表明されるが、人道主義とはいったい何を正当化するのであろうか。観光開発は途上国にとって比較的手早く貴重な外貨を獲得する手段であるとされるが、ゴルフ場やホテルの建設は現地の人々に本当に恩恵をもたらしているのか。

このような一連の厳しい問いかけに対して、誰が、どの時点で、何を基準

2）本書では倫理的と道徳的という二つの用語はほぼ同じものを指すこととするが、規範的という場合それよりもやや広い意味を指す。

に、どのような答えを出すのか、そのような答えはどのような意味をもつのか、これが開発倫理学の射程である。

2 開発倫理学の志向するもの

開発倫理学は貧しいとされる発展途上諸国で実施されているさまざまな開発の目的、手段、結果への規範的また倫理的評価をその主要な対象とする。そこでは開発理論、それに基づく開発計画の立案、そして実施といった一連の開発事業が考察の対象となり、また実施されるアジアやアフリカ諸国のみならずこれら諸国への援助や国際協力は開発事業と密接不可分であることから、先進国と途上国という南北関係のあり方への規範的・倫理的考察も当然含まれてくる。そしてそのような倫理的考察に誰が関与し、どのような方法で結論を導くのか、それ自体も規範的考慮の対象となる[3)]。

開発倫理学は開発の道徳的側面を重視することで、開発という複雑な経済的・社会的変化の過程をいままでより一層深く考察することができると考えられる（Gasper［2004］pp.14-15)。まず第一に、開発や社会の進歩という考え方自体に価値基準があり、それを自認することによって、いままで暗黙のうちに受け入れられていた前提や仮説を検証することがより可能になる。開発を望ましい未来への進歩と考えるなら、誰がいかなる根拠でそのような社会像を望ましいものと判断するかはきわめて重要な価値判断である（Crocker［2002］)[4)]。

第二に開発には便利さや改善といった成果だけでなく、コストや犠牲が伴う。その正負の両側面をいかに分配するかについての検討が重要となる。ダム

3）知識の形成は価値中立的になされるのではなく、その形成に携わる人間の意図が反映されたものになりがちである。これは開発研究にもあてはまる（Brock and McGee［2002］)。開発の評価についても、同様の注意が必要である。

4）このような暗黙の前提の分析は第1章で見た言説分析（discourse analyses）と目的を共有している。そのためこのような分析には文化人類学や社会学からの貢献が大きい。たとえばEscobar［1995］; Gardner and Lewis［1996］; Nolan［2002］参照。

や空港建設といった巨大プロジェクトの場合は、そのような施設が生み出す交通や電力といった便益とともに、建設地を立ち退かされた人々や、建設によっていままでの生業に負の影響を受ける人々も出てくる。また構造調整政策のような経済構造改革プログラムの場合、改革の利益を受けて成功する人もいれば、政府支出削減のしわ寄せを受ける人々もいる。さらに、貧しい人々のエンパワーメントを目指すことを目的に、さまざまな参加型手法が登場したが、その意図とは反対に貧しい人々をさらなる困窮に追いやる結果になることもある（Estrella *et al*. [2000]）。このような開発行為によって生み出されるプラスの効用とマイナスの代償は、通常違った人々に異なって帰属する。たとえば空港の利便性を享受する利用者は、騒音などの代償を払う空港周辺の住人とは異なることが多い。また経済改革の恩恵を受けるのは比較的ゆとりのある人々であろうが、他方犠牲を払わされるのは社会の底辺に生活する貧しい人々の場合が多い。このような分配構造は**公平性**（equity）の問題を提起し、その解決方法を迫る。

第三に、2番目の貢献の延長として、開発倫理学は複数の開発が可能であるという前提に立ち、どのような選択をするかにあたって、費用や効果を吟味し、その選択の助けとなることができる。すなわちこれまでの近代化論が西欧化という価値を追求してきたことの反省として、望ましい社会は必ずしも一つとは限らないことを明確化する。

第四に、開発を頭からすべて否定するよりも、開発のあり方を改良し、その本来の目的である貧しい人々、社会的に恵まれない人々、政治的権利を剝奪されている人々が切望している生活の向上に資する方策を探ることができると期待されている。

このように開発倫理学は、価値の問題は開発にとって副次的な問題ではなく不可欠の中心課題であるとの立場をとる。それゆえに開発の理論的側面のみならず実践面への応用や適応を重視するのである（Crocker [2002]）[5)]。

❸ 開発倫理学の台頭

本書各章で見てきたように開発という20世紀後半以降の世界の営みを、倫理的・道徳的側面から考慮する必要性はいろいろなところから生じている。開発倫理学の登場の背景を以下に見る。

開発をめぐる考え方の変遷

現在の開発の舞台である発展途上国の多くは植民地を経験しているため、植民地支配からの独立運動との関連で、開発が1940年代に議論されることになる。インドのマハートマ・カンディー（Mohandas Karamchand Gandhi, 1869-1948）やフランツ・ファノン（Frantz Fanon, 1925-61） はそれぞれ独自の主張を展開していた。

開発倫理学という用語は、1950年代にフランス人経済学者ルイスージョセフ・レブレ（Louis-Joseph Lebret, 1897-1966）によって使われたのが最初といわれる（Gasper［2004］p.17)。彼によれば、「より人間らしい」経済を目指すことは、物質的により多くのものを生産するだけではなく、より良好な状態になることであった。そして少数の恵まれた国々にはあり余るほどの財や資源がありながら、多くの国々が最低限必要である財やサービスをも受けることができない状況では、開発は決して成功しているとはいえないと主張した(Goulet［1995］pp.6-7)。彼の影響を受けたアメリカ人研究者デニス・グレー(Dennis Goulet, 1931-）は開発という名の下に数多くの人々が犠牲になっている状況から、開発理論や実践の道徳的・価値の側面を明らかにした。

その後開発倫理学という用語は使われなくても、多くの貴重な学術的貢献が

5）他方開発倫理学への批判としては、とりわけ政策決定者や実務家からすれば理念や価値を重視しすぎ、現実の課題解決に貢献しないとされる。この批判は理解できる部分も多いが、根本的解決は理論と実践をつなぐための研究者と実務家の対話のあり方に見いだされるべきである。批判があるからといって、開発倫理学のような学問的探求に価値がないことを意味しない。関連資料は http://www.odi.org.uk/RAPID/参照。

なされた[6]。そして1980年代に入り、倫理的側面を前面に押し出した貢献者の１人は第１章で見たアマルティア・セン（Amartya K. Sen, 1933-）であろう。興味深いことに、この頃飢餓や難民の発生といった劇的事件がとりわけアフリカ大陸でいくつか発生し、このような事件への対応が関係者の道徳的価値に訴えたため、開発倫理学は当初豊かな人々が貧しい人々へ救いの手を差し伸べる際の倫理性に関して考察していた。人道援助の根元にある**人道主義**（humanitarianism）という考え方は、人が生まれ落ちる場所をみずから選べない以上、同じ人間として困っている人々にできる限りの支援をする責任を浮かび上がらせたといえよう。しかしやがて考察の対象は、発展途上国に依然として存在する飢餓の背景となっていた貧困や慢性的栄養不良といった恒常的悲劇へと移っていく（Crocker［2002］）。

センがその意味で飢餓を研究し、その背後の倫理性を追求するに至ったことは意義深い。センは基礎的に貧しい人々であってもみずからの人生を切り開く能力があり、それらの人々が貧しいのはその能力の開花がさまざまな要因で妨害されていることであると考えた。彼は開発とは究極的には**自由**の充足であると主張した（Sen［1999］；Sen［2002］）。飢餓はそのような自由が剝奪された究極の事例である（Drèze *et al*.［1995］）[7]。

この考え方はしばしば**潜在能力アプローチ**（capability approach）と呼ばれるが、その意味合いは以下のように解釈されている[8]。第一に、経済成長や効率性の向上はそれ自身が目的なのではなく、人間が幸福になることが目的である。そのためには人間が主体的存在としてその存在価値を発揮できることが重要である。人間は経済生産のための道具ではなく、経済生産が人間に資する

6）古典的作品としては、グンナー・ミュルダール（Gunnar Myrdal, 1898-1987）の *Asian Drama*（1968、邦訳『アジアのドラマ』）やE. F. シューマッハ（Schumacher, 1911-1977）による *Small is Beautiful*（1973、邦訳『スモール・イズ・ビューティフル』）が挙げられ、これらは倫理的側面にも考察を及ぼしている。

7）センについては、本書第１章の参考文献のほかに、峯［1999］；絵所・山崎［2004］；Alkire［2002］参照。

8）この説明は The Human Development Capability Association のホームページに基づく（http://www.fas.harvard.edu/~freedoms/capability_defined.html）。

のであるが、しばしば本末転倒が発生しているため、原点に帰る必要がある。

第二に、社会には、政治、経済、法律などさまざまな制度があるがそれらは人間の能力の充実や向上のためにあり、いかに人間の能力開花を支えているかという視点から考察されるべきである。

第三に、人間の能力とは実際に何を行うことができるかである。それぞれの人々が願っている状態や行動を実施できるかどうかは、単純に所得や経済生産高の上昇によって改善されるとは限らない。そしてそのような願いには多種多様な内容が含まれ、物質的充足だけではなく人とのつながりや精神的充実感などさまざまな人間らしい感情・欲求や希望が含まれる[9)]。

第四に、このような能力の充足度は個人の間でも、また国々の間でも格差が見られる。格差の是正は単に所得水準の向上だけで解消されないために、経済的政策のみならず、政治的、社会的対応を含む総合的取り組みが不可欠である。センが**公的行動**（public action）の重要性を繰り返すのも、公の場で共通の課題を討議することが政治的・社会的・文化的に重要であるからである[10)]。

このように潜在能力アプローチは開発や経済発展の価値観の側面を重視した。そのためセンの独自な貢献は経済学と哲学・倫理学をつないだことにあるとしばしば評される（川本［1995］；後藤［2002］）。

倫理的側面を強調した第二の貢献は、**人権を基本に開発を考えるアプローチ**（rights-based approach）である。これも第2章で触れたように、開発をモノの不足と考えれば、それはニーズによって充足できるが、他方開発を自由の欠如と考えるとそれはエンパワーメントと人権の充足によって実現できるのである。エンパワーメントは能力の不足から充足へという変化の過程を意味するが、その変化を人間が生まれながらにしてもっている権利ととらえると、その充足はどこに生まれた人間にとっても必要不可欠な要望となる。貧富の格差によって人権の充足度に差が生じること自身が倫理的問題を提起している。

9）さらに重要なことに、能力というときの力の一種として、他から尊敬されるに足りる存在価値も重要であり、エンパワーメントの大切な要素である。

10）これに関連して、第4章で見たように、経済成長と民主主義の関係がこれまでもしばしば議論されてきた。

また人権実現という視点は単に変化の**結果**が評価の対象となるのではなく、変化していく**過程**それ自体が適切かどうかが問われてくる。いわば過程の質が結果の善し悪しとともに問題となるのである。たとえば所得向上という結果は実現したがそれが非倫理的手段（たとえば児童売春の強要など）によるのであれば、無論望ましい開発が実現したという評価は下されない。

さらに開発と倫理のあり方を提起した第三の源は**フェミニズム**（feminism）と**ジェンダー論**（gender studies）の貢献であろう。既存の開発理論、とりわけ開発経済学はジェンダーの視点をまったくといってもっていなかった（ジェンダーに対して目を開いていないという意味で gender blind である）。経済学では従来、合理的経済主体は男女の差に関係なく行動すると想定されてきた。しかし実際には男女の差はたとえば入手できる情報の差を意味し、それに基づいて男女がそれぞれ異なる合理性を発揮し、結果として違う決定を下すこともある。ジェンダー研究やフェミニズム論の貢献はこのような、従来の経済学の前提を批判し、暗黙の前提となっていた枠組みを浮かび上がらせたことである。

ジェンダーに関して考察した第７章でも見たように、センと重なるようにマーサ・ヌスバウム（Martha C. Nussbaum, 1947-）も能力アプローチをとりわけ女性の開発での役割を考える際に主張している[11)]。

開発倫理学にとってジェンダーは重要な課題である。なぜなら能力の充足が男女の差によって格差がある現実を、倫理的にどう判断するかは理論的にも現実の課題としても避けては通れない課題であるからである。男女平等という原則はうたわれていても、それを実現することは必ずしも容易ではなく、平等や公平といった価値基準からの要請にいかに応えられるか、われわれのあり方が問われている。

開発経験

開発倫理学の登場の二つめの背景は開発経験である。いままでに開発の名の

11）ヌスバウムは興味深いことに本来開発研究者ではなく哲学者である。

下に行われてきた行為や活動は必ずしもその意図に沿った結果を生まなかった。経済成長を開発ととらえてきた従来の考え方は、これまでも問題点を指摘されていた。経済学は市場の枠組みのなかで処理できない事柄を外部性（externality）として、その視野の枠外へおく傾向が強かった。しかし開発が市場経済の枠組みで取りこぼす事柄は多く、それらは環境問題、ジェンダー、人権への配慮など開発に密接に関連する重要な部分である。さらに、経済成長では長きにわたっていわゆる**トリックル・ダウン仮説**（trickle down hypothesis）が信じられてきた。経済が成長を始めるとその成果は成長部門から非成長部門へとやがて波及し、市場の機能を通じて成長の恩恵が行き渡るとする楽観的仮説である。しかし本書で見てきたように、経済は成長したが貧困が解消されていない地域も少なくないため、現在ではこの仮説を無条件に支持する人は多くない[12)]。

ここで指摘したいことは、経済成長が開発であるととらえていた考え方には、開発倫理学が提起している開発という社会変化に伴う恩恵と犠牲を誰が担うのかに関してまったくといっていいほど議論がなかったことである。このような犠牲は皮肉なことに平等を標榜した旧社会主義諸国のほうが際立っていた場合も見受けられる。旧社会主義諸国では、一党独裁体制の下で封印されていた農業の近代化や工業化に伴う環境汚染被害の深刻さが、冷戦後明らかになってきた。その犠牲は一部の人々に集中し、被害者の救済はないがしろになっている場合も少なくない。また資本主義への移行の過程で、一部の人々は利益を得たものの、多くの人々は価値観の転換や社会体制の激変で、家庭崩壊、離婚、子どもの貧困などを経験することになる。

残念ながらその結果、現代の世界には、児童労働、児童兵士、児童売春、途上国の累積債務、地球規模で進行する環境破壊、特許による保護と知的財産権、人道支援、復興支援など多くの明らかに道徳的・倫理的意味を深く有している課題が山積している。

このような問題は開発行為が意図的に生み出したものか、あるいはその副作

12）これに関する近年の議論は山形［2004］参照。

用として生じたものかで区別できる。いわば意図された犠牲と意図されなかった犠牲の違いがある。たとえばダム建設により立ち退かされた人々は意図された犠牲者であるが、ダムの水を媒介とした病気の増加は予測されなかった犠牲である。そして両者ともに開発という巨大な社会変化によって支払われた代償であり、そのような各種の代償によってあたかも犠牲のピラミッドが構築されたかのようであると揶揄された（Gasper［2004］）。しかし、いずれにしても犠牲や代償を払うのは通常は社会的弱者であり、経済的困窮者であり、政治的に無力な人々である。

このような開発の失敗は開発論から脱開発論へのきっかけとなる。しかし第2章で見たように開発論と脱開発論の境界線が不明瞭なため、この両者の区別は決定的意味をもたない。それに対して開発倫理学では開発を虐げられた人々の生活改善に資するようにするためには、このような分配と公平の問題を正面から取り上げようとしているのである。

さらに皮肉なことに、開発が「成功したからこそ」本書第7～9章で見たようにさまざまな**地球的規模の課題**（global issues）を生んでいる場合もある。経済成長が酸性雨などの国境を越える環境破壊を引き起こしたことはその好例である。このような問題の解決は一国だけではなく、文字どおり地球上のすべての人々や国々の協力があって初めて解決が可能となる困難な課題である。つまりここではそれぞれの個人や国家が責任を分担しており、それぞれが責任を果たす義務を負っている。ある意味ではこれを運命共同体と表現することも可能であろう。それゆえ今日の地球規模での課題の解決は、人類が責任を共有している点において明らかに倫理的諸課題である。

現在のグローバル化

開発倫理学の台頭の三つめの背景は現在さまざまな意味で進行しつつある**グローバル化**（globalization）である。グローバル化は中国語では全球化と表記される。グローバル化にはさまざまな意味合いがある。第一に、狭くなった地球という言い方に象徴されるように、地球のさまざまな場所を行き来する人々が増え、世界各地の人々が時間的にそれほどときを経ずにさまざまな事件や情報を共有できるようになった時間的・空間的同時性が挙げられる。第二に、そのような結果、国家・企業などさまざまな組織や団体さらに個人の間での相互依存が進み、ある場所でおこった出来事は瞬く間に別の地域の人々に影響を及ぼすようになってきた（Held *et al.*［1999］）。

このようなグローバル化は開発との関連では、一定の価値観の普遍化をめぐる議論が取り上げられよう。すなわち冷戦終結後の世界においては、経済的には資本主義システムが、政治的には民主主義システムが、他のシステムよりも望ましいものとして、このような政治経済システムの普及が世界の繁栄につながるとの主張がある[13)]。このような主張のなかには開発における多様性自体は否定しないものの、社会主義や共産主義が地球上から消えつつある今日、人類の将来を約束するシステムは資本主義・民主主義が提供するものに収斂しつつあると主張する論者もいる[14)]。

これはとりもなおさず、経済のグローバル化は普遍的価値観の形成を促すかという問いかけである。開発を経済成長という意味に限定すれば、経済生産性が高いシステムは一定の共通性があり、国が異なってもたとえば自動車や電化製品を大量に安い価格で生産する仕組みは同じになると考えることもできよう。その意味でグローバル化する経済活動は地球規模の共通の価値観を形成すると主張する人々もいる。他方開発を人間の能力の開花であり、自由の充足の過程であるとより広くとらえれば、このような普遍的価値の形成には懐疑的になるであろう。なぜならそれぞれの文化によって望ましいとされる能力は異なることが予想できるからである。仮に一定程度の共通な政治経済システムが異なった国々に見られるようになるにしても、そこに住む人々がどのような人生を歩みたいかがまったく同一になるとは考えにくいであろう[15)]。

13）第2章で見た新自由主義（neo-liberalism）の延長で、しばしばワシントン・コンセンサスと呼ばれる。野口ほか［2003］参照。

14）グローバル化を西側、とくにアメリカによるその価値の押しつけと解する人々もいる。そのような人々はグローバル化自体を好ましくない現象として拒否する。

4 開発と文化

このように価値判断の基準に文化は大きな影響を及ぼしている。**文化**（culture）にはさまざまな意味内容があり、これを正確に定義づけることは困難であるが、通常は歴史的過程を通じて形成された生活様式と思考の体系を意味し、集団の全員またはかなりのメンバーにより共有されるものであると理解できる（平野［2000］2章）。文化にはたとえば人間が集団で生活するようになって以来、一定程度の共通性をもっている要素がある。他方、特定の地域や歴史の時点でのある文化は別の場所や時点での文化と明らかに異なっていることもしばしばである。このように文化には普遍性と個別性・特殊性の両方の要素があると考えられる[16]。

第二次大戦以降の世界が突き進んできた開発と文化はどのような関係にあったのであろうか[17]。開発を近代化であるととらえていた1960年代では、途上国の社会は古臭く、これを改革することが必要と信じられていた。その際途上国の文化も近代化を阻む要因として認識される傾向が強かった。西欧のような個人の価値を重視する社会に対して、村落共同体に見られるような集団に価値を置く社会は非近代的であり、これを西欧のように変革することが望ましいとされた（赤羽［1971/2001］）。

15）マレーシアの前首相マハティールが西欧の価値観とりわけ民主主義のアジアへの押しつけに反発したことは記憶に新しい。EU・ジャパンフェスト日本委員会［2003］はグローバル化と文化に関する興味深い論文集である。

16）文化人類学における文化の理解は大きく二つに大別され、特定の文化を共有する個人を統合する機能を重視する立場と、個人と社会のやりとりのなかで意味・規範・社会のあり方が作られるという立場である。前者が構造的（structural）役割を重視するのに対し、後者は個人の行為者（agency）としての役割を重視している。しかし両者とも文化を固定的にとらえかねず、今日では文化は必ずしも閉じているのではなく、他の文化との関係で開いており、かつ変化する動的な側面が重視されている（Schech and Haggis［2000］）。

17）無論これ以前にも特定の文化が開発に密接に関連していることは議論されていた。マックス・ヴェーバーの『プロテスタンティズムの倫理と資本主義の精神』は古典である（ヴェーバー［1989］）。近年の開発と文化に関する考察は（UNDP［2004］）参照。

そして20世紀の後半以降現在もなお先進国の進んだ技術や組織運営の方法を途上国へ伝授しようとさまざまな活動が実施されている。これは文化という視点で見れば、技術や組織は文化の表れの一形態であり、先進国の文化のほうが途上国の文化よりも進んでいることを前提として議論されている。つまり文化的には途上国の社会を外からの介入で西欧化することに等しい（Schech and Haggis［2000］）。技術移転は従来このような文化的要因への考慮なしに、技術を移転しさえすれば後はそれを活用するのがどこの人々であろうとも良好な結果が得られると考えられていた。

しかし実は技術移転とはたとえば臓器移植に大変よく似ている。技術だけを移転してもそれを運営する意識・価値観や社会制度が伴わなければ全体として良好な結果が得られるとは限らない[18]。臓器移植が拒絶反応を受けるように、先端技術が途上国に根づくか否かは、技術を受け渡す両文化の間の接触や摩擦の問題である（平野［2000］）。このように、開発とは単に技術や知識を移転するだけではなく、その背後にある思想や価値観にも変革を迫る動きであり、それが国家を超えて世界的規模で進行してきたのである（ナンディ［1994］；岡本［1996］）[19]。

近代化論が疑わなかった西欧文化の優越性に対して、**文化相対主義**（cultural relativism）は異議を唱えた。文化相対主義とは、それぞれの文化は異なっておりおのおのに独自な側面があるが、他方そのような複数の文化の間には優劣の関係はないとする立場である。文化相対主義は文化の価値に関して重要な問題提起を行っている（関根［2001］pp.34-36）[20]。

18）先進技術を途上国に移転しても難しいことが多いため、適正技術は以前から重要な課題であると考えられていたことを想起されたい。

19）途上国においては、新しい国家建設の必要性から国民文化の形成やそのための国語教育が実施され、一つの国家であるという価値観を形成するための文化政策がとられることが多かった（岡本［1996］）。このような文化統合によって第１章で見た開発主義が国民の多くに受け入れられるようになっていった。

20）しかし文化相対主義は文化の内容である価値や思考の中身を直視することを避けてしまい、その結果皮肉なことに先進諸国は途上国の文化を積極的に理解するよりも、自分たちの文化に閉じこもりがちになった（岡本［1996］pp.117-124）。

従来の経済成長を開発と理解する立場が見直しを迫られている今日、開発を価値観を含めより広くとらえようとすると、この文化の普遍性と特殊性が再度重要な論点として浮かび上がってくる。それは一つには社会に固有の価値観があるとする立場とそうでない立場の間の論争でもある（Gasper［2004］)。

一方では、社会の豊かさを物質的な基準でみると、それを測る科学的尺度は普遍的であり、それ以外の価値基準は相対的に重要でなくなるとする考え方がありうる。たとえば人間の生死といった根元的価値に大きく影響するのは宗教や信仰であるが、この宗教的価値が形成する死後の世界を否定し、現世における世俗的価値を重視する立場ともいえる。

これに対して他方では、社会の豊かさは物質的な基準ではとらえられず、したがって世俗的に、科学的に、普遍的基準に立って、一つの社会の豊かさと別の社会の豊かさを比較することはあまり意味がないという立場もありうる。生と死という人間の最も根元的問いかけへの回答はそれぞれの文化・宗教によって異なり、現世の物資的豊かさのみによって社会の豊かさを測ることはできないと主張される。事実タイをはじめとするアジアの仏教諸国では仏教の理念に基づき、従来の物質的満足を追求する開発のあり方から、内面的・精神的充足を重視する開発（仏教用語で**かいほつ**と呼びその現代的定義は本書第２章でも紹介）へと取り組みが変化してきていることは注目に値する（西川・野田［2001］)[21]。

ここで注意すべきは、通常われわれが見てきた開発という用語自体が途上国の人々の日常用語であるとは限らないことである。途上国の人々はそれぞれの具体的な日常生活のなかで、開発を理解している（関根［2001］)。その状況はそれぞれに異なっており、その多様な状況の下で、人々は各人の生活の向上や、福祉の改善、能力の開花といった抽象的概念を具体的に理解している(Dahl and Rabo［1992］)。たとえばアフリカの農村の多くでは、女性が毎日

21）開発と文化に関しての総合的考察は川田ほか編の『岩波講座開発と文化』全７巻を参照。またEuropean Association of Social Anthropologistsは関連するテーマの出版物をシリーズで刊行している。さらにSkelton and Allen［1999］; Schech and Haggis［2002］も参考になる。

何時間もかけて水をくみに歩いているが、そのような状況が改善されることを当人たちは望んでいる場合が多い。このような具体的内容が現実の開発として理解されている。

このような具体的理解を明らかにすることなく、一般論としての文化の普遍性と特殊性について論争することはあまり意味がないであろう。議論を具体化する必要性は開発を総合的に考えようとすればするほど強調されなければならない。たとえば民主主義という仕組みや価値観に関しても、たとえ同じような用語が使われていたとしても、内容的に意味することは大きく異なることが考えられる[22)]。今後は開発や社会変化を抽象的概念としてではなく、個別の具体的状況において現実の意味合いを探っていくことが重要である。その作業からある程度普遍性をもつ価値観や社会のあり方と、文化や社会によって異なる価値観が明らかになると期待できる。

この開発と文化の議論をめぐる第二の現代的視点はグローバル化である。現在のグローバル化は**地球市民社会**（global civil society）を生み出しているという議論がある。この用語もそれを用いる人々によって意味する内容が異なるが、グローバル化によって非暴力や他者への寛容といった一定の価値や規範が共有され、地球規模での社会、とりわけ政府から独立した自律的市民社会が成立しつつあると主張される。この地球市民社会が新しい価値基準の形成を促進していく。他方、このような地球市民社会は決して一つの価値のみを有する一枚岩的社会ではなく、多面的・多元的社会であり葛藤や紛争を抱えるとされる。それゆえに倫理的には、この社会の構成員同士がお互いをよりよく理解し、複数の道徳的基準がありうることを認めあうことが肝要であるとされる（恩田［2001］；Keane［2003］）。

このような地球規模での市民社会はもしその存在が考えられるにしても、ま

22）たとえばウガンダの中央部のガンダ人は、①階層社会が秩序を維持しており安定している状態、②社会の頂点に位置する王が同じ状況や問題に対して同様に臣民を扱うことを、「民主主義」の内容として理解しているという大変興味深い報告がある（Karlström［1996］）。またボツワナとセネガルにおける草の根の政治と開発についてはHelle-Valle［2002］、ならびにDe Jong［2002］をそれぞれ参照。

だ萌芽的段階にあるといえるのではなかろうか[23]。しかしながら市民社会と呼ぶか否かは別にしても[24]、ここで指摘されるように、多様な価値観を認めあいそのなかから共有できる価値基準を生み出そうとする視点はおそらく多くの人々の共感を得られるであろう。もしそうであるならば、開発と文化は国境を越えた規範の共有可能性という現代的視点から再検討される必要がある。

5 誰が価値判断を下すのか

開発倫理学が価値、とりわけ道徳的価値、を取り上げるようになった背景にはさまざまな要因があった。文化相対主義は文化の間に優劣はないというが、他方この立場は価値判断の問題を避けているようにも思われる。開発の今後のあり方をめぐり、再度この問題を考えておこう。

重要かつ困難な課題の一つは、誰の価値が判断の基準となるかという問題である。第1章で紹介し、本書全体を通して考えてきた**生計アプローチ**（livelihoods approach）は個々の人々・家計・国家のおかれている状況を中心に、それぞれの行為主体がとる適応行動をとおして開発を理解しようとする。

さらに1990年代以降は、発展途上国の貧しい人々は単に援助を受ける受け手であるのではなく、自分たちの人生に影響を与える政策や出来事の決定過程に参加する主体であるとの**参加型開発**がとりわけ重視され、そのような参加の過程を確保したほうが総合的には開発結果も持続的になると考えられている（斎藤文彦［2002］）。

この生計アプローチと参加型開発では貧しい人々の視点を大切にしようとする。そのため、どのような技術を導入したいかという問いに対しても、先進国

23）地球市民社会が生まれつつあると考えられる要因の一つは、草の根レベルのさまざまな社会運動が国境を越えて連携し、国際的影響を及ぼしはじめていることである。たとえばMcAdam *et al*.［1996］；Keck and Sikkink［1998］参照。

24）地球市民社会という用語自体が新しいが、ロンドン大学（LSE）のThe Centre for the Study of Global Governanceは*Global Civil Society*という年鑑を2001年より毎年刊行している。

の科学的知識をもった専門家が一方的に決めるのではなく、専門家が仮に提言をするにしても[25]、途上国の社会的に恵まれない人々がその提言を十分に考えて自主的に同意することが大切であるとされる。このように考えれば、一義的に重視されるべきはよそ者の先進国の人間の意見ではなく、途上国の当事者自身の意見がまず尊重されるべきであろう。

しかし他方、途上国の人々の意見や価値観が無条件にすべて正しいか、というとそうではない。たとえばエイズの蔓延の問題を考えてみる。多くの人々はこのおぞましい病気がみずからの行動が原因でおこされたということを認めたがらない。そのため外国人旅行者のせいにしたり、またアフリカでは悪霊や悪魔のしわざと思っている人々も多い。しかし、エイズの感染経路をつきとめれば、アフリカ人自身の行動に起因している場合が多い。

このように、誰の価値観や意見が正しいかという問いは、誰が正しくて、別の人が間違いであるというような、単純な二律背反が成り立たない。重要なことは、対話によってお互いが共有できる価値観を見いだすことである。その意味で近年援助といわずに国際協力と表現したり、南北間のパートナーシップを強調するようになってきている。エイズの問題においても、エイズ感染者の拡大を防ぐことは途上国のみならず世界的課題であり、病気蔓延の「犯人探し」をすることが必ずしも生産的対話にはならないかもしれない。しかし、感染経路や予防に関して正しい知識の普及なくしては、効果的対策はとれない。そのため、先進国の人間も途上国の人間もお互いに主張すべきことはきちんと主張していくことが必要である。それが責任あるパートナーシップであろう(Brinkerhoff [2002])。

他方、実践として南北間援助において対等なパートナーシップを形成することは、実際には大変難しい。なぜなら一方は経済的に豊かであり、科学知識を豊富にもっており、政治的影響力も強いが、他方はまったく反対の立場におかれているからである。このような不均衡な関係のうえに成り立つパートナー関

25) ここでいう専門家とは、たとえば技術者ならびに経済学者といった数量化を重視する人々が想定される。

係とはつねに危ういものであることを認識すべきであろう（Edwards and Fowler［2002］）。途上国側からすればいいたいことをいわない場合もしばしばありうる。その結果表向きには途上国の人々は賛同しているように見えるが、実は内心反対しており、賛同を担保に実施した活動が不成功に終わることも少なくない。

貧しい人々はその生存のために日々厳しい生活を強いられているなかで、貴重な経験を積み、その地域地域に適する知恵を築いてきた。その知恵は開発専門家が表現するような「科学的用語」では表現できないが、正しいか間違っているかと問われれば正しい知恵をもっている場合が多い。そこにいきなり問題の解決方法を知っていると自認する外部の開発専門家が「科学的」理論に正当化されたプロジェクトをもち込んでも、途上国の人々はそれにあえて協力しなかったり、サボタージュをしたとしても不思議ではなかろう。このような対応をジェームズ・スコット（James C. Scott, 1936-）は「日常型の抵抗」と呼んだ。それは、ずる休み、手抜き作業、うそつき、中傷、陰口などで、表だって反対を表明せずに陰で多数の人が行う反対行動の総称である。それによって危険を冒さず、反対の意思を伝えるのである（Scott［1985］；スコット［1994］）。

これは発言権を奪われた途上国の人々に許された限りある抵抗の方法であり、**弱者の武器**（weapons of the weak）ともいわれる（*ibid*）。社会的弱者に残されたこのようなささやかな抵抗手段の裏にある本当の意図を、外部の専門家は従来くみ取ろうとはせず、貧しい人々を怠け者で無知であると決めつけてきた。そうした状況で開発プロジェクトが続けられたために、成果を上げられなかったものが多々あったとしても不思議はなかろう。

貧富の差を超えてパートナーとなることを目指す開発のあり方とは、このような「弱者の抵抗」をそもそも必要としない、貧しい人々の発言権を確保し、彼・彼女らの考え方を反映する過程を作り出すことである。そのように主張することが必ずしも自動的に好ましい結果につながるわけではないが、しかしそのような意識をもつことがまずもっての第一歩であろう。そのうえで対等な対話による新たな可能性の模索が可能になる。

6 まとめ

開発倫理学は本書で見たように大変新しい学問領域である。それは開発という行為が正しいか否かという問題を正面から取り上げる。開発のあり方を再度検討するにはこのような視点は必要不可欠である。開発を本書第2章で見たように介入主義と判断するか、あるいは開発という名の行為を悪としてすべて拒否するか、それぞれの立場は違うにしても、開発の結果をどう分配するのか、開発によってよりよい社会をもたらすというときのその「よりよい社会」の中身は何か、そしてそれは誰が判定するのか、という一連の考察は価値の側面を抜きにして考えることはできない。さらに、センが主張するように開発は究極的には自由の実現であると理解すれば、開発が規範的・倫理的側面をもつことが一層明らかとなる。

誰にとっての開発かを考えるときに、先進国の視点のみではなく、途上国の視点が大切であり、それは文化相対主義の主張とも重なってくる。その視点は生計アプローチの考え方と基本的に共通する。行為者がどのように状況を理解し、行動するかを重視するからである。しかし文化相対主義をめぐる議論では、どの程度まで普遍的な原理や価値を認めるべきかに関してはいまだに論争が続いている[26)]。

これ以外にも、新しい学問としての開発倫理学が、今後とも議論していかなければならない点は多い（Crocker［1998］）。たとえば開発によって生じる犠牲や代償をどのように分かち合っていくのかという配分の問題である。開発倫理学が学問としての理論でもあり、なおかつ実践としての開発行為に結びつくものであるならば、この問いはきわめて複雑な問いかけで簡単に答えられるものではない。

26）生計アプローチと文化相対主義の関係は重要であるが、まだ検討が萌芽的段階にある。重要な点はいままでの文化相対主義の反省点をふまえ、文化の中身である価値観や規範を生計アプローチに取り入れ、それを実際の政策課題に応用する探求であろう。

また開発が人間のみならず命を受けるすべての生き物に影響している以上、人間と生物を含めたより総合的考慮も必要であろう。第８章で見た地球環境の多様性とはこのような人間以外の生物をも視野に含んでいる考え方である。しかし人間社会のなかで利益と代償を分配するのさえ難しいのに、その対象を人間以外の生物にも広げるとより考察は複雑になる。

さらに、一口に人間といっても第９章で見たように、今後地球の人口は90億に達すると予想される。現在よりも30億も増える将来の人類にとって現在のわれわれはどのような道義的・倫理的義務と責任を負っているのであろうか。これも重要な研究課題であるが、まだまだ解明はこれからである。

復習キーワード

開発倫理学：development ethics
公平性：equity
人道主義：humanitarianism
潜在能力アプローチ：capability approach
人権を基本に開発を考えるアプローチ：rights-based approach
フェミニズム：feminism
ジェンダー論：gender studies
トリックル・ダウン仮説：trickle down hypothesis
グローバル化：globalization
文化：culture
文化相対主義：cultural relativism
地球市民社会：global civil society
生計アプローチ：livelihoods approach
弱者の武器：weapons of the weak

討論のための設問

Q：開発倫理学の意義に関して考察しなさい。

Q：グローバル化する今日の世界における開発と文化の関係に関して説明しなさい。

もっと勉強するための文献

開発倫理学は新しい分野で、このような名前がついた書籍は日本ではまだ刊行されていない。しかし開発と文化をめぐっては川田ほか編の『岩波講座開発と文化』全7巻、ならびに岡本［1996］を参照。英語ではGasper［2004］が近年の好著である。

11 国際協力の役割

パキスタン北西辺境州での日本の援助で造られている橋

1 南北をつなぐ多様な関係

南北関係といわれる貧しい国々と豊かな先進諸国の関係は、さまざまな側面においてお互いにつながっている。本書でこれまでに見てきたようなさまざまな課題の解決のために、援助が実施されてきた。そのような援助は先の第10章で見たように成功したものもあれば、疑問を提起したものも少なくなかった。

南北関係はしばしば援助という形を通じて議論される[1]。しかし図11-1にもあるように実は援助は両者のつながりの一形態にすぎない。たとえば援助金額の増加や縮小がしばしば論議されるが、仮に援助として途上国が受け取る金額が増えたとしてもこれ自体が改善かどうかは他の課題の解決に密接に関連し

1）本書では援助と国際協力を同義に用いる。援助はする側とされる側が対等でないという反省から、国際協力という表現のほうが望ましいといわれる。確かに指摘のとおりであるが、ここでは自戒の意味も含めてあえて援助とも表現する。

図11－1　発展途上国への資金移動（10億ドル、2001年）

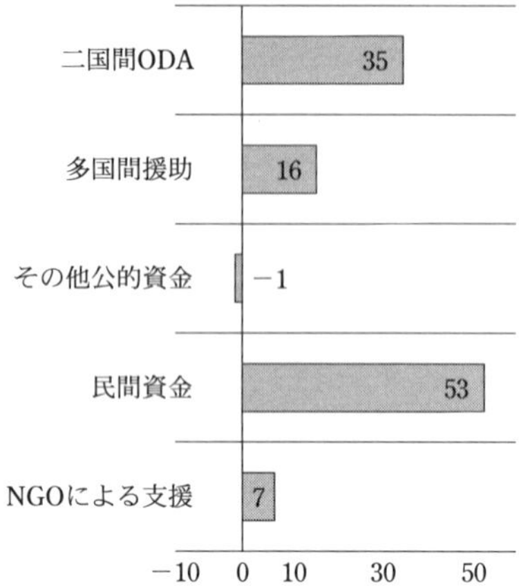

出所：http://www. developmentgoals. org/ Partnership. htm#target1215

ている。すなわち最貧国が抱えている累積債務の処理や、途上国が先進国との貿易で得られる利益の変化によって、増額された援助が全体としての移転資金額では減少することもありうる。また南北の間でやりとりされる資金には、公的資金の移動のみならず民間の経済活動に伴う資金移動もある。民間の資金移動はしばしば巨大で、図11－1にあるように2001年だけで見ても公的資金の移転規模を上回っている。

途上国のなかには返済の可能性がきわめて低い多額の債務のために、国民へのサービスすら満足に提供できない国々がある。そのような**重債務貧困国**（Heavily Indebted Poor Countries, HIPC）への救済対策は人道問題であるとの認識が先進諸国に広がりつつある。たとえ援助額が短期的に増加しても、重債務貧困国では多額の債務の利子や元本の返済に新たな援助資金が使われ、援助増額は実質的な意味での救済にはならないことが多いからである。国際社会はこのようなHIPCの債務救済を開始し、2004年９月までに合計で27カ国、総額にして540億ドル（約５兆6000億円）の債務が対象となった。そのためこれら諸国では貧しい人々のためのサービス提供に使うことのできる年間予算額がGNPとの対比でおよそ1999年の6.4％から2003年では7.9％へと増加したと考えられている[2)]。

また、先進国は通常農産物（一次産品）や人材といった途上国が得意としている物品や項目において、その輸入や受け入れに制限を付けているのが通例である[3)]。たとえば米《こめ》は日本よりアジア諸国で作られたほうが安いが、日本はその輸入量を制限しているし、今後不足すると予測される働き手に関しても途上国の人材を容易に受け入れてはいない。UNDPによれば日本の**牛**は政府から酪農家保護の一環として年当たり2700ドル（約28万円）の補助金をもらっているが、それはたとえばサハラ以南アフリカの１人当たりの平均所得である490ドル（約５万円）よりも格段に高い。このような制限や規制は他の先進国にも多く見られ、アメリカ政府は国内の綿花栽培農家に対し補助金として１日当たり10ドル（約1000円）以上を支給している計算になるが、それは同政府がアフリカに１人１日当たり３ドル（約300円）ほどしか援助しない金額の３倍以上であるとしている（UNDP［2003］p.155)。さらに世界銀行は、先進国が設けている途上国製の繊維製品に対する関税や輸入品の割り当てによって途上国では2700万人の職が失われていると推測している（MDGsホームページ)。

そのため先進国から途上国への公的資金援助の流れだけを単独で議論すると、より重要な全体像の把握ができなくなる危険性がある。そのことをふまえつつ、本章では代表的な国際協力の現状と課題を整理する。

2）HIPCとして債務救済を受けるには、①いわゆるIDA（国際開発協会）適格国である低所得国であること、②債務残高の対GNP比率が80％以上であることが主要条件である(http://www.worldbank.org/hipc/参照)。1999年６月のケルン・サミット（主要国首脳会議）では最大700億ドル（約７兆3000億円）の削減（対象国は36カ国）が合意された。

3）とりわけ資本主義に批判的な論者からはこの不公平さは**新植民地主義**（neo-colonialism）であるとされる。過去の植民地主義のような領域支配を伴わないが、先進諸国が途上国側をとくに経済面において実質的に支配することを指す。

❷ 国際協力の種類

政府開発援助（Official Development Assistance, ODA）

一般的には、ODAとは日本政府など先進国政府とアジアやアフリカの途上国政府との間で、一定の取り決めの下に実施される開発支援である。より具体的には、政府機関が実施し、途上国の開発や福祉の向上を目指すことを目的とし（つまり軍事援助を含まない）、途上国にとってはたとえば商業銀行などからの借款に比べて有利な条件で資金を確保できるものをさす（下村ほか［2001］）[4)]。

このようにODAは公的な資金の流れで、**二国間援助**（bilateral assistance）と**多国間援助**（multilateral assistance）に分類でき、さらに資金が**贈与**（あるいは無償、grants）か**借款**（あるいは有償、loans）かによっても分類できる。二国間援助とはたとえば日本とインドネシアの間で実施されるが、多国間援助とは日本政府が国連や世界銀行といった国際機関へ資金を拠出し、その資金を使って国際機関が実施する援助である[5)]。贈与と借款は資金提供を受ける途上国側が資金返済の義務を負うか否かの違いである。通常、途上国のなかでも貧困度の高い国々には贈与が、比較的発展している途上国へは借款が実施される傾向がある。

ODAは通常先進諸国で構成される国際機関である**経済協力開発機構**（Organisation for Economic Co-operation and Development, OECD）の下部機構である**開発援助委員会**（Development Assistance Committee, DAC）によ

4）提供される資金条件の有利性を示す基準としてグラント・エレメントが用いられる。この数値が大きくなるほど条件は有利で、ODAは25％以上でなければならない。ちなみに贈与では100％となる。

5）たとえば朝鮮民主主義人民共和国（北朝鮮）への食糧援助は、日本と同国の間に国交がないために、二国間ではなく、国連の専門機関である世界食糧計画（World Food Programme）を通じて実施されている。国連の傘下にある諸機関を含む国連システムについては国際連合広報センター（http://www.unic.or.jp/）参照。

って統計がとられている。歴史的には第二次大戦後途上国へのODA総額は増加していったが、1992年に年額65億ドル（約6800億円）規模で頭打ちとなり、この頃いわゆる**援助疲れ**（aid fatigue）現象が見られた。先進諸国は税金を投入して途上国の貧困を解決しようと援助をしてきたが、なかなか結果が得られずに疲弊していた。その後1997年からODAは再度増加に転じてゆく。2001年9月11日にはアメリカで**同時多発テロ**が発生し、テロの原因が途上国の貧困にあるとして（日本をのぞく）先進諸国は援助を増額していく（図11-2参照）[6)]。2002年時点でDAC先進諸国から途上国へのODAの総額は582億ドル（約6兆円）であった。2001年において全体の援助の56%が1人当たりの国民総生産が745ドル以下の低所得貧困国へ供与された（OECD［2004a］）。

このように一方でODAの意義は貧しい国々への人道支援であるとされるが、他方で実際にはほとんどの先進諸国が自国とつながりの深い特定の途上国へ集中的に支援を実施する傾向がある。その結果、たとえばわずか15の途上国が全ODAの半分近くを得ているのが実状である[7)]。

ODAの使途は、すでに本書で何度も見たように、開発をめぐる理解の変遷をうけて時代とともに変化してきた。1980年以降だけで見ても、80年代には農業や工業といった経済生産を担う分野への援助が全体の2割ほどであったが、その比率は2000年には農工業あわせても1割以下へ低下した。反対に社会開発において中心的な教育・保健・水・ガバナンスといった分野への支出は増え、2000年には全体の3割ほどになっている（OECD［2004a］）。

6）たとえばテロリスト集団とされるアルカイダがアフガニスタンを拠点として活動した一因は、アフガニスタンが貧困国で世界から忘れ去られた存在であり、テロリストが隠れるのに好都合であったことであるとされる。そのためテロ根絶には途上国への援助が必要であると考えられるようになった。

7）たとえばアメリカはエジプト、トルコへ、イギリスはインドへ、オーストラリアはパプアニューギニアへ、フランスはコートジボワールへ、大規模な支援を実施している（OECD［2004a］p.23; Oxfam［2005］p.49）。

図11－2　DAC主要国のODA実績の推移（1956～2003年）

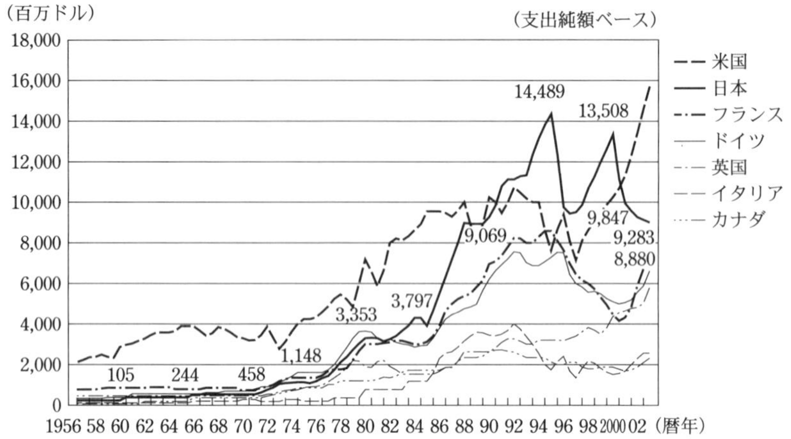

注：1）東欧向けおよび卒業国向け援助は含まない。
　　2）1991年および1992年の米国の実績値は軍事債務救済を除く。
出所：外務省ホームページ。

民間資金

先に見たように、民間企業部門が関与する資金移動はODAよりも通常大きい。グローバル化する今日の経済においては、**多国籍企業**（multilateral co-operation）はその経営、製造、販売をそれぞれ別々の国や地域で行うことが普通になってきている。これらの多国籍企業は安価な労働力を求めて、また製品の販売市場を求めて自国以外の地域へ進出する。その形態は**直接投資**（direct investment）と**間接投資**（portfolio investment）に大きく区別される。直接投資とは投資家が本国以外で事業を行うため、土地建物などの資産を獲得したり、事業の支配権を握る目的で株式の取得を目指す場合を指す。直接投資は経営上の意思決定権を握る。これに対して間接投資とは外国会社の株式の買い入れや、配当や利子の入手を目的として外国証券を取得する場合であり、経営上の支配を伴わない。

OECDの統計では直接投資を含む民間資金の移転額は1999年にピークの781億ドル（約8兆円）に達し、同年の全資金移動の6割を占めた。その後世界経済の動向により民間資金の移動額は減少傾向にあり、2002年では189億ドル

(約2兆円)で、この年はODAのほうが民間直接投資よりもやや多くなった(OECD［2004a］pp.136-137)。

このような民間部門の資金移動は冷戦終結後、旧共産主義・社会主義国から資本主義型の経済運営へと移行しようとしている旧東欧諸国をはじめ、一部の国や地域に集中する傾向が見られ、決して途上国全般に対して一様に実施されるわけではない。近年ではBRICsと呼ばれるブラジル、ロシア、インド、中国が、国内資源の豊富さや経済規模の大きさと近年の成長率の高さなどから注目を集めている。

NGO・NPOの協力

NGO・NPOによる国際協力とは各国に自発的に設立された市民団体が実施するもので、途上国の貧困を軽減するためのさまざまな活動や、難民支援などの緊急援助が含まれる。

世界的に見て最も歴史の古いNGOは1942年から活動を始めたイギリスのオックスファム(Oxfam)であると思われるが、それは第二次大戦中にナチスドイツに占領されたギリシャにおける飢餓への支援をはじめたオックスフォード大学関係者の自発的行為であった(Black［1992］)。このように政府から要請されるものではなく、志をもつ市民が活動を行う範囲は世界がさまざまな課題を抱えていくなかで増えつづけ、本書で見たような環境、貿易、人権、人口、ジェンダーなどの一連の地球規模の課題に多くのNGOが取り組むようになった。

多様な課題に取り組むNGOの分類はさまざまあるが、開発NGOには四つの世代があるとの指摘が参考になろう。第1世代はモノ不足に対応するためにしばしばその場限りでの救済や福祉活動に従事した。第2世代は地域社会の後進性を克服するためのプロジェクトを実施した。第3世代では制度や政策上の制約を克服しようと10年ないしそれ以上の長期的視点での活動に従事するようになった。さらに第4世代では、人々が現状改革のために立ち上がる際にはビジョンが不足しているので、改革の実現までともに活動するという(コーテン［1995］)。このような分類は異論もあろうが、開発全般をモノの不足からヒトの能力開花へ、貧しい人々の救済からその人々の主体的取り組みへという変遷の流れを表す点では興味深い。

このように年々増加するNGO活動は、OECDの統計値で見ても、1980年代には世界全体で37億ドル（約3800億円）程度であったが、2002年には88億ドル（約9000億円）へと増加している。しかしODAの規模と比べればまだまだ金額的には少なく、2002年時点ではODAの7分の1以下、民間資金を含む全資金移動の10分の1程度である（OECD［2004a］）。

その一方でこれまでに見たように、グローバルな課題を討議する重要な国際会議にNGOが参加するなど、国際社会においてNGOは大変重要で影響力をもつ新たな行為主体として認識されるようになった（馬橋・斎藤［1998］；Clark *et al.*［1998］）。

開発援助分野においては日本はすぐ後に見るように政府とNGOの連携がまだ萌芽的段階にあるが、他の先進諸国ではかなり両者の協力関係が進んでいる。さらに重要なことは、NGOの活動経験が開発そのものの考え方や援助のあり方への見直しを迫るなど（高柳［1996］）、いまやNGO抜きに途上国支援は語れない状況である[8)]。

❸ ミレニアム開発目標における開発パートナーシップ

国際協力は豊かな国々から貧しい国々へと資金を移転する一つの有効な方法である。近年援助金額は増額傾向にあるが、MDGsを達成するためには、現在の南北間の援助規模をおよそ倍増し、1000億ドル（約10兆円）程度が必要であると考えられている。

ミレニアム開発目標（MDGs）においては、明確で、ルールに基づき、予測可能で差別のない貿易および金融システムのさらなる構築を推進する、という

8）しかしNGO・NPOと政府との関係は各種の微妙な問題を含んでいる。NGOが市民活動団体である一方で、その財源を政府に頼ることは活動の独自性を損なう危険性がある（Smillie *et al.*［1999］）。開発NGOの包括的課題に関しては、Edwards and Fowler［2002］。また市民社会と援助に関してはVan Rooy［1998］参照。

表現において、南北間の総合的資金・金融関係の改善を表明している。これに関連し、援助の質量の改善、債務救済、途上国の市場への参入の改善を具体的目標として掲げている。さらにMDGsにおいては、最貧国の特別な事情への配慮、また内陸国や島嶼国の特別な事情への配慮、債務救済、途上国の若者の失業対策、製薬会社との協力により途上国の人々が安価で必須の医薬品を入手できること、民間との協力により情報通信分野の新技術利用、という多様な項目をうたっている。MDGsではこのような多くの項目の改善を通じて南北間の新しいパートナーシップの構築を目指している（Brinkerhoff［2002］)。

このMDGs達成をより具体化するために、2002年の3月にメキシコのモンテレイに先進諸国と途上諸国の代表が集まり、いまだに解決していない途上国の貧困問題への取り組みについて協議する**開発金融国連会議**（United Nations Conference on Development and Finance）が開催された。その時先進諸国側は2006年までに政府開発援助（ODA）を160億ドル（約1兆6000億円）増額することを約束した。さらに先進国側に対してはODAの対国民総生産（GNP）比0.7%支出と、返済不能債務について債務繰り延べを含む債権者・債務者双方の一定の共同責任を求めた。それと当時に途上国には汚職の追放と援助資金の効率的・効果的運用、民間投資への市場開放と貿易自由化を求めた。それにより南北の新しいパートナーシップの展開を期待したのである。これは通称**モンテレイ合意**（the Monterrey Consensus）と呼ばれ、その翌年6月のエビアン・サミット（主要国首脳会議）の議長総括でも触れられた[9)]。

しかし、実際にはGNPの0.7%をODAとして支出している先進国はきわめて少ない。実はこのGNPの0.7%という目標はすでに1970年の国連総会において表明されているが、2002年時点でこの目標を達成しているのは北欧を中心とする5カ国にすぎず、日本は同年わずか0.23%である。同年の先進諸国平均は0.41%で、イギリスやスペインのように0.7%に到達するための期限を近年になり定めた国もあるが、日本をはじめ多くの国々はそのような期限設定を行っていない（Oxfam［2005］pp.34-35)。OECDの最新の推計でも2006年時

9）モンテレイ合意に関しては詳しくはhttp://www.un.org/esa/ffd/ffdconf/。

点での先進諸国の平均は0.23%にとどまると予想されており（OECD［2004a］p.61)、MDGs 達成のために ODA を増額することは前途多難である。

その背景には先進諸国と途上国の厳しい意見の対立がうかがえる。途上国側は過去の植民地支配のいきさつもふまえて、援助の増額を望んでいるが、先進国側は、各国経済が近年復調の兆しを見せているとはいえ、そう簡単に援助金額を増やす余力はない。それよりも途上国の政治システムの汚職や供与された資金が効率的に使われていないことへの不信感が根強い[10]。MDGs やモンテレイ合意が汚職追放や援助の効果的運用を表明しているのはその表れである[11]。

❹ 日本政府による国際協力

日本は第二次大戦後の混乱期以降援助を受ける期間が長く続いた。日本が ODA を供与しはじめたのは1954年で、2004年でちょうど50周年を迎えた。外務省によるとこの半世紀の間に185カ国の国と地域へ、総額にしておよそ2210億ドル（約23兆2000億円）に上る ODA を供与してきた（外務省ホームページ)。実は1954年の ODA の供与の相手国第1号はビルマであったが、このときの形態は現在のような援助ではなかった。ビルマは日本に対しての戦後賠償を放棄し、その代わり日本は賠償に準じるものとして無償資金協力（贈与）を実施した。同年にはフィリピン、インドネシア、南ベトナムに対しても同様の準賠償援助が実施された。

---

10) 世界各国の汚職の状況を比較する指標はいくつかあるが Transparency International という NGO の報告はよく知られている（http://www.transparency.org/)。また黒崎・山形［2003］11章参照。

11) Oxfam［2005］によれば、豊かな国々は全体で防衛費に6160億ドル、広告費に4460億ドル、農家への補助金に2450億ドル、化粧品に330億ドルをそれぞれ費やしている。それに比べて援助を0.7%の目標にするためには1200億ドルが、またアフリカ諸国が MDGs を達成するために必要な追加資金援助は200から250億ドルであるとしている（p.41)。すなわち資金はないのではなく、優先されるべき支出項目を変更すれば、世界の貧困問題は解決に向けて大きく前進する。

これ以降1960年代の日本の高度経済成長期には、アジア諸国との貿易不均衡が拡大するなどの状況のなか、国内に援助実施機関を創設し、援助実施体制の整備が進むことになる。

1970年代には貿易黒字国として日本の国際的責任を問う声が海外から強くなり、1977年以降政府は目標を設定して何度となくODAの量的拡大を図り、その支援対象をも拡大していった。1989年に初めて日本は援助総額においてアメリカを抜き世界第一位の援助国となった。

1992年に当時の宮沢内閣の閣議決定により**ODA大綱**（ODA Charter）として、運用の基本的4原則が示された。それらは①環境と開発の両立、②軍事的用途および国際紛争助長のための使用の回避、③途上国の軍事支出増大や大量破壊兵器の開発・輸出の動向の注視、④民主化および市場経済化の促進、であった。1990年代は国内経済がバブル崩壊によって低迷していたにもかかわらず、ODA大綱の整備やその運用によって日本は援助を積極的に展開した時期である（下村ほか［1999］）。

この経験をふまえ2003年8月にはこの大綱が改定され、ODAの目的は「国際社会の平和と発展への貢献を通じてわが国の安全と繁栄の確保に資する」とされた。そのためにわが国の利益と国際社会の繁栄を実現するための戦略性、国際状況の変化に対応する機動性、運用の透明性、ODAの効果性を重視した実施が強調されている。このように国内外の政治経済環境が変化するなかで、現在の日本の対外援助政策は新たな展開を迎えている。

歴史的に50年の歩みをもつ日本のODAの特徴を簡単にまとめると以下のようになろう。

・地域的にはアジアが中心である。
・分野としては社会資本（インフラストラクチャー）の整備が多い。
・資金の内訳としては贈与や技術協力が少なく借款が多い[12)]。

図11-3からも明らかなように、日本のODAは1970年代までは大半がアジ

12）このため日本は他の先進諸国に比べて途上国の債務救済に消極的であると批判される。これは日本の円借款の元になっている資金の性格に一因がある（西垣ほか［2003］）。

図11－3　二国間ODAの地域別配分の推移

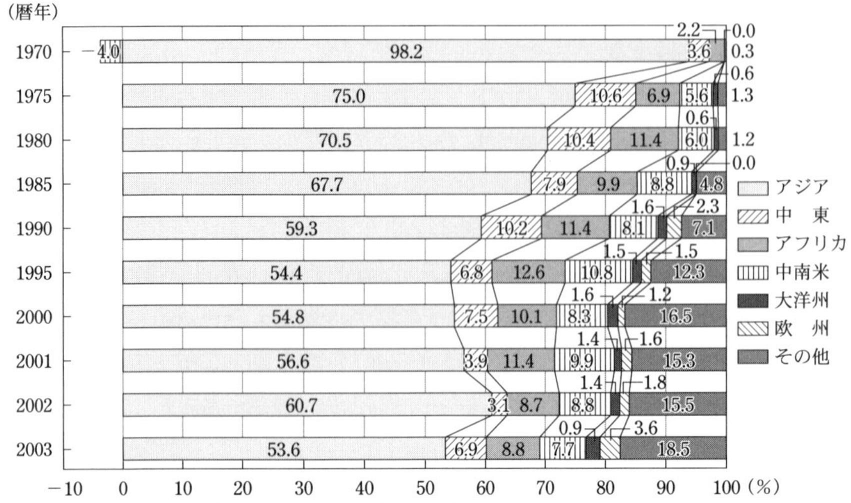

注：1）1990年以降の欧州地域に対する実績には東欧向けを含む。
　　2）供与額を回収額が上回る場合、数値はマイナスとなる。
出所：外務省ホームページ。

ア諸国向けであった。これが冷戦終結後の1990年代以降に変化しはじめ、旧東ヨーロッパの移行経済や貧困からなかなか脱却できないアフリカ地域などへとその対象が多様化していく。

分野としては、インフラストラクチャー、運輸、エネルギー分野など経済成長を支える基礎となる社会資本の整備が日本のODAの半分以上を占めている。また他の先進諸国と比較して、日本の場合は贈与や技術協力の割合が低く、借款の割合が高い。

このような日本のODAへの評価はどうなっているであろう。実は日本のODAをめぐっては、「顔の見えない援助」であるとか「理念のないバラマキ援助」であるといった批判が絶えない[13)]。これに対して外務省は日本の援助は途上国自身の**自助努力**（self-help）を支援するもので、途上国が**主体性**（オー

13）代表的な批判論は鷲見［1989］；福家・藤林［1999］。それに対する反論としては外務省［2004］；草野［1997］を参照。

ナーシップ、ownership）をもって自国の開発方針を策定し、それに日本が援助することが本来のあり方であると反論する。このようなODAをめぐる論争はいまだに収束の気配がないが、論争のされ方自体が必ずしも実のあるものともいえないのが実状である。

まずなによりもODAと一言でいっても多種多様な援助形態がある。ODAのなかでたとえば青年海外協力隊のように比較的評判のよい援助もある。しかしたとえば食糧援助のように短期的には有効であるがその安易な実施は農業の長期的振興を妨げるおそれがあるものもある。このように援助の評価は誰が(先進国の人か途上国の人か)、どのような観点から（何に貢献することを目指すか)、実施するかによって異なる複雑な作業である[14)]。

国内における日本のODAへの評価は、そのときどきの経済や国民福祉の状況に大きく左右される。バブル崩壊後の1990年代以降は、ODAに関する世論調査において金額的にODAを増額すべきであるという回答を寄せる人々は年々減少傾向を見せている。国内の雇用状況や高齢化社会に伴う福祉の課題が厳しさを増すなかで、海外援助へ国家予算を振り向けることに対しては批判的見解が少なくない（外務省［2004]）。

それでは海外からの評価はどうであろうか。まず先進諸国が加盟するOECDは、新たなODA大綱の制定を時代の変化に対応するものとしておおむね評価している。しかしODAが日本外交の一翼を担い日本の国益を確保することを目指していることに留意しつつも、そのような国益思考がODAの本来

14）ODAの評価をめぐっては日本では近年その事業に参加した当事者の「主観的」評価ではなく、有識者を含む第三者の「客観的」評価を実施することにより信頼性の高い評価を実施し、国民のODAへの信頼を高めるべきであると議論されている。恣意的な評価が事業の信頼性を低下させるような事態を避けることは当然であるが、他の先進国の援助評価はそのような矮小化された議論をしていない。開発が社会変化の過程であると理解するならば、評価もそのような変化の過程に参加する多様な関係者の学習機会の一つであり、途上国と先進国の関係者がお互いに協議することにより、より望ましい未来を実現することのほうが大切である。ある人にとって「客観的」であることは、他の人々にもそうであるとは限らない。このような評価の考え方は**参加型評価**と呼ばれる（Estrella *et al*.［2000]）。

の目的である途上国の開発支援を覆い隠すことへの危惧も示された。そして貧困削減が新たなODA大綱においても触れられてはいるが、その実現へのさらなる考慮を求めている。MDGsは国際社会が合意した達成目標であるが、日本のODA大綱にはMDGs達成への国際貢献という視点が必ずしも十分明確になっていないと指摘されている。

さらにOECDは日本国民の間に援助疲れが明らかに見られるとし、近年ODAに関する情報の提供はかなりの改善を見たが、しかし多くの人々はあまり情報提供を受けておらず政府のODAへの誤解も少なくないと分析している。それゆえ学校教育において途上国の貧困や開発分野での国際協力を今後とも取り上げ[15)]、幅広い支持を今後得ていくことへの期待感を表明している（OECD［2004b］）。

また、アメリカの研究所グローバル開発センター（Center for Global Development）が雑誌*Foreign Policy*（『フォーリン・ポリシー』）とともに先進国の国際貢献比較ランキング調査を実施し、近年話題を呼んでいる。これは援助のみならず、関連する国際貢献政策である途上国の製品輸入における貿易政策、投資、移民政策、環境、安全保障、新技術開発といった諸政策を総合的に判断し、先進諸国21カ国の取り組みを比較したものである。それによると日本は2003年度ならびに2004年度と連続で21カ国中最下位となった。ちなみに2004年度にはデンマークとオランダが1位となった[16)]。また表11-1は同趣旨の国際比較をまとめたもので、日本は途上諸国から多くの食糧や産品を輸入している割には貿易関税が高く、また債務救済額も少ないことがわかる[17)]。

さらに支援を受ける東南アジア諸国の日本のODAに対する反応は、図11-4に表されている。このグラフによれば回答者の大半は何らかの意味で日本の

15）これは開発教育と呼ばれ、たとえば田中［1994］やOsler［1994］を参照。
16）“Ranking the Rich 2004”と題する論評が*Foreign Policy*誌に掲載され、それはhttp://www.foreignpolicy.com/からも見ることができる。
17）Oxfam［2005］によれば、これまでの債務救済で議論されている二国間債務のほかに、世界銀行などの多国間機関に対して途上国が負っている債務をもしも2015年までに免除するとすれば、日本人１人当たり年間2.2ドル（約230円）のコストになるという（p.39）。

表11－1　富裕国の責任

	援　助									
	政府開発援助（ODA）支出純額			債務救済		貿　易				
							財の輸入			
							開発途上国から		後発開発途上国から	
	合計（100万US＄）2001	GNPに占める割合（％）2001	ひもつき援助（援助支出額全体に占める割合（％）[1] 2001	重債務貧困国信託基金への二国間約束額（100万US＄）2002年11月現在	二国間債務の免除（100万US＄）1990–2002	平均的な関税と非関税障壁[2]（関税等価、％）2000	合計（100万US＄）2001	全輸入額に占める割合（％）2001	合計（100万US＄）2001	全輸入額に占める割合（％）2001
オーストラリア	873	0.25	41	14	72	13.4	2,274	37.5	11	0.2
オーストリア	533	0.29	—	44	202	21.8	616	9.4	16	0.3
ベルギー	867	0.37	10	45	544	22.1	2,275	12.7	254	1.4
カナダ	1,533	0.22	68	114	1,207	12.7	3,558	16.1	35	0.2
デンマーク	1,634	1.03	7	60	359	21.6	447	10.0	12	0.3
フィンランド	389	0.32	13	38	156	21.3	338	10.2	16	0.5
フランス	4,198	0.32	33	181	13,043	21.4	5,112	17.4	236	0.8
ドイツ	4,990	0.27	15	226	4,996	21.4	7,488	15.2	218	0.4
ギリシャ	202	0.17	83	11	—	22.5	670	23.8	18	0.6
アイルランド	287	0.33	—	24	—	22.9	700	13.6	17	0.3
イタリア	1,627	0.15	92	153	1,156	20.1	4,323	18.3	98	0.4
日　本	9,847	0.23	19	200	3,908	34.8	20,582	58.9	110	0.3
ルクセンブルク	141	0.82	—	318	—	—	28	2.6	1	0.1
オランダ	3,172	0.82	9	199	1,575	19.9	3,860	23.5	73	0.4
ニュージーランド	112	0.25	—	29	—	12.0	383	28.8	2	0.1
ノルウェー	1,346	0.83	1	300	237	61.1	405	12.3	12	0.4
ポルトガル	268	0.25	42	27	460	20.5	556[3]	13.9[3]	29[3]	0.7[3]
スペイン	1,737	0.30	31	44	980	21.3	3,373	21.8	136	0.9
スウェーデン	1,666	0.81	14	189	121	20.5	580	9.8	10	0.2
スイス	908	0.34	4	127	311	37.1	694	8.3	9	0.1
英　国	4,579	0.32	6	77	1,886	20.9	6,535	18.9	132	0.4
米　国	11,429	0.11	—	40	8,062	9.7	54,798	46.4	982	0.8

注：この表はOECD開発援助委員会（DAC）加盟国のデータ。
1）技術協力を除く、全援助額に対するひもつき援助および部分的ひもつき援助の割合を示す。
2）開発途上国に対する貿易障壁の集計である。財政上の障壁（関税）だけではなく、輸入割り当てや国内の補助金による影響などの財政以外の障壁も測定している。
3）データは2000年のもの。
出所：UNDP［2003］邦訳、p.199。

ODAを歓迎していることになる。

このようにさまざまな海外からの評価をどう考えるべきであろうか。まず第一に、OECDが指摘するように、近年外務省のODAに関する情報公開が進んだとはいえ、多くの国民はODAに関して十分な理解をもっているとはいえ

図11－4　ASEAN諸国における対日世論調査（2002年調査）

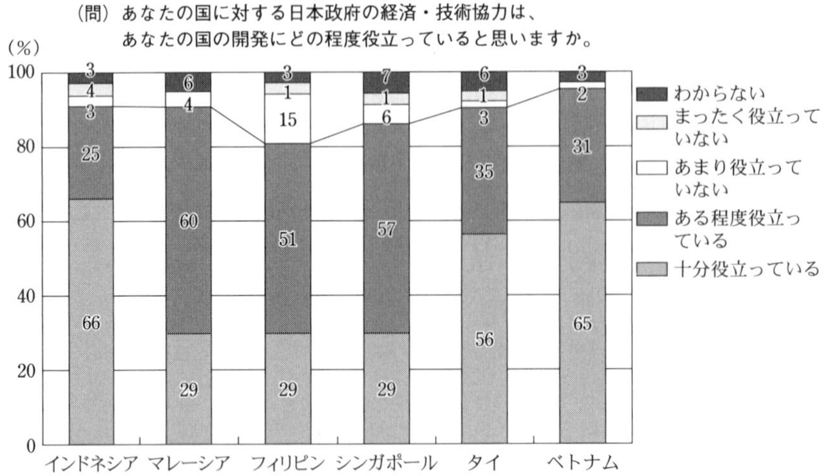

注：四捨五入の関係上、合計が100%にならないことがある。
出所：外務省ホームページ。

ず、そのことが援助疲れ現象の一因になっていることは確かであろう。それゆえに、国民の幅広い理解と支持がなければ途上国への援助を継続していくことは困難であると思われる。

第二に、ODAのいわゆる戦略性の課題がある。戦略的運用とはODAによって日本の国益増進や保護を図ることである。OECDの指摘にもあるように、これはより根本的課題を提起している。国民の税金を使って実施される政府開発援助とは、そもそも途上国の貧しい人のためかあるいは日本自身のためなのであろうか。ODAが外交政策の一環であること自体は疑いえないが、では人道主義に乗っ取った政策では「国益」につながらないのであろうか。この国益の決定は誰がどのように下すのであろうか[18)]。日本の国内経済状況によって対外援助額が増減すること自体は理解できるが、では人のためになる援助とはそ

18）国際援助は国内の公共事業と性格をともにするが、他方国内の場合と異なり当該事業へのコストの負担者とその事業による受益者とが異なることが最大の違いである。国際援助では先進国の納税者はコストを負担するが、受益者は途上国の人々である。これにかかわる論点を深めたものとして Martens *et al*.［2002］参照。

もそも援助を行う側に金銭的余裕がある場合の施策なのであろうか[19]。第一の点と関連し、国民の政策過程への参加はどうあるべきなのであろうか。

第三に、援助政策を他の政策と一体化して考察することの重要性である。たとえば『フォーリン・ポリシー』誌の国際比較では検討項目すべてにおいて日本は評価が低かったために、結果として調査対象国中で日本が最低という評価を得た。この結論には異論もあろうが、それよりも本章で見たように援助のみを民間資金の移動や他の対策と完全に分離して議論することは実効的でない。ましてや全項目の評価がおしなべて低いということは、各項目での改善が求められるのみならず、それら項目を超えた総合的対策を立案し実行することが日本の国際貢献として求められているのである。このことは縦割り行政との批判の強い日本政府の対応の改善をも求めている。

5 日本の市民団体による国際協力

それでは日本のNGO・NPOによる国際協力はどうであろうか。日本においてNGOやNPOが社会的に注目されるようになったのは1995年の阪神淡路大震災以降であるといってよい。震災で被災した人々に対して多くの一般市民が「自分たちにできること」を実行しようとボランティア活動に従事したことは記憶に新しい。

日本の国際協力NGOは1960年代より先駆的団体が誕生し、70年代終盤から80年代初頭にかけてのインドシナ難民に対する支援を契機にその活動が活発化していった。近年では、コソボ・アフガニスタン・イラクにおける難民・避難民に対する支援活動が国際的な注目を集めるなど、その存在感を高めるに至っている。日本における途上国協力の分野で活動するNGO・NPOの数を正確に把握することは大変困難である。特定非営利法人国際協力NGOセンターの

19）社団法人日本経済団体連合会（日本経団連）に代表される日本の財界はこれにイエスと答えるであろう。日本経団連は円借款のアンタイド化が不況の国内経済には悪影響を与えると主張し、再度のタイド化（ひもつき化）を政府に訴えた。そのこともあってか、1997年以降タイドの割合が一時増加した。

2004年版ダイレクトリー（名簿）に登録されているNGOの数は354であるが、実際に活動している団体はこれよりも当然多いと考えられる。

これらのなかでも特定非営利法人日本国際ボランティアセンター（1980年設立、JVC)、1972年に設立の特定非営利法人シャプラニール＝市民による海外協力の会、1980年に前身の組織が設立された社団法人シャンティ国際ボランティア会（SVA）が会員数や資金規模、さらに活動範囲などから見て日本の三大NGOであるといってよいであろう[20)]。

日本の海外協力NGOは他の先進諸国とは多少異なった背景をもつ。それは活動の歴史がまだ浅いために、市民活動としては途上国への国際協力が十分定着しているとは言い難い。その結果、会員からの寄付や外部からの資金提供を受けて各種の活動を実施しているが、その財政基盤は一般的に弱く、NGO・NPO自身の組織育成が十分に図れない難しさを抱えている。

さらに、日本の場合はNGO・NPOと政府との協力関係がなかなか容易に構築できなかった。一般にNGO指導者たちはODAに対して批判的であった。政府主導の活動は非効率・官僚的で、途上国の貧しい人々の役には立たないと考える傾向が強かった。また政府側も、近年になるまでNGOの社会認知が進まなかったためその必要性を十分認識していたとは言い難い。しかしこのようなNGOと政府との関係は徐々に改善を見せており、途上国への支援という共通の目的達成のために、以前より協議の機会が増加し[21)]、NGOとODAの連携も少しずつ実績を上げるようになりつつある[22)]。

20）それぞれの団体は活動史を刊行している（JVC「NGOの挑戦」編集委員会［1990］；シャプラニール活動記録編集部［1989・92］；曹洞宗国際ボランティア会［1996］）。また各団体のホームページも充実している。http://www1.jca.apc.org/jvc/、http://www.shaplaneer.org/、http://www.jca.apc.org/sva/。また山内［1999］は国際協力NGO団体についての参考データを手際よくまとめている。

21）ODAとNGOの連携はこの二つの略称をたすとオダンゴと読むことができ、それがキーワードとして近年重視されている。一例として外務省とNGOの共同評価がある。

22）他方、連携はさまざまな課題を浮き彫りにする。菅原［2003］は民主化支援の裏側にある政府・政治家・NGOの関係を描いている。

表11－2　国家安全保障と人間の安全保障

	主体	客体	脅威の源泉	手段	目的
伝統的な国家安全保障	国家	国家（国民）	国外／軍事的	軍事力 外交	国家（国民）・主権国家システムの維持・生存
人間の安全保障	国家 非政府主体 国際機構	人びと	戦争／内戦 難民化 飢餓、貧困 人権抑圧 環境破壊	予防外交 人道的介入 人道的支援 社会統合 人間開発	人びとの生存・尊厳の保障

出所：栗栖［2001］p.131に基づく。

6　人間の安全保障

日本を含む先進諸国の国際援助は今日さまざまな問題を抱えていることがこれまでの考察で浮き彫りとなった。総合的対策を概念的に規定しようと近年着目されているキーワードは**人間の安全保障**（human security）である。今日のわれわれの生存を脅かすものは、たとえば突然の交通事故であったり、テロリストや犯罪集団による攻撃であったりする。安全保障といえば以前は戦争の脅威から国家が国民を保護することが通常想定されていた。しかし冷戦終結後、国家間の戦争はその危機性を減少させたが、代わりに国のなかで対立する民族による内戦や紛争が頻発することになる。このような状況下においては以前の安全保障観は実効性をもたなくなってきた。そして発展途上国においては人々の生存基盤を脅かす原因は深刻な貧困や経済格差の拡大、また環境破壊さらには社会の崩壊といった紛争や軍事以外の要因が深くかかわっている。そこで新しい安全保障観として提起されたのが人間の安全保障である（栗栖［2001］による表11-2参照)。

これは国連開発計画（UNDP）が1994年の『人間開発報告書』で提唱した概念で、飢餓、病気、異常気象などの脅威からの脱却とともに、家庭、職場、地域社会といった日常の生活様式が突然破壊される危険性から人々が保護されるような方策を提言した（UNDP［1994］）。

その後この考え方はさまざまな方面で反響を呼び、日本においては当時の小渕首相が1999年の施政方針演説でこれに言及して以降、外交政策でもこの新しい考え方を反映する模索が続けられた。新ODA大綱もこの考え方の実現を目指している。そしてアマルティア・センと緒方貞子の指導力の下に、さまざまな機関や個人の協力を得て人間の安全保障委員会が発足し、最終報告書を2003年に刊行するに至る（Commission on Human Security［2003］）。

報告書によれば、人間の安全保障は人間自身に内在する強さと希望に拠って立ち、死活的かつ広範な脅威から人々を守ることを意味する。また、人間の安全保障は生存、生活および尊厳を確保するための基本的な条件を人々が得られるようなシステムを構築することでもある。さらに、人間の安全保障は、**欠乏からの自由**（freedom from want）、**恐怖からの自由**（freedom from fear）、またさまざま行動をおこす自由というように、これまでセンが主張してきたさまざまな自由を確保することを目指している。このような考察の結果、報告書は以下の政策を提唱する。

1．暴力を伴う紛争下にある人々を保護すること。
2．武器の拡散から人々を保護すること。
3．移動する人々の安全確保を進めること。
4．紛争後の状況下で人間の安全保障移行基金を設立すること。
5．極貧下の人々が恩恵を受けられる公正な貿易と市場を支援すること。
6．普遍的な生活最低限度基準を実現するための努力を行うこと。
7．基礎保健サービスの完全普及実現により高い優先度を与えること。
8．特許権に関する効率的かつ公平な国際システムを構築すること。
9．基礎教育の完全普及によりすべての人々の能力を強化すること。
10．個人が多様なアイデンティティーを有し多様な集団に属する自由を尊重すると同時に、この地球に生きる人間としてのアイデンティティーの必要性を明確にすること（*ibid* 邦訳は委員会による）。

人間の安全保障はいまだに概念的であいまいではあるが、しかしいくつかの点で重要な課題を突きつけている[23]。第一に、この人間の安全保障はそれ以前の国家安全保障に完全にとって代わるものではなく、それを補完するべき立場にある。それゆえ人間の安全保障の手段が委員会が提唱するように教育や保健サービスの提供、すなわち開発の効果的推進であるにしても、そのことは国家安全保障を完全に葬り去るものではない[24)]。

第二に、安全保障は国家、地域社会、家庭、個人といったさまざまな局面が密接に絡み合うため、その連携が必要である。このことはグローバル化する今日においてはたとえば個人の安全が別の地域社会や国家の政策や行動に大きく影響され、安全確保は特定の行動主体が他から自立して完結するものではないことを再度示している。

第三に、人間の安全保障は本書第８章などでふれた**ガバナンス**（governance）の考え方と重なり合う。本書ではガバナンスを、多様な利害関係をもつものが、それぞれの利害対立や摩擦を超えて、共通の問題解決を図る過程でありその結果である、と定義してきた。安全保障が１人あるいは一国家が単独で確保できない今日の状況下では、その実現は複数の当事者の協働の取り組みを必要とする。

第四に、そのようなガバナンスを途上国において実現するには、貧困の克服が不可欠である。そのためには本書が強調する**生計アプローチ**との関係性が重要となる。実は生計アプローチは行為主体が周りの状況を判断し、適切な行動を選択すると想定する限りにおいて、リスク管理の意味を重視している。つまり、安全保障の主体を国家から個人へ拡大している新しい人間の安全保障とその考えにおいて共通性をもつのである。

この人間の安全保障の実現が最も望まれるのが、紛争を経験した途上国への**復興支援**（post-conflict reconstruction）であろう。冷戦後頻発する紛争は、カンボジア、ボスニア・ヘルツェゴビナ、東チモール、アフガニスタン、イラクと数多く、ある統計によれば1946年以降年間25名以上の死者が出た紛争は226あるという[25)]。ここでいう紛争とは、従来型の国家対国家の戦争とは異な

23）関連する研究は近年増加し、たとえば勝俣［2001］；武者小路［2003］を参照。
24）澤村［2003］は人間の安全保障のためのアフリカ教育支援を論じている。

図11－5　平和構築支援のプロセス

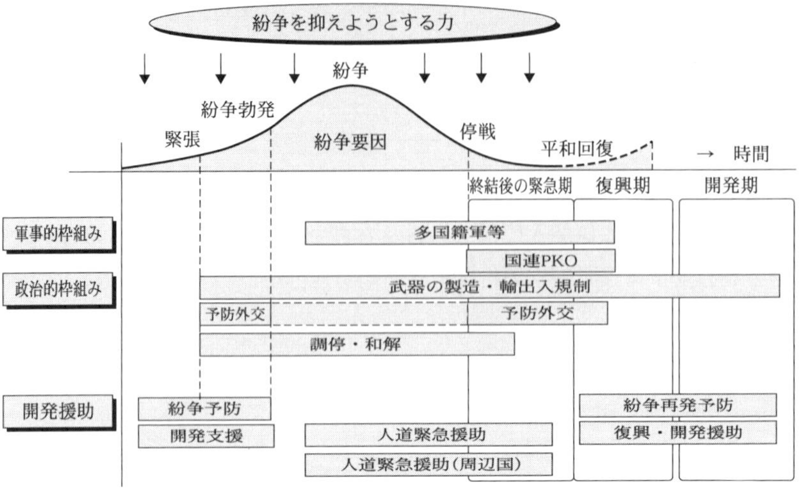

出所：国際協力事業団［2001］p.5.

り、多くの場合国家以外の複数の主体が、限られた富や権力といった資源を獲得しようと相争う社会状況である（稲田［2004］p.28）。さらにこのような近年の紛争では、民族浄化という表現に象徴されるように、当事者のアイデンティティーが密接に関与する場合が多く、紛争をより複雑にしている[26)]。そしてそのような紛争下では、国家の機能は低下し、場合によっては国家そのものが破綻することもありうる（Rotberg［2004］）。紛争が国際社会全体へ与える影響は近年ますます大きくなりつつある[27)]。

このような状況において、そこで生活する人々の生存を確保するためには、図11-5にあるように、軍事的には停戦を確保し、政治的には対立グループ間

25）紛争データとしてはスウェーデンのウパサラ大学とノルウェーの国際平和研究所（International Peace Research Institute）の共同プロジェクトが1946年から2003年までのデータを集計している（http://www.prio.no/cwp/armedconflict）。

26）近年ますます重要になりつつある民族性については青柳［1996］参照。

27）Stewart and FitzGerald［2001］Vol.I and IIは戦争と経済的開発コストというこれまで体系的考察があまりされなかった分野へ取り組んだ野心的著作である。

の和解を促し、社会的・経済的には開発を進めなければならない。すなわち対策としては、従来別々に実施されてきた**平和維持活動**（Peace Keeping Operation, PKO）と、民主的政治体制の（再）構築のための支援、さらには人道援助・開発援助のための ODA や NGO の活動などが一体となり、総合的に実施される必要がある。また紛争の発生をこれ以上おこさせないためには、その予防策としても外交努力、開発への支援、軍事的緊張の除去といった諸策を総合的にとる必要がある[28)]。

7 まとめ

本章では南北間のさまざまな国際協力を考察してきた。政府が実施する ODA や NGO など市民団体による活動を含め、多様な国際援助がある。また多国間協力や二国間協力、さらには無償や有償といった各種の区分も見てきた。

開発援助の本質とは何であろうか。近年刊行された『支援学』という多少耳慣れない題名の本では、支援の構成要素を、①他者への働きかけ、②他者の意図の理解、③行為の質の改善、④エンパワーメントの四つであるとしている（支援基礎理論研究会［2000］）。これを援用すれば、開発援助とは、そもそも途上国の人々が何を望んでいるのかを理解し、彼・彼女たちの自己実現を少しでも可能にするために、その人たちがさまざまな力《ちから》を得ることができるように支援することであろう。途上国の政府や人々が貧困から抜け出すために何を望み、それにどう応えていけるのかが改めて真摯に検討される必要がある。

それに呼応する形で日本の政府や NGO に何ができるのか、理念とする国際協力を実施するためにいかなる体制づくりをする必要があるのか、という検討がつねになされるべきであろう。

そしてこのことは、援助を実施するいくつかの限られた機関の関係者だけの

28）国連も平和維持活動を再検討した通称ブラヒミ・レポートにおいて総合的支援の重要性を訴えている（http://www.un.org/peace/reports/peace_operations/）。

問題ではない。本章でも考察したように、究極的にはわれわれ国民一人ひとりが発展途上国の人々といかに向き合うかが問われている。日本の援助が日本側の国内事情で変化することは途上国側にある程度理解されるにしても、日本の事情に振り回されることを心から歓迎するアジアやアフリカの関係者は少ないであろう。

そのうえで他の先進諸国が途上国援助を再び増額しはじめている今日、それとは異なる立場をとる日本政府の方針を国民各人はどのように考えるのであろうか。金額的に増額が見込めないのであれば、場合によっては他の援助実施機関と協調し、少ない資金でより多くの効果が得られる方策を模索する努力が求められるであろう[29)]。

29）現実には各支援国や援助機関がバラバラに援助を実施しており、途上国にとっては大変な負担になっている。2003年のローマ宣言では援助協調を実現しそのような負担を減らすことを目指している。この宣言の実施が求められる。

復習キーワード

重債務貧困国：Heavily Indebted Poor Countries, HIPC

二国間援助：bilateral assistance

多国間援助：multilateral assistance

贈与あるいは無償：grants

借款あるいは有償：loans

経済協力開発機構：Organisation for Economic Co-operation and Development, OECD

開発援助委員会：Development Assistance Committee, DAC

援助疲れ：aid fatigue

多国籍企業：multilateral cooperation

直接投資：direct investment

間接投資：portfolio investment

非政府組織：non-governmental organization, NGO

非営利組織：non-profit organization, NPO

モンテレイ合意：the Monterrey Consensus

ODA 大綱：ODA Charter

自助努力：self-help

主体性・オーナーシップ：ownership

人間の安全保障：human security

ガバナンス：governance

復興支援：post-conflict reconstruction

平和維持活動：Peace Keeping Operation, PKO

討論のための設問

Q：ODA と NGO はどのような関係にあるであろうか。それは対立的か、あるいは相互補完的であろうか。

Q：人間の安全保障は政治軍事的意味での紛争予防と、経済・社会的意味での開発を結びつける概念であるが、その意義と実現に当たっての課題を説明しなさい。

もっと勉強するための文献

開発援助に関しては、日本語では西垣ほか［2003］が標準的テキストである。また下村ほか［2001］も近年の協力課題に関して平易な解説に努めている。国際的動向に関してはOECDやDACの資料が重要であり、本文中に紹介した文献を参照されたい。またOxfam［2005］はNGOの立場からの報告書で示唆に富む。

12 むすびにかえて

パキスタン北西辺境州での集会への参加者

❶ ミレニアム開発目標を達成するためには何が必要か

本書ではグローバル化する国際社会において、南北問題が直面するさまざまな課題を考察してきた。国際社会は2000年に**ミレニアム開発目標**（MDGs）を採択し、いまその達成により途上国の貧困問題の解決を目指している。MDGsは目標としてわかりやすく、多くの人々の関心を引きつけたり、行動を促すにはふさわしいといえる。この目標の設定によって、先進諸国ならびに途上国の国々がともに行動する共通の認識が高まったことは大変大きく評価される。

しかし、そのような意識だけで目標が自動的に達成されるわけではない。またMDGsの仕組みにもいくつかの大きな問題が指摘されていることはすでに第2章でも見たとおりである。たとえばMDGsは数値目標であるがゆえに、数値化できないために隠されている貧困や人々の生きざまといった大変複雑で根元的な諸課題から目を背けてしまう危険性がある（Black and White [2004]）[1]。

途上国の貧困の解決には、**経済成長**と**社会開発**の両方が必要である。これまでこの両者はそれぞれ別の課題として議論される傾向もあったが、重要なことはこの両者の間に補完的な関係を構築することである。すなわち、たとえば教育が普及し、子どもたちが学校へ行くことができるようになっても、もし経済状況が悪く雇用の機会が得られないのであれば、生活が苦しい状況のなかで子どもをあえて学校へ通わせる意欲が減退するであろう。教育により育った人材が活躍し、それによって経済が成長し、その恩恵を受けてさらに教育が普及していくといった好循環が実現すれば理想的である。

そのような理想の実現はどこか一国だけの取り組みでは実現しえない。途上国が抱える問題は本書で見てきたように大変複雑であり、単一の国や組織だけで解決できるものではない。それゆえ解決には国際社会の総合的取り組みが試される。国際機関や政府のみならず市民団体や各種の運動家を含め、お互いが共通の目標に向かって手を携えながら、取り組むことが不可欠である。**パートナーシップ**（partnership）という用語が開発において1990年代以降頻繁に用いられるようなったのは必然的な結果でもある。グローバルな課題はグローバル規模の意思と行動によってのみ解決の糸口を見つけることができるであろう。他方、さまざまな国々や関係者の思惑が複雑に入り組むため、パートナーシップの構築はいわれるほどたやすくはない。

パートナーシップの例にあるように、貧困と開発をめぐる議論は近年著しく進展し、さまざまな用語や概念が登場してきた。その大きな理由は当初の**近代化論**が想定したように単純に途上国の貧困は解決できず、より幅広い視野から関連する多くの課題を総合的に考察する必要が痛感されるようになってきたか

1）さらに三つの課題が指摘しうる。第一に、数値目標の改善は中国やインドといった人口大国の変化で全体が変わってしまう。言い換えるとMDGs上は改善したが、実態面では改善が見られない場合もありうる。第二に、MDGsは多くの途上国の状況に配慮した多様な取り組みやその達成度のスピードの差において寛容であるべきであろう。とりわけジェンダーなどの意識改革の部分と物質的欠如の是正が同じ時間の枠組みでとらえられていることはそもそも無理がある。第三に、資金的援助が念頭に置かれているが、とりわけ先進国にとっては資金の拠出だけで解決するという問題ではない。また途上国側にはいわゆる援助の吸収能力の問題が存在する（Maxwell［2003］）。

らである。その意味では開発の歴史は、成功の歴史であったというより、失敗と反省に基づく改良の繰り返しであった（絵所［1997］）。

無論改良を重ねること自体は賛同すべきであろうが、同時にそのような試みはしばしば先進諸国が主導してきたため、概念としては深化したが、より複雑化した。近年の開発用語は、エンパワーメント、ガバナンス、リプロダクティブ・ヘルス、プライマリー・ヘルス・ケアといったように多くがカタカナで表記される外来語で、しかもそれぞれの用語の正確な説明はかなり長くなってしまう。このような諸概念の理解は英語圏以外の人々には困難が伴ってしまう。

さらに、そのような用語の複雑さの一因は、**開発倫理学**の考察において見たように、制度や政策といった側面と、価値や規範という側面の両方を意識的に考察しようとするからである。制度や価値はお互いに絡み合い、相互に影響しあっており、この両側面の関係性がとらえられなければならない。「正しい」開発とは誰にとって正しいのか、そのような開発を実現する制度や仕組みはどうあるべきなのか、という問いかけはいまも50年前も同様に重要である。開発を誰にとってもそれ自体が疑うべき余地のない素晴らしい将来像であり、行為であると想定せずに、実際におこっていることから冷静に判断する態度を確保することが大切であろう。

この制度・政策と価値・規範をつなぐ意味で**生計アプローチ**は重要である。行為者の社会関係は制度のみならず価値観によって規定されるし、また途上国の人々の生存のための取り組みは制度や考え方の両面に働きかけるからである。無論本書の第1章において指摘したように、生計アプローチの考え方も万能薬ではない。行為者の選択肢は当人が属する社会の権力構造により狭められている場合が多く、主体性を発揮するといってもこのような権力関係を直視しなければ、現実的分析にはならない（Guijt and Shah［1998］）。つまり草の根の行動といっても、さまざまな政治的・経済的・社会的不平等のなかで規定されるのである。しかしながら、そのような生計アプローチは問題点を抱えつつも、行為者の主体性が周りの規範や制度と交わりながら、そのなかで制度や考え方の変化の仕方を考察しようとする。そのため、生計アプローチの魅力は動的変化をとらえようとすることにある。

貧困解決の当事者である途上国の貧しい人々や社会的に弱い人々の視点に立ち、その取り組みにそった形で支援策を考えることを基本とすれば、そのような模索のなかから先に述べたような理想的な好循環が生まれる可能性も出てこよう。そのような好循環の過程が**エンパワーメント**としてとらえられるであろう。すなわち、個人が以前は自信をもてなかった事柄にそれまでより自信をもてるようになる。さらにその個人が同様に社会的に困っている人々と活動することで、個人の自信が地域社会への活性化につながっていく。このような重層的なエンパワーメントの実現は、先ほど述べたように経済成長と社会開発の両面がかみ合ってこそ実現することができるであろう（佐藤寛［2005］)。

❷ アフリカ地域の重要性

MDGsが2000年に採択されてから5年が経過しようとしているが、その達成が最も危ぶまれている地域がアフリカであることには疑いの余地がない。無論アフリカ大陸には53の独立国があり、多様な言語、多様な生活様式が存在するため、一言でアフリカとくくるには一般化しすぎるかもしれない。しかしながら、アフリカ、とりわけサハラ以南のアフリカはほとんどすべての基準で見るかぎり他の地域の改善具合とは対照的である。2001年においてサハラ以南アフリカの貧困率は世界一高く、人口の46%が貧困で、また人口の3分の1が栄養不良の状態にあり、栄養不良の割合は改善どころかむしろ増加さえしている。初等教育を修了する生徒の割合は1990年から2002年の間に50%あたりで止まったままである（UN Millennium Project［2005］p. 23)。

この地域の問題点の一つは経済成長という観点で見ても、また社会開発の指標で見ても、他の地域と比べてその状況が際立って悪いことである。これは政治と経済の両方の側面において根本的な課題が存在することを意味している。成長しない経済をいかにして成長へと導くか（峯［1999］；平野［2002］)、改善しないさまざまな人間の生活実態をどうやって反転させるか（吉田［1997］)、それぞれが重要な課題である。

それに加えて、先の考察でも触れたように、経済成長と社会開発の間に効果的な補完関係が構築されていないことがアフリカの問題でもある。重要なことにたとえばアフリカの場合は政府と普通のアフリカ人の間に信頼関係がしばしば欠如する。アジアであれば強権的政府であっても、ある程度の経済的利益を還元することができれば、政権としては一定の信頼を得ることができた。しかしアフリカの多くの諸国では、暴力的という意味で政府は大変強大であるが、しかし普通の人々には収奪的でしかなく、ほとんど何の恩恵ももたらさない(Sandbrook［1985］)。これでは政府が人々の要求に応えているとはいえず、両者間に不信感があって当然であろう[2)]。それゆえアフリカ地域の貧困削減の実現とアフリカの人々の自己実現への国際貢献は、いくつもの根元的問題を抱えており、その解決は人類的課題であるといっても過言ではない。

そのため、アフリカ問題の解決のためには人類が培ってきた英知の結集が求められる。また他地域の開発経験の教訓から学ぶことも重要であろう。たとえば1997年の通貨・経済危機で一時的に衰えたとはいえアジア発展の要因が、たとえば現在でもなおかつ成長の糸口を見いだせないアフリカ地域にも参考になるのかどうかは重要な論点である。事実これは第4章でふれた世界銀行による『東アジアの奇跡』の出版後に盛んに議論された。奇跡ともてはやされたアジアの経済成長は危機以降、その魅力を失ったかに見える[3)]。他方、アジアでもアフリカでもガバナンスの視点から経済改革や民主化の促進といった多面的対策の必要性が共通に認識されはじめるに至る。それと並行して、政府・市場・市民社会の三者をガバナンスの構成要素として、そして三者間の関係性を「協治」として議論する傾向になっていく(斎藤文彦［2002］第2章)。

アフリカ問題の解決は一筋縄ではいかない。政治・経済・社会・文化といった諸要素が複雑に関連している。そしてアフリカ国内の事情とそれを取り巻く先進諸国の介入や支援策が、さらに相互に関連しあい、問題の所在がいくつも

2）不信感の要因の一つは独立後の振興国がそれ以前の植民地時代の国家体制を引き継いだことにある。それゆえ植民地主義とその（負の）遺産に関しては再度注意が向けられる必要がある。

3）東アジアの経済成長をグローバル化の文脈で再考した興味深い一例として杉原［2003］参照。

図12－1　アフリカへの援助の歴史的変化

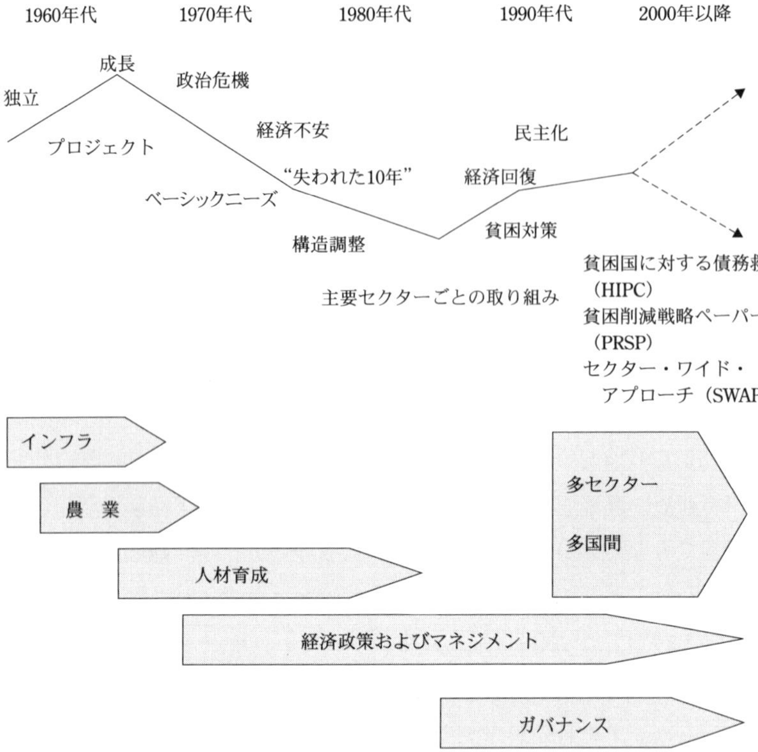

出所：World Bank ［2004b］ p.4 を基に作成。

の要因に帰結する。アフリカ問題の責任をもし仮に問うならば、アフリカの人々もそして先進国のわれわれも責任を負わなければならない。アフリカの多くの政府が非民主的で人々を抑圧してきたとするならば、主要先進諸国の政府はそのときどきにそれらのアフリカ政府を都合のよいように利用したり介入したりしてきた。このようなアフリカを包む国際関係は複雑で問題をより深刻にしている。そうであるならば、確かにアジアの経済成長はそのときの国際環境が幸運に働いたが、しかしアジアの成長が奇跡かどうかというような表層的扱いを超えた開発経験の比較研究は今後とも重要であろう。

図12－1にあるように、アフリカ地域への国際協力のテーマは時代とともに

推移してきた。今後の方針のあり方は予断を許さないが、ここに述べたような冷徹な分析に基づく地道な取り組みが今後とも望まれるであろう[4]。

❸ 日本自身の開発経験を途上国支援に生かす

最後に、今後の国際協力を実施する際に、日本としてどのように取り組むことが望まれるであろうか。近年の開発研究においては日本自身の経験を途上国への支援に生かす視点が強調されている。その際の日本の経験とは多様な内容が含まれる。開発を経済成長とほぼ同義と理解していた時代には、経済成長を促した日本の取り組みが着目された。たとえば明治政府以降の殖産興業への政府の積極的役割やメインバンク制度など日本の民間企業成長を支えた金融制度である（青木・パトリック［1996］）。しかし社会開発という意味合いで開発が理解されるに及んで、日本における教育制度の普及や、保健衛生の改善、また社会保障制度の定着などが注目されるようになる。さらに戦後の生活改善運動が、近年では生計アプローチを先取りする取り組みとして再評価されている(佐藤寛［2002］)[5]。

これら日本の経験分析は大変興味深い取り組みであり、現在の途上国への応用も可能性が高い。しかし、日本の経験を途上国支援の実践面において生かすためには、いくつかの課題が浮かび上がる。第一に日本の国際協力は国際機関や他の先進諸国の動向に遅れまいとする姿勢が往々にして強く、日本自身の経験を積極的に活用しているとは残念ながら言い難い。実務に携わる（とりわけ若い世代の）関係者自身がこのような経験をほとんど知らず、したがって日本の戦後の復興経験が現在の日本の海外支援へ生かされていない。これでは日本が開発協力の分野で独自の指導力を発揮できない。

4）近年日本語でもアフリカを扱った文献は増加している。アフリカの多様な側面を扱った好著としてはとりあえず北川［1999］を挙げておく。

5）『国際開発研究』2002年11月号は「戦後日本の農村開発経験」という特集を組んでいる。また『国際協力研究』2001年10月号も「途上国の貧困削減における日本の貢献」を特集している。

第二に、現在取り組まれている日本国内の地域おこしや地方改革と、途上国支援という国際業務の間に交流がほとんどないことである。ここで先進国と途上国を統一的に考える視点が大切となる。貧困や豊かさは地球上どこに生活する人々にもあてはまる共通の課題である。むしろ先進国のなかの貧困のほうがある意味では社会的疎外感を貧しい人々に与え、解決することは困難であるともいえる。日本においても、社会的に恵まれない人々は無論存在する。過疎化する地域の再生や、高齢者福祉はまさに「開発」の課題である。

たとえば現在地方行政改革において最も進んでいるとされるのは北海道のニセコ町であり、ここは2000年末に日本の自治体で初めて自治基本条例を制定した（木佐・逢坂［2003］)。条文によると「まちづくりは、自らが考え行動するという自治の理念を実現するため、わたしたち町民がまちづくりに関する情報を共有することを基本に進めなければならない」とし（第２条)、第５条において「町は、町の仕事の企画立案、実施及び評価のそれぞれの過程において、町民の参加を保障する」と規定した。これは途上国で議論されている参加型開発と発想が基本的に同じである。途上国の参加型開発が試行錯誤を繰り返しているように、ニセコ町でも参加は「まちづくりならぬまちづかれ」となる場合もすでに経験されている[6)]。

われわれにとって重要な視点は現在の日本の地域政策や町や村の再活性化と途上国の開発を総合的視点でとらえ直すことであろう。そして日本の地域の指導者たちと途上国の関係者の間の相互交流・相互学習を実現することである。そのような取り組みのなかから、新たに意義深い開発協力の芽が出てくると期待される。

6）ニセコ町の公式ホームページ http://www.town.niseko.hokkaido.jp/main/参照。

あとがき

本を書くことは孤独な旅である、とよくいわれる。本書の執筆にあたっては、私自身はそのような寂しさをあまり感じなかった。むしろ現在の世界が重要な過渡期にあり、その中で懸命に生きようとしているアジアやアフリカの普通の人々の姿が何度となく思い起こされた。

本書は大学での講義が執筆構想の元になっているが、しかしながら書き始めてみるとさまざまな困難に直面することになった。しばしば先人たちの著作を見ていると、「学生の講義ノートを本人の許可を得て参考にさせていただいた」という趣旨のくだりがあるが、講義することと執筆することとは別の知的作業であるとつくづく痛感した。講義ノートから本を執筆するような才能が私には全く備わっていないというのが、今回の教訓であった。

その中でようやく筆をおく（キーボードから離れる？）ことになった。本書の完成にあたっては数多くの人々から助言や協力を賜わった。すべての人々に心より厚くお礼申し上げたい。とりわけ、講義やゼミでさまざまな意見交換や議論をしてきた学生たちには、感謝したい。彼ら・彼女らの疑問や質問なしに、この本は生まれなかった。

さらに大学で教えるという大変貴重な機会を与えてくださった龍谷大学にも、心から感謝の意を表したい。教員になって以来私が所属する国際文化学部ならびに龍谷大学からは、さまざまな形で研究・教育の支援をいただき、大変恵まれた環境で仕事をさせていただいた。

出版のとりまとめにあたって、日本評論社の鴇田祐一さんには、作業の細部に渡りご尽力いただき、本当に感謝の気持ちでいっぱいである。また本書は教科書として用いるという性質上、何人かの方々に事前に原稿を読んでいただき、貴重なコメントをいただいた。順不同であるが、原琴乃さん、木谷耕平さん、牛之浜紀子さんのみなさんには、私の無理なお願いをご承知の上で丁寧にコメントを寄せてくださった。厚くお礼申し上げたい。現在カンボジアにJICA専門家として赴任し農村開発指導にあたっておられる小國和子さんにも、忙しい業務の合間に原稿に目を通していただき、開発の現場からの貴重なフィードバックをいただいた。あわせて感謝の意を表する次第である。さらに、秘書役の高井若菜さんは執筆作業の細々とした作業を効率的にこなして下さった。言葉では言い尽くせないほどの貢献に心から感謝したい。なお当然のことながら、本書に表現上また内容上の誤りがあれば、それは著者自身の責任である。

本のカバーの写真のうちバングラデシュの識字教室の写真は吉村繁さんに許可をいただいて使わせていただいた。私の以前の著書もそうであったが、彼のすばらしい人物写真はいつも、いきいきとした表情をとらえている。ここにあわせて重ねて感謝したい。

最後に、開発という人間の生きざまを考える点では、私を支えてくれた家族に対しても感謝の意を表したい。とりわけ大きくなる子どもたちが、次世代の世界をどう思うかは、私にとって大変気がかりである。

本書が現在の世界が抱える貧困と開発という重要課題の理解の助けになることを念じてやまない。

参考文献

青木昌彦・ヒュー・パトリック編［1996］『日本のメインバンク・システム』東洋経済新報社。
青柳まちこ編［1996］『「エスニック」とは何か――エスニシティ基本論文選』新泉社。
青山温子・原ひろ子・喜多悦子［2001］『開発と健康――ジェンダーの視点から』有斐閣選書。
吾郷健二［2003］『グローバリゼーションと発展途上国』コモンズ。
赤羽裕［1971/2001］『低開発経済分析序説』岩波モダンクラシックス、岩波書店。
池田香代子（再話）、チャールズ・ダグラス・ラミス（対訳）［2001］『世界がもし100人の村だったら』マガジンハウス。
池野旬・武内進一編［1998］『アフリカのインフォーマル・セクター再考』アジア経済研究所。
石川滋［2003］「PRSP 体制の有効性について」『国際協力研究』第19巻第１号、1-15ページ。
稲田十一［2004］『紛争と復興支援――平和構築に向けた国際社会の対応』有斐閣。
井上真［2004］「自然環境保全のための『協治』」（井村秀文・松岡俊二・下村恭民編『環境と開発』（シリーズ国際開発第２巻）日本評論社、所収）。
井村秀文・松岡俊二・下村恭民編［2004］『環境と開発』（シリーズ国際開発第２巻）日本評論社。
EU・ジャパンフェスト日本委員会［2003］『グローバ文化はどうなる？――日本とヨーロッパの対話』藤原書店。
岩崎育夫編［1998］『アジアと市民社会――国家と社会の政治力学』アジア経済研究所。
石見徹［2004］『開発と環境の政治経済学』東京大学出版会。
ヴェーバー，マックス［1989］『プロテスタンティズムの倫理と資本主義の精神』大塚久雄訳、岩波文庫。
内田勝一・平山洋介編［1996］『世界の住居運動』（講座現代住居５）東京大学出版会。
内海成治［2001］『国際教育協力論』世界思想社。
内海夏子［2003］『ドキュメント女子割礼』集英社新書。
馬橋憲男・斎藤千宏編［1998］『ハンドブック NGO――市民の地球的規模の問題への取り組み』明石書店。
絵所秀紀［1997］『開発の政治経済学』日本評論社。
絵所秀紀・穂坂光彦・野上裕生編［2004］『貧困と開発』（シリーズ国際開発第１巻）日本評論社。
絵所秀紀・山崎幸治編［2004］『アマルティア・センの世界――経済学と開発研究の架橋』

晃洋書房。
エステバ，グスタボ［1996］「開発：Development」（ヴォルフガング・ザックス編『脱「開発」の時代――現代社会を解読するキイワード辞典』三浦清隆他訳、晶文社、所収）。
江原裕美編［2003］『内発的発展と教育――人間主体の社会変革とNGOの地平』新評論。
――［2001］『開発と教育』新評論。
大塚啓二郎［1999］『消えゆく森の再生学――アジア・アフリカの現地から』講談社現代新書。
大野泉［2000］『世界銀行開発援助戦略の変革』NTT出版。
大野健一・桜井宏二郎［1997］『東アジアの開発経済学』有斐閣アルマ。
岡本真佐子［1996］『開発と文化』（21世紀問題群ブックス16）岩波書店。
岡本真理子・粟野晴子・吉田秀美編［1999］『マイクロファイナンス読本――途上国の貧困緩和と小規模金融』財団法人国際開発高等教育機構。
小國和子［2003］『村落開発支援は誰のためか――インドネシアの参加型開発協力に見る理論と実践』明石書店。
恩田守雄［2001］『開発社会学――理論と実践』ミネルヴァ書房。
カール，インゲ／イザベル・グルンベルグ／マーク・A・スターン（編）［1999］『地球公共財――グローバル時代の新しい課題』FASID国際開発研究センター訳、日本経済新聞社。
外務省編［2004］『ODA政府開発援助白書2003版――新ODA大綱の目指すもの』国立印刷局。
嘉田良平［1998］『世界各国の環境保全型農業――先進国から途上国まで』（全集世界の食料世界の農村16）農山漁村文化協会。
勝俣誠編［2001］『グローバル化と人間の安全保障――行動する市民社会』日本経済評論社。
唐沢敬［1999］『アジア経済危機と発展の構図』朝日選書。
川田順造［1997］「いま、なぜ『開発と文化』なのか」（川田順造・岩井克人・鴨武彦・垣川恵市・原洋之助・山内昌之編『いま、なぜ「開発と文化」なのか』（岩波講座開発と文化１）岩波書店、所収）。
川田順造・岩井克人・鴨武彦・垣川恵市・原洋之助・山内昌之編［1998］『地球の環境と開発』（岩波講座開発と文化５）岩波書店。
――［1997］『反開発の思想』（岩波講座開発と文化３）岩波書店。
川村久美子［2003］「『ひとつの世界』の専制を超えて」（ヴォルフガング・ザックス編『地球文明の未来学』新評論、所収）。
川本隆史［1995］『現代倫理学の冒険――社会理論のネットワーキングへ』造文社。
菊地京子編［2001］『開発学を学ぶ人のために』世界思想社。
木佐茂男・逢坂誠二編［2003］『わたしたちのまちの憲法』日本経済評論社。
北川勝彦編［1999］『アフリカ――国民国家の矛盾を超えて共生へ』（〈南〉から見た世界03）大月書店。
吉良直［2001］「世界銀行の教育地方分権化政策のジレンマ」（江原裕美編『開発と教育』新

評論、所収)。
草野厚［1997］『ODA の正しい見方』ちくま新書。
久保田賢一［1999］『開発コミュニケーション——地球市民によるグローバルネットワークづくり』明石書店。
栗栖薫子［2001］「人間の安全保障——主権国家システムの変容とガバナンス」(赤根谷達雄・落合浩太郎編『新しい安全保障論の視座』亜紀書房、所収)。
黒崎卓・山形辰史［2003］『開発経済学——貧困削減へのアプローチ』日本評論社。
コーテン，デビッド［1995］『NGO とボランティアの21世紀』渡辺龍也訳、学陽書房。
国際協力機構［2003］『日本の教育経験——途上国の教育開発を考える』国際協力機構・国際協力総合研修所。
国際協力事業団［2003］『第二次人口と開発援助研究——日本の経験を活かした人口援助の新たな展開』国際協力事業団。
国際協力事業団・国際協力総合研修所［2001］『事業戦略調査研究　平和構築——人間の安全保障の確保に向けて』。
国立婦人教育会館女性学・ジェンダー研究会（編著）［1999］『女性学教育／学習ハンドブック——ジェンダー・フリーな社会をめざして』新版、有斐閣。
児玉谷史朗［1993］『アフリカにおける商業的農業の発展』アジア経済研究所。
後藤玲子［2002］『正義の経済哲学——ロールズとセン』東洋経済新報社。
小早川隆敏編［1998］『国際保健医療協力入門：理論から実践へ』国際協力出版会。
斎藤文彦［1999］「パワーの類型化によるエンパワーメント戦略の考察」(国立婦人教育会館編、開発と女性に関する文化横断的調査研究報告書『女性のエンパワーメントと開発——タイ・ネパール調査から』所収)。
斎藤文彦編［2002］『参加型開発——貧しい人々が主役となる開発へ向けて』日本評論社。
斎藤優［1995］『国際開発論』有斐閣。
斉藤泰雄［2001］「基礎教育の開発10年の成果と課題」(江原裕美編『開発と教育』新評論、所収)。
笹岡雄一［2002］「タンザニアの PRSP 戦略——貧困削減のパートナーシップ」『国際開発研究』第11巻第2号、133-148ページ。
——［2001］「ウガンダ、ヴェトナムの貧困削減に対する取り組み——世界銀行の貧困削減戦略ペーパー（PRSP）との関連において」『国際開発研究』第10巻第1号、91-106ページ。
佐藤仁［2002］『希少資源のポリティクス——タイ農村にみる開発と環境のはざま』東京大学出版会。
佐藤寛［2004］「第2部　開発社会学研究」(松岡俊二編『国際開発研究——自立的発展へ向けた新たな挑戦』東洋経済新報社、所収)。
——［2002］「戦後日本の農村開発経験——日本型マルチセクターアプローチ」『国際開発研究』第11巻第2号、5-24ページ。
佐藤寛編［2005］『援助とエンパワーメント——能力開発と社会環境変化の組合わせ』アジ

ア経済研究所。
—— [2003]『参加型開発の再検討』アジア経済研究所。
—— [2001]『援助と社会関係資本——ソーシャルキャピタル論の可能性』アジア経済研究所。
佐藤誠編 [2001]『社会開発論——南北共生のパラダイム』有信堂。
佐藤元彦 [2002]『脱貧困のための国際開発論』築地書館。
澤村信英編 [2003]『アフリカの開発と教育——人間の安全保障をめざす国際教育協力』明石書店。
JVC「NGOの挑戦」編集委員会 [1990]『NGOの挑戦——日本国際ボランティアセンター(JVC) 10年の記録』(上下巻) めこん。
ジェトロ・アジア経済研究所編 [2004]『テキストブック開発経済学』(新版) 有斐閣。
支援基礎理論研究会編 [2000]『支援学——管理社会をこえて』東方出版。
島田周平 [1999]「新しいアフリカ農村研究の可能性を求めて——ポリティカル・エコロジー論との交差から」(池野旬編『アフリカ農村像の再検討』アジア経済研究所、所収)。
下村恭民・辻一人・稲田十一・深川由起子 [2001]『国際協力:その新しい潮流』有斐閣選書。
下村恭民・中川淳司・齋藤淳 [1999]『ODA大綱の政治経済学』有斐閣。
シャプラニール活動記録編集部編 [1989・1992]『シャプラニールの熱い風』(第1部・第2部) めこん。
末廣昭編 [1998]『開発主義』(20世紀システム4) 東京大学出版会。
菅原秀 [2003]『もうひとつの国際貢献』リベルタ出版。
杉原薫 [2003]「グローバリゼーションのなかの東アジア」(宮本又郎ほか編『日本型資本主義』有斐閣、所収)。
杉村和彦 [2004]『アフリカ農民の経済——組織原理の地域比較』世界思想社。
スコット, ジェームズ・C [1994]「日常型の抵抗」(坂本義和編『世界政治の構造変動3:発展』岩波書店、所収)。
鷲見一夫 [1989]『ODA——援助の現実』岩波新書。
世界銀行 [1999]『経済開発とエイズ』喜多悦子・西川潤訳、東洋経済新報社。
関根久雄 [2001]『開発と向き合う人びと——ソロモン諸島における「開発」概念とリーダーシップ』東洋出版。
曹洞宗国際ボランティア会編 [1996]『アジア・共生・NGO:タイ、カンボジア、ラオス国際教育協力の現場から』明石書店。
高根務編 [2003]『アフリカとアジアの農産物流通』日本貿易振興会アジア経済研究所。
高橋基樹 [2001]「アフリカにおける開発パートナーシップ——セクター・プログラムを中心に」国際協力事業団 JICA・IFIC。
—— [1998]「現代アフリカにおける国家と市場——資源配分システムと小農発展政策の観点から」『アフリカ研究』52号、1-28ページ。
高柳彰夫 [1996]「開発/発展の再定義とNGO」『国際政治』第111号、5-19ページ。

田中明彦・中西寛編［2004］『新・国際政治経済の基礎知識』有斐閣。
田中治彦［1994］『南北問題と開発教育――地球市民として生きるために』亜紀書房。
辻村英之［2004］『コーヒーと南北問題』日本経済評論社。
鶴見和子・川田侃編［1989］『内発的発展論』東京大学出版会。
ディリー，ワリス［1999］『砂漠の女ディリー』武者圭子訳、草思社。
デヴィ，プーラン［1997］『女盗賊プーラン』武者圭子訳、草思社。
寺西重郎［1995］『経済開発と途上国債務』東京大学出版会。
トダロ，マイケル・P／ステファン・C・スミス［2004］『トダロとスミスの開発経済学』岡田靖夫監訳、国際協力出版会。
ナンディ，アシース［1994］「文化・抵抗・開発――懐疑派入門」（坂本義和編『発展』（世界政治の構造変動３）岩波書店、所収）。
西垣昭・下村恭民・辻一人［2003］『開発援助の経済学――「共生の世界」と日本のODA』第３版、有斐閣。
西川潤［1997］『社会開発』有斐閣選書。
西川潤・野田真里［2001］『仏教・開発・NGO』新評論。
根村直美［2000］「WHOの〈健康〉概念に関する哲学的検討――その『危うさ』の考察」（原ひろ子・根村直美編『健康とジェンダー』明石書店、所収）。
野口真・平川均・佐野誠編［2003］『反グローバリズムの開発経済学』日本評論社。
野林健・大芝亮・納家政嗣・山田敦・長尾悟［2003］『国際政治経済学入門』（新版）有斐閣。
速水佑次郎［1995］『開発経済学――諸国民の貧困と富』創文社現代経済学選書11。
原洋之介［1985］『クリフォード・ギアツの経済学――アジア研究と経済理論の間で』リブロポート。
平野克己［2002］『図説アフリカ経済』日本評論社。
――［1997］「農業援助におけるエキステンション・サービス――『緑の革命』とローカル・レベルの行政」（佐藤寛編『援助の実施と現地行政』（経済協力シリーズ181）アジア経済研究所、所収）。
平野健一郎［2000］『国際文化論』東京大学出版会。
廣里恭史［2001］「世界銀行の教育理念と政策」（江原裕美編『開発と教育』新評論、所収）。
福家洋介・藤林泰編［1999］『日本人の暮らしのためだったODA』コモンズ。
ブラウン，マイケル・バラット［1998］『フェア・トレード――公正なる貿易を求めて』青山薫・市橋秀夫訳、新評論。
ブラウン，レスター編［2001］『地球白書　2001-02』エコ・フォーラム21世紀日本語版監修、家の光協会。
――編［2000］『地球白書　2000-01』浜中裕徳監訳、ダイヤモンド社。
フレイヴィン，クリストファー編［2004］『地球白書　2004-05』エコ・フォーラム21世紀日本語版監修、家の光協会。
――［2003］『地球白書　2003-04』エコ・フォーラム21世紀日本語版監修、家の光協会。

―― ［2002］『地球白書　2002-03』エコ・フォーラム21世紀日本語版監修、家の光協会。
フレイレ，パウロ［2001］『希望の教育学』里見実訳、太郎次郎社。
ヘーマサトン，スミット／アキン・ラピーパット［1987］『アジアにかかる虹――スラムのともしび・プラティープ先生』野中耕一訳、曹洞宗ボランティア会。
ボネット，ビセンテ・M［1996］『飢餓と援助』新幹社。
本間雅美［1996］『世界銀行と国際債務問題』同文舘出版。
前田美子［2002］「セクターワイドアプローチにおけるオーナーシップ形成――ウガンダの教育セクターを事例として」『アフリカ研究』61号、61-71ページ。
牧野耕司・足立佳菜子・松本歩恵［2001］「貧困削減戦略書（PRSP）とは――『貧困削減に関する基礎研究』報告書から」『国際協力研究』第17巻第２号、21-34ページ。
マルサス，トーマス・ロバート［1973］『人口論』永井義雄訳、中央公論社。
丸山真人［1998］「世界資本主義と地球環境」（川田順造・岩井克人・鴨武彦・垣川惠市・原洋之助・山内昌之編『地球の環境と開発』（岩波講座開発と文化５）、岩波書店、所収）。
水野敬子［2001］「平等なジェンダーの構築における初等教育の意義と課題――開発途上国の女子教育推進における教員の役割」『国際開発研究』第10巻第１号、35-54ページ。
峯陽一［1999］『現代アフリカと開発経済学――市場経済の荒波のなかで』日本評論社。
武者小路公秀［2003］『人間安全保障論序説――グローバル・ファシズムに抗して』国際書院。
村井吉敬編［1997］『検証ニッポンのODA』コモンズ。
村上泰亮［1992］『反古典の政治経済学――二十一世紀への序説』（下巻）中央公論社。
村松安子・村松泰子［1995］『エンパワーメントの女性学』有斐閣選書。
室井義雄［1997］『南北・南南問題』（世界史リブレット56）山川出版社。
メドウズ，ドネラ・Hほか［1972］『成長の限界：ローマ・クラブ「人類の危機」レポート』大来佐武郎監訳、ダイヤモンド社。
矢澤修次郎編［2003］『社会運動』（講座社会学15）東京大学出版会。
柳原透［2001］「途上国への貧困削減へのアプローチと日本の貢献」『国際協力研究』第17巻第２号、1-8ページ。
薮下史郎［2002］『非対称情報の経済学――スティグリッツと新しい経済学』光文社新書。
山形辰史［2004］「経済成長と貧困・雇用―― Pro-Poor Growth 論の系譜」（絵所秀紀・穂坂光彦・野上裕生編『貧困と開発』（シリーズ国際開発第１巻）日本評論社、所収）。
山内直人［1999］『NPO データブック』有斐閣。
ヤンソン柳沢由美子［1997］『リプロダクティブ・ヘルス・ライツ――からだと性、わたしを生きる』国土社。
横関祐見子［2003］「アフリカ地域における教育協力の動き」（澤村信英編『アフリカの開発と教育――人間の安全保障をめざす国際教育協力』明石書店、所収）。
吉田和浩［2001］「セクター・ワイド・アプローチ――ガーナ基礎教育の反省から学ぶもの」『国際協力研究』第17巻第１号、23-30ページ。
吉田昌夫［1997］『東アフリカ社会経済論――タンザニアを中心に』古今書院。

ラーネマ，マジット［1996］「貧困：Poverty」（ヴォルフガング・ザックス編『脱「開発」の時代――現代社会を解読するキイワード辞典』三浦清隆他訳、晶文社、所収)。
ワーナー，デイヴィッド／デイヴィッド・サンダース［1998］『いのち・開発・NGO――子どもの健康が地球社会を変える』池住義憲・若井晋監訳、新評論。
若林敬子［1996］『現代中国の人口問題と社会変動』新曜社。
――［1994］『中国人口超大国のゆくえ』岩波書店。
渡辺利夫［2004］『開発経済学入門』（第2版）東洋経済新報社。
渡辺利夫編［2003］『アジア経済読本』（第3版）東洋経済新報社。
――［1998］『アジア経済読本』（第2版）東洋経済新報社。
渡辺利夫・足立文彦・文大宇［1997］『図説アジア経済』（第2版）日本評論社。
綿貫礼子［1997］「脱開発に向かうひとつの思想：エコフェミニズムをめぐって」（川田順造・岩井克人・鴨武彦・垣川惠市・原洋之助・山内昌之編『反開発の思想』（岩波講座開発と文化3）岩波書店、所収)。

Abu-Ghaida, Dina, and Stephan Klasen [2004], "The Costs of Missing the Millennium Development Goal on Gender Equity," *World Development*, Vol.32, No.7, pp.1075-1107.
Acemoglu, Daron, and James A. Robinson [2001], "A Theory of Political Transitions," *American Economic Review*, Vol.91, No.4 pp.938-963.
Alkire, Sabina [2002], *Valuing Freedoms: Sen's Capability Approach and Poverty Reduction*, Oxford: Oxford University Press.
Allen, Tim, and Alan Thomas eds. [2000], *Poverty and Development into the 21st Century*, Oxford: Oxford University Press.
Arndt, H. W. [1987], *Economic Development*, Chicago: The University of Chicago Press.
Ashley, Caroline, and Simon Maxwell [2001], "Rethinking Rural Development," *Development Policy Review*, Vol.19, No.4, pp.395-425.
Barrow, Edmund, and Marshall Murphree [2001], "Community Conservation: From Concept to Practice," in: David Hulme and Marshall Murphree eds., *African Wildlife and Livelihoods: the Promise and Performance of Community Conservation*, Oxford: James Currey.
Basch, Paul F. [1999], *Textbook of International Health*, 2nd Edition, Oxford: Oxford University Press.
Black, Maggie [1992], *A Cause for Our Times: Oxfam the First 50 Years*, Oxford: Oxfam and Oxford University Press.
Black, Richard and Howard White eds. [2004], *Targeting Development: Critical Perspectives on the Millennium Development Goals*, London: Routledge.
Booth, Anne, and Paul Mosley eds. [2003], *The New Poverty Strategies: What Have They Achieved? What Have We Leaned?* , Basingstoke: Palgrave Macmillan.

Boserup, Ester [1970], *Woman's Role in Economic Development*, New York: St. Martin's Press.

Brinkerhoff, Jennifer M. [2002], *Partnership for International Development: Rhetoric or Results?*, London: Lynne Rienner.

Brinton, Mary C., and Victor Nee eds. [1998], *The New Institutionalism in Sociology*, Stanford: Stanford University Press.

Broch-Due, Vigdis, and Richard A. Schroeder eds. [2000], *Producing Nature and Poverty in Africa*, Stockholm: Nordiska Afrikainstitutet.

Brock, Karen, and Rosemary McGee eds. [2002], *Knowing Poverty: Critical Reflections on Participatory Research and Policy*, London: Earthscan.

Brohman, John [1996], *Popular Development: Rethinking the Theory and Practice of Development*, Oxford: Blackwell.

Brown, Adrienne, Mick Foster, Andy Norton, and Felix Naschold [2001], *The Status of Sector Wide Approaches*, Working Paper 142, London: Overseas Development Institute.

Bruns, Barbara, Alain Mingat, and Ramahatra Rakotomalala [2003], *A Chance for Every Child: Achieving Universal Primary Education by 2015,* Washington, D.C.: World Bank.

Carson, Rachel [1962], *Silent Spring*, Greenwich: Fawcett.

Center for Global Development [2004], "Ranking the Rich 2004," *Foreign Policy*.

Chant, Sylvia [2002], "The Informal Sector and Employment," in: Desai, Vandana, and Robert B. Potter eds., *The Companion to Development Studies*, London: Arnold.

Clark, Ann Marie, Elisabeth J. Friedman, and Kathryn Hochstetler [1998], "The Sovereign Limits of Global Civil Society: A Comparison of NGO Participation in UN World Conferences on the Environment, Human Rights, and Women," *World Politics*, Vol.51, pp.1-35.

Clarke, Colin [2002], "The Latin American Structuralists," in: Desai, Vandana and Robert B. Potter eds., *The Companion to Development Studies*, London: Arnold.

Commission on Human Security [2003], *Human Security Now*, New York: Commission on Human Security (人間の安全保障委員会訳『安全保障の今日的課題』朝日新聞社、2003年).

Commission on Intellectual Property Rights [2002], *Integrating Intellectual Property Rights and Development Policy*, London: Commission on Intellectual Property Rights.

Cooke, Bill, and Uma Kothari eds. [2001], *Participation: The New Tyranny?* , London: Zed Books.

Cornia, Giovanni Andrea, Richard Jolly, and Frances Stewart eds. [1987, 1988], *Adjustment with a Human Face: A Study by Unicef*, Oxford: Clarendon Press.

Cowen, M. P. and R. W. Shenton [1996], *Doctrines of Development*, London: Routledge.

Crocker, David A. [2002], "Hunger, Capacity, and Development," in: LaFollette, Hugh ed. *Ethics in Practice: An Anthology*, 2nd Edition, Oxford: Blackwell.

—— [1998], "Development Ethics," in: Craig, Edward ed., *Routledge Encyclopedia of Philosophy*, London: Routledge.

Dahl, G. and A. Rabo eds. [1992], *Kam-ap or Take-Off: Local Notions of Development*, Stockholm: Stockholm Studies in Social Anthropology.

Dahl, Robert A. [1971], *Polyarchy: Participation and Opposition*, New Haven: Yale University Press.

De Jong, Ferdinand [2002], "Politicians of the Sacred Grove: Citizenship and Ethnicity in Southern Senegal," *Africa*, Vol.72, No.2, pp.203-220.

Delamonica, Enrique, Santosh Mehrotra, and Jan Vandemoortele [2004], "Education for All: How Much Will It Cost?," *Development and Change*, Vol.35, No.1, pp.3-30.

Demeny, Paul, and Geoffrey McNicoll eds. [1998], *The Earthscan Reader in Population and Development*, London: Earthscan.

Department For International Development (DFID) [2001], *Sustainable Livelihoods Guidance Sheets*, London: DFID.

Desai, Vandana, and Robert B. Potter eds. [2002], *The Companion to Development Studies*, London: Arnold.

Drèze, Jean, Amartya Sen, and Athar Hussain eds. [1995], *The Political Economy of Hunger: Selected Essays*, New York: Oxford University Press.

Easterly, William, and Ross Levine [1997], "Africa's Growth Tragedy: Policies and Ethnic Divisions," *The Quarterly Journal of Economics*, Vol.112, No.4, pp.1203-1250.

Edwards, Michael, and Alan Fowler eds. [2002], *The Earthscan Reader on NGO Management*, London: Earthscan.

Ehrenberg, John [1999], *Civil Society: The Critical History of An Idea*, New York: New York University Press.

Ellis, Frank [2000], *Rural Livelihoods and Diversity in Developing Countries*, London: Oxford University Press.

Ellis, Frank, and Stephen Biggs [2001], "Evolving Themes in Rural Development 1950s-2000s," *Development Policy Review*, Vol.19, No.4, pp.437-448.

Elson, Diane ed. [1995], *Male Bias in the Development Process*, 2nd Edition, Manchester and New York: Manchester University Press.

Elson, Diane with Hande Keklik [2002], *Progress of the World's Women 2002: Gender Equality and the Millennium Development Goals*, New York: United Nation Development Fund for Women (UNIFEM).

Escobar, Arthuro [1995], *Encountering Development: The Marking and Unmaking of the Third World*, Princeton: Princeton University Press.

Estrella, Marisol, Jutta Blauert, Dindo Campilan, John Gaventa, Julian Gonsalves, Irene

Guijt, Deb Johnson, and Roger Ricafort eds. [2000], *Learning From Change: Issues and Experiences in Participatory Monitoring and Evaluation*, London: Intermediate Technology Publications.

Evans, Peter [1996], "Government Action, Social Capital and Development: Reviewing the Evidence of Synergy," *World Development*, Vol.24, No.6, pp.1119-1132.

—— [1995], *Embedded Autonomy: States and Industrial Transformation*, Princeton: Princeton University Press.

Evans, Timothy, Margaret Whitehead, Finn Diderichsen, Abbas Bhuiya, and Meg Wirth [2001], *Challenging Inequalities in Health: From Ethics to Action*, New York: Oxford University Press.

Ferroni, Marco, and Ashoka Mody eds. [2002], *International Public Goods: Incentives, Measurement, and Financing*, Boston: Kluwer Academic Publishers.

Fiske, Edward B. [1996], *Decentralization of Education: Politics and Consensus*, Washington, D.C.: World Bank.

Food and Agriculture Organization of the United Nations (FAO) [2002], *World Agriculture: Towards 2015-2030,* Rome: FAO.

Frank, Andre Gunder [1978], *Dependent Accumulation and Underdevelopment*, London: Macmillan（吾郷健二訳『従属的蓄積と低開発』岩波現代選書、1980年）.

Freire, Paulo Translated by Myra Bergman Ramos [1970], *Pedagogy of the Oppressed*, London: Penguin Books（小沢有作ほか訳『被抑圧者の教育学』亜紀書房、1979年）.

Friedmann, John [1992], *Empowerment: The Politics of Alternative Development*, Oxford: Blackwell（斉藤千宏・雨森孝悦監訳『「力の剝奪」からエンパワーメントへ』新評論、1995年）.

Gardner, Katy, and David Lewis [1996], *Anthropology, Development and the Post-Modern Challenge*, London: Pluto Press.

Gasper, Des [2004], *The Ethics of Development: From Economism to Human Development*, Edinburgh: Edinburgh University Press.

Goulet, Denis [1995], *Development Ethics: A Guide to Theory and Practice*, London: Zed Books.

Green, Andrew [1999], *An Introduction to Health Planning in Developing Countries*, 2nd Edition, Oxford: Oxford University Press.

Guijt, Irene and Meera Kaul Shah [1998], *The Myth of Community: Gender Issues in Participatory Development*, London: Intermediate Technology Publications.

Gunderson, Lance H., and C. S. Holling eds. [2002], *Panarchy: Understanding Transformations in Human and Natural Systems*, Washington: Island Press.

Gunderson, Lance H., C. S. Holling, and Stephen S. Light eds. [1995], *Barriers and Bridges to the Renewal of Ecosystems and Institutions*, New York: Columbia University Press.

Gwynne, Robert N. [2002], "Export Processing and Free Trade Zones," in: Desai, Vandana, and Robert B. Potter eds., *The Companion to Development Studies*, London: Arnold.

Hall, Peter A., and Rosemary C. R. Taylor [1996], "Political Science and the Three New Institutionalism," *Political Studies*, Vol. XLIV, pp.936-957.

Hallak, Jacques [1990], *Investing in the Future: Setting Educational Priorities in the Developing World*, Oxford: Pergamon Press.

Hanson, K., M. K. Ranson, V. Oliveira-Cruz, and A. Mills [2003], "Expanding Access to Priority Health Interventions: A Framework for Understanding the Constraints to Scaling-Up," *Journal of International Development*, Vol.15, No.1, pp.1-14.

Haupt, Arthur and Thomas T. Kane [2004], *Population Reference Bureau's Population Handbook*, 5th Edition, Washington, D.C.: Population Reference Bureau.

Held, David, and Anthony McGrew eds. [2002], *Governing Globalization: Power, Authority and Global Governance*, Cambridge: Polity.

Held, David, Anthony McGrew, David Goldblatt, and Jonathan Perraton [1999], *Global Transformations: Politics, Economics and Culture*, Oxford: Polity.

Helle-Valle, Jo [2002], "Seen from Below: Conceptions of Politics and the State in a Botswana Village," *Africa*, Vol.72, No.2, pp.179-202.

Hemmati, Minu [2002], *Multi-Stakeholder Processes for Governance and Sustainability: Beyond Deadlock and Conflict*, London: Earthscan.

Hickey, Samuel, and Giles Mohan [2004], *Participation: From Tyranny to Transformation?*, London: Zed Books.

Hodgson, Geoffrey M. [1998], "The Approach of Institutional Economics," *Journal of Economic Literature*, Vol. XXXVI, pp.166-192.

Hulme, David, and Marshall Murphree eds. [2001], *African Wildlife and Livelihoods: The Promise and Performance of Community Conservation*, Oxford: James Currey.

Hunt, Diana [1989], *Economic Theories of Development: An Analysis of Competing Paradigms*, New York: Harvester Wheatsheaf.

Hunt, Janet [2004], "Gender and Development," in: Damien Kingsbury *et al.* eds., *Key Issues in Development*, New York: Palgrave Macmillan.

Hyden, Goran, and Julius Court [2001], "Governance and Development: Trying to Sort out the Basics," United Nations University (UNU) World Governances Assessment Working Paper 1, Tokyo: UNU.

Inglehart, Ronald [1997], *Modernization and Postmodernization: Cultural, Economic, and Political Change in 43 Societies*, Princeton: Princeton University Press.

International Fund for Agricultural Development (IFAD) [2001], *Rural Poverty Report 2001: The Challenge of Ending Rural Poverty*, Oxford: Oxford University Press.

International Labour Office (ILO) [2004] *World Employment Report 2004-2005,*

Geneva: ILO.
—— [2002a] *Women and Men in the Informal Economy: A Statistical Picture*, Geneva: ILO.
—— [2002b] IPEC Action against Child Labour: Highlights 2002, Geneva: ILO.
Jackson, Cecile, and Ruth Pearson eds. [1998], *Feminist Visions of Development: Gender, Analysis and Policy*, London: Routeledge.
Jones, Emma, and John Gaventa [2002], *Concepts of Citizenship; A Review*, Development Bibliography 19, Sussex: Institute of Development Studies.
Jones, Samantha, and Grace Carswell eds. [2004], *The Earthscan Reader in Environment, Development & Rural Livelihoods*, London: Earthscan.
Kabeer, Naila [1994], *Reversed Realities: Gender Hierarchies in Development Thought*, London: Verso.
Karlström, Mikael [1996], "Imagining Democracy: Political Culture and Democratisation in Buganda," *Africa*, Vol.66, No.4, pp.485-505.
Keane, John [2003], *Global Civil Society?*, Cambridge: Cambridge University Press.
Keck, Margaret E., and Kathryn Sikkink [1998], *Activists Beyond Borders: Advocacy Networks in International Politics*, Ithaca: Cornell University Press.
Keeley, James, and Ian Scoones [2003], *Understanding Environmental Policy Processes: Cases from Africa*, London: Earthscan.
Koten, David C. [1980] "Community Organization and Rural Development: A Learning Process Approach," *Public Administration Review*, Vol.40, No.5, pp.480-511.
Krippner, Greta, Mark Granovetter, Fred Block, Nicole Biggart, Tom Beamish, Youtien Hsing, Gillian Hart, Giovanni Arrighi, Margie Mendell, John Hall, Michael Burawoy, Steve Vogel, and Sean O'Riain [2004], "Polanyi Symposium: A Conversation on Embeddedness," *Socio-Economic Review*, Vol.2, No.1, pp.109-35.
Laws, Sophie, Caroline Harper and Rachel Marcus [2003], *Research for Development*, London: SAGE Publications.
Lewis, W. Arthur [1954], "Economic Development with Unlimited Supplies of Labour," *Manchester School of Economic and Social Studies*, Vol.22, No.2.
Lipton, Michael [2001], "Reviving Global Poverty Reduction: What Role for Genetically Modified Plants?," *Journal of International Development*, Vol.13, No.7, pp.823-846.
Lipton, Michael with Richard Longhurst [1989], *New Seeds and Poor People*, Baltimore: The Johns Hopkins University Press.
Long, Norman [2001], *Development Sociology: Actor Perspectives*, London: Routledge.
Maloney, William F. [2004], "Informality Revisited," *World Development*, Vol.32, No. 7, pp.1159-1178.
Martens, Bertin, Uwe Mummert, Peter Murrel, and Paul Seabright [2002], *The Institu-*

tional Economics of Foreign Aid, Cambridge: Cambridge University Press.

Maxwell, Simon [2003], "Heaven or Hubris: Reflections on the New 'New Poverty Agenda,'" *Development Policy Review*, Vol.21, No.1, pp.5-25.

Maxwell, Simon, and Tim Conway [2000], *New Approaches to Planning*, OED Working Paper No.14, Washington, D.C.: World Bank.

McAdam, Doug, John D. McCarthy, and Mayer N. Zald [1996], *Comparative Perspectives on Social Movements: Political Opportunities, Mobilizing Structures, and Cultural Framings*, Cambridge: Cambridge University Press.

McCormick, John [1995], *The Global Environmental Movement*, 2nd Edition, Chichester: John Wiley and Sons (石弘之・山口裕司訳『地球環境運動全史』岩波書店、1998年).

McNeill, J. R. [2000], *Something New Under the Sun: An Environmental History of the Twentieth-Century World*, New York: W. W. Norton.

Mosley, Paul, and Anne Booth [2003], "Introduction and Context," in: Paul Mosley, and Anne Booth eds., *New Poverty Strategies*, Basingstoke: Palgrave.

Moser, Caroline O. N. [1993], *Gender Planning and Development: Theory, Practice and Training*, London and New York: Routledge (久保田賢一・久保田真弓訳『ジェンダー・開発・NGO』新評論、1996年).

Murphy, Paud [2005], "Education, Educators and Financing Modalities: Reflections on Experiences in Uganda, "*Journal of International Development*, Vol.17. No.1, pp.131-147.

Myrdal, Gunnar [1968], *Asian Drama: An Inquiry into the Poverty of Nations*, Harmondsworth: Penguin Books (板垣与一監訳『アジアのドラマ——諸国民の貧困の一研究』東洋経済新報社、1974年).

Narayan, Deepa [2000], *Voices of the Poor: Can Anyone Hear Us?*, Oxford: Oxford University Press ("Voices of the Poor" 翻訳グループ訳『貧しい人々の声——私たちの声が聞こえますか?』世界銀行東京事務所、2002年).

Nolan, Riall [2002], *Development Anthropology: Encounters in the Real World*, Colorado: Westview Press.

Nussbaum, Martha C. [2000], *Women and Human Development: The Capabilities Approach*, Cambridge: Cambridge University Press.

Oliveira-Cruz, V., C. Kurouwski, and A. Mills [2003], "Delivery of Priority Health Services: Searching for Synergies within the Verical versus Horizontal Debate," *Journal of International Development*, Vol.15, No.1, pp.67-86.

Oman, Charles P., and Ganeshan Wignaraja [1991], *The Postwar Evolution of Development Thinking*, London: MacMillan.

Organisation for Economic Co-operation and Development (OECD) [2004a], *Development Co-operation 2003 Report*, Paris: OECD.

—— [2004b], *Peer Review: JAPAN*, Paris: OECD.

—— [2001], *The DAC Guidelines on Poverty Reduction*, Paris: OECD.

Osler, Audrey ed. [1994], *Development Education: Global Perspectives in the Curriculum*, London: Cassell (中里亜夫監訳『世界の開発教育——教師のためのグローバル・カリキュラム』明石書店、2002年).

Ostrom, Elinor [1990], *Governing the Commons: The Evolution of Institutions for Collective Action*, Cambridge: Cambridge University Press.

Ostrom, Elinor, Thomas Dietz, Nives Dolšak, Paul C. Stern, Susan Stonich, and Elke U. Weber eds. [2002], *The Drama of the Commons*, Washington, D.C.: National Academy Press.

Oxfam [2005], *Paying the Price: Why Rich Countries Must Invest Now in a War on Poverty*, Oxford: Oxfam.

Parpart, Jane L., Shirin M. Rai, and Kathleen Staudt eds. [2002], *Rethinking Empowerment: Gender and Development in a Global/Local World*, London: Routledge.

Peet, Richard, and Michael Watts [1996], *Liberation Ecologies: Environment, Development and Social Movements*, London: Routhledge.

Pierre, Jon ed. [2000], *Debating Governance: Authority, Steering, and Democracy*, New York: Oxford University Press.

Przeworski, Adam, and Fernando Limongi [1997], "Modernization: Theories and Facts," *World Politics*, Vol.49, No.2, pp.155-183.

Przeworski, Adam, Susan C. Stokes, and Bernard Manin eds. [1999], *Democracy, Accountability, and Representation*, Cambridge: Cambridge University Press.

Rahnema, Majid, and Victoria Bawtree eds. [1997], *The Post-Development Reader*, London: Zed Books.

Ramaswamy, Sunder, and Jeffrey W. Cason eds. [2003], *Development and Democracy: New Perspectives on an Old Debate*, Hanover: University Press of New England.

Ranis, Gustav, and J. C. H. Fei [1961], "A Theory of Economic Development," *American Economic Review*, Vol.51, September, pp.533-65.

Ranson, M. K., K. Hanson, V. Oliveira-Cruz, and A. Mills [2003], "Constraints to Expanding Access to Health Interventions: An Empirical Analysis and Country Typology," *Journal of International Development*, Vol.15, No.1, pp.15-40.

Reij, Chris, and Ann Waters-Bayer [2001], *Farmer Innovation in Africa: A Source of Inspiration for Agricultural Development*, London: Earthscan.

Ribot, Jesse C. [2002], "African Decentralization: Local Actors, Powers and Accountability," Democracy, Governance and Human Rights Paper 8, Geneva: United Nations Research Institute for Social Development (UNRISD).

Rist, Gilbert [1997], *The History of Development: From Western Origins to Global Faith*, London: Zed Books.

Roberts, John [2005], "Millennium Development Goals: Are International Targets Now More Credible?," *Journal of International Development*, Vol.17. No.1, pp.113-129.

—— [2004], "Managing Development for Results: A Role for Results-oriented Public Expenditure Management," *Development Policy Review*, Vol.22, No.6, pp.623-651.

Rostow, Walt Whitman [1960], *The Stages of Economic Growth; a Non-Communist Manifest*, London: Cambridge University Press.

Rotberg, Robert I. [2004], *When States Fall: Causes and Consequences*, Princeton: Princeton University Press.

Runge, C. Ford, Benjamin Senauer, Philip G. Pardey, and Mark W. Rosegrant [2003], *Ending Hunger in Our Lifetime: Food Security and Globalization*, Baltimore: The Johns Hopkins University Press.

Sachs, Wolfgang [1999], *Planet Dialectics: Explorations in Environment and Development*, London: Zed Books (川村久美子・村井章子訳『地球文明の未来学——脱開発へのシナリオと私たちの実践』新評論、2003年).

Sachs, Wolfgang ed. [1992], *Development Dictionary: A Guide to Knowledge and Power*, London: Zed Books (三浦清隆訳『脱「開発」の時代——現代社会を解読するキイワード辞典』晶文社、1996年).

Said, Edward W. [1978], *Orientalism: Western Conceptions of the Orient*, London: Penguin (今沢紀子訳『オリエンタリズム』平凡社、1993年).

Saito, Fumihiko [2003], *Decentralization and Development Partnerships: Lessons from Uganda*, Tokyo: Springer.

Sandbrook, Richard with Judith Barker [1985], *The Politics of Africa's Economic Stagnation*, Cambridge: Cambridge University Press (小谷暢訳『アフリカ経済危機の政治分析』三嶺書房、1991年).

Schech, Susanne, and Jane Haggis [2000], *Culture and Development: A Critical Introduction*, Oxford: Blackwell.

Schech, Susanne, and Jane Haggis eds. [2002], *Development: A Cultural Studies Reader*, Oxford: Blackwell.

Scheyvens, Regina, and Donovan Storey eds. [2003], *Development Fieldwork: A Practical Guide*, London: SAGE Publications.

Schultz, Theodore W. [1964], *Transforming Traditional Agriculture*, New Haven: Yale University Press.

—— [1961], "Investment in Human Capital," *American Economic Review*, Vol.51, No. 17.

Schumacher, E. F. [1973], *Small is Beautiful: Economics as if People Mattered*, New York: Harper & Row (小島慶三・酒井懋訳『スモール・イズ・ビューティフル——人間中心の経済学』講談社、1986年).

Scott, James C. [1998], *Seeking Like a State: How Certain Schemes to Improve Human*

Conditions Have Failed, New Haven: Yale University Press.
—— [1985], *Weapons of the Weak: Everyday Forms of Peasant Resistance,* New Haven: Yale University Press.
Sen, Amartya [2002], *Rationality and Freedom*, Cambridge: The Belknap Press of Harvard University Press.
—— [1999], *Development as Freedom*, New York: Anchor Books（石塚雅彦訳『自由と経済開発』日本経済新聞社、2000年）.
Shiva, Vandana [1991], *The Violence of the Green Revolution: Third World Agriculture, Ecology, and Politics*, London: Zed Books（浜谷喜美子訳『緑の革命とその暴力』日本経済評論社、1997年）.
Simms, Andrew, John McGrath, and Hannah Reid [2004], *Up in Smoke?: Threats from, and Responses to, the Impact of Global Warming on Human Development*, London: New Economics Foundation.
Skelton, Tracey, and Tim Allen eds. [1999], *Culture and Global Change*, London: Routledge.
Smil, Vaclav [2000], *Feeding the World: A Challenge for the Twenty-First Century*, Cambridge: MIT Press.
Smillie, Ian, Henny Helmich, Tony German, and Judith Randel [1999], *Stakeholders: Partnerships for International Development*, London: Earthscan.
Stewart, Frances [1995], *Adjustment and Poverty: Options and Choices*, London and New York: Routledge.
Stewart, Frances, Valpy FitzGerald and Associates [2001], *The Economic and Social Consequences of Conflict*, War and Underdevelopment Volume 1 and 2, Oxford: Oxford University Press.
Stiglitz, Joseph E. [2002], *Globalization and Its Discontents*, New York: W. W. Norton.
Sutcliffe, Bob [2001], *100 Ways of Seeing an Unequal World*, London: Zed Books.
Thomas, Alan [2000a], "Meanings and Views of Development," in: Allen, Tim, and Alan Thomas eds., *Poverty and Development into the 21st Century*, Oxford: Oxford University Press.
—— [2000b], "Development as Practice in a Liberal Capitalist World," *Journal of International Development*, Vol.12, No.6, pp.773-787.
Todaro, Michael P. and Stephen C. Smith [2003], *Economic Development*, 8th Edition, Boston: Addison-Welsley（岡田靖夫監訳『トダロとスミスの開発経済学』国際協力出版会、2004年）.
United Nations (UN) [2004a], *World Population in 2300: Proceedings of the United Nations Expert Meeting on World Population in 2300,* New York: United Nations.
—— [2004b], *World Urbanization Prospects The 2003 Revision: Data Tables and Highlights*, New York: United Nations.

—— [2003], *World Population Prospects The 2002 Revision: Highlights*, New York: United Nations.

United Nations Children's Fund (UNICEF) [2003], *The State of The World's Children 2004: Girls, Education and Development*, New York: UNICEF.

United Nations Conference on Trade and Development (UNCTAD) [2003], *Trade and Development Report, 2003: Capital Accumulation, Growth and Structural Change*, Geneva: United Nations.

UN Millennium Project [2005], *Investing in Development: A Practical Plan to Achieve the Millennium Development Goals*, London and Sterling: Earthscan.

United Nations Development Programme (UNDP) [2004], *Human Development Report 2004*, New York: Oxford University Press (横田洋三・秋月弘子監修『人間開発報告書2004——この多様な世界で文化の自由を』国際協力出版会、2004年).

—— [2003], *Human Development Report 2003*, New York: Oxford University Press (横田洋三・秋月弘子監修『人間開発報告書2003——ミレニアム開発目標(MDGs)達成に向けて』国際協力出版会、2003年).

—— [2002], *Human Development Report 2002*, New York: Oxford University Press.

—— [2001], *Human Development Report 2001*, New York: Oxford University Press.

—— [1995], *Human Development Report 1995*, New York: Oxford University Press.

—— [1994], *Human Development Report 1994*, New York: Oxford University Press.

—— [1990], *Human Development Report 1990*, New York: Oxford University Press.

United Nations Educational, Scientific, and Cultural Organization (UNESCO) [2004], *EFA Global Monitoring Report 2005*, Paris: UNESCO.

—— [2003], *EFA Global Monitoring Report 2003/4*, Paris: UNESCO.

United Nations Fund Programme (UNFPA) [2004], *Investing in People: National Progress in Implementing the ICPD Programme of Action 1994-2004*, New York: UNFPA.

United Nations Human Settlements Programme (UN-Habitat) [2003], *Guide to Monitoring Target 11: Improving the Lives of 100 Million Sum Dwellers*, Nairobi: UN-Habitat.

United Nations Programme on HIV/AIDS (UNAIDS), and World Health Organization (WHO) [2004], *AIDS Epidemic Update December 2004*, Geneva: UNAIDS, WHO.

—— [2003], *AIDS Epidemic Update December 2003*, Geneva: UNAIDS, WHO.

Uphoff, Norman ed. [2002], *Agroecological Innovations: Increasing Food Production with Participatory Development*, London: Earthscan.

—— [1986], *Local Institutional Development: An Analytical Sourcebook with Cases*, West Hartford: Kumarian Press.

Van Rooy, Alison [1998], *Civil Society and the Aid Industry: The Politics and Promise*, London: Earthscan.

Wade, Robert [1990/2004], *Governing the Market: Economic Theory and the Role of Government in East Asian Industrialization*, with a revised introduction, Princeton: Princeton University Press（長尾伸一ほか訳『東アジア資本主義の政治経済学——輸出立国と市場誘動政策』同文舘出版、2000年).

—— [2000], "Governing the Market: A Decade Later," DESTIN Working Paper 3, London: London School of Economics.

Walsh, J. A., and K. S. Warren [1979], "Selective Primary Health Care: A Critical Review of Methods and Results," *Social Science and Medicine*, Vol.22, pp.1001-1013.

World Bank [2004a], *World Development Report 2005: A Better Investment Climate for Everyone*, Washington, D.C.: The World Bank.

—— [2004b], *Strategic Framework for Assistance to Africa: IDA and the Emerging Partnership Model*, Washington, D.C.: The World Bank.

—— [2003a], *World Development Report 2004: Making Services Work for Poor People*, Washington, D.C.: The World Bank（世界銀行東京事務所訳『世界開発報告2004——貧困層向けにサービスを機能させる』シュプリンガー・フェアラーク東京).

—— [2003b], *World Development Report 2003: Sustainable Development in a Dynamic World: Transforming Institutions, Growth, and Quality of Life*, Washington, D.C.: The World Bank.

—— [2001], *World Development Report 2002: Building Institutions for Markets*, Washington, D.C.: The World Bank.

—— [2000], *World Development Report 2000/2001: Attacking Poverty*, Washington, D.C.: The World Bank.

—— [1994], *Better Health in Africa: Experience and Lessons Learned*, Washington, D.C.: The World Bank.

—— [1993], *The East Asian Miracle: Economic Growth and Public Policy*, New York: Oxford University Press（白鳥正喜監訳『東アジアの奇跡——経済成長と政府の役割』東洋経済新報社、1994年).

World Commission on Environment and Development ed. [1987], *Our Common Future*, New York: Oxford University Press（大来佐武郎監修、環境庁国際環境問題研究会翻訳『地球の未来を守るために』福武書店).

World Commission on the Social Dimension of Globalization [2004], *A Fair Globalization: Creating Opportunities for All*, Geneva: International Labour Office.

World Health Organization（WHO）[2004], *The World Health Report 2004: Changing History*, Geneva: WHO.

—— [2001], *Macroeconomics and Health: Investing in Health for Economic Development*, Geneva: WHO.

World Resources Institute [2003], *World Resources 2002-2004,* Washington, D.C.: World Resources Institute.

Yanagihara, Toru, and Susumu Sambommatsu eds. [1997], *East Asian Development Experience: Economic System Approach and Its Applicability*, Tokyo: Institute of Developing Economies.

Zwi, Anthony B., and Anne Mills [1995], "Health Policy in Less Developed Countries: Past Trends and Future Directions," *Journal of International Development*, Vol.7, No.3, pp.299-328.

索　引

(n は脚注を表す)

ア　行

IMF →国際通貨基金
ILO →国際労働機関
IPCC →気候変動に関する政府間パネル
青写真　28,63
アカウンタビリティー　44n,96
アジェンダ21　165,181,182
アセアン国際保健研修所　111
アフリカ　8,85,127,140,187n,201,206,
243,270
アルマ・アタ宣言　109

EFA →万人のための教育
移行経済　84,108n,227,252
意識化　132
一次産品　6,74,75,85,243
遺伝子組み換え　66
インフォーマル・セクター　89,90,97,159

失われた10年　101,116

エイズ　105,196,205
HIPC →重債務貧困国
HDI →人間開発指数
疫学転換　206n
エコツーリズム　191
SWAP →セクター・ワイド・アプローチ
NGO・NPO　92,97,98,182,214,247,257,
258
エネルギー　179
エネルギー消費　171,173,176
エバンス，ピーター　82
FAO →国際連合食糧農業機関
MDGs →ミレニアム開発目標
縁故型資本主義　84
援助　44,45,61,64,114,115,152,203,221,
241
援助疲れ　245
エンパワーメント　34,37,38,63,68,93,102,
114,119,130,132,146,155,156,166,188,
203,204,205,270
エンパワーメント・アプローチ　165

OECD →経済協力開発機構
ODA　244
ODA 大綱　251,260
オストロム，エレノア　189
オックスファム　247
オリエンタリズム　14

カ　行

カーソン，レイチェル　178
介入主義　31,35,36,78n,94
開発　1
開発援助委員会（DAC）　44,244
開発教育　126n,254n
開発金融国連会議　249
開発コミュニケーション　133n
開発志向国家　4,35,82
開発主義　4
開発独裁体制　5,120
開発倫理学　219,269
開発（かいほつ）　38n,232
カイロ行動計画　204
学習過程　63
家族計画　201,204
ガバナンス　54,84,94,95,152n,168,186,

187,214,261,271
カビーヤ，ナイラ　166
環境　59,66,92,165,171,227,259
環境と開発に関する国連会議　165,181
観光　69,191,220
雁行形態　81n
間接投資　246
ガンディー，マハートマ　223
官僚制度　27

飢餓　224,259
企業統治　84
気候温暖化　179
気候変動に関する政府間パネル（IPCC）
173
技術　6,28n,68,85,86,231
技術移転　28,231
教育　27,125,155,164,204,220,260
教育開発　126n
共同体　52n,68,102
京都議定書　183
恐怖からの自由　260
居住権　214
近代化　108,172,230
近代化論　15,27,133,161,176,222,268
近代的性質　27

グラミン銀行　69
グラント・エレメント　244n
クリーン開発メカニズム　184
グレー，デニス　223
グローバル化　39,65,168,185,228,233,261

経済危機　83,94,95
経済協力開発機構（OECD）　114,244,253
経済成長　25,37,94,95,101,129,154,172,
176,206,209,227,268,270
経済統合　87
経済分野　54
ケイパビリティー　11
結核　105
欠乏からの自由　260
健康　92,103,220
言説　15n,221n

行為主体　17,20n,65,68,95,98,146,205n,
234,248,261
交易条件　85
公害　178
工業化　73,152
公共財　152n,190n
合計特殊出生率　199
高収量品種　57,60
公正　137,220,260
構造調整　62n,102,113,134
構造調整政策　61,163,203
公的行動　225
公平　35,110,180,182,222,228
後方連関効果　77
効率アプローチ　164
高齢化　207
国益　256
国際オルタナティブ・トレード連盟　92
国際人口開発会議　118,204
国際通貨基金（IMF）　35,61,113
国際貿易　74,85,220
国際連合食糧農業機関（FAO）　53
国際労働機関（ILO）　89
国連開発計画（UNDP）　13,167,168,243
国連環境計画（UNEP）　179
国連システム　244n
国連児童基金（UNICEF）　109,113
国連人口基金　202
国連世界女性会議　164
国連人間居住会議　213
5歳未満児死亡率　104,200
子どもの権利条約　129n
コモンズ　189

サ　行

債務　220,227,242
債務危機　62
参加　45,54,61,63,110,114,120,205
参加型開発　13,63,234,274
参加型評価　253n
産業　27
産業革命　16,28,73,172,177

GEM →ジェンダー・エンパワーメント測定
GAD　161n
GOBI　111
GDI →ジェンダー開発指数
ジェンダー　64,80n,92,118,125,128,137,152,153,181,182,203,204,226
ジェンダー・エンパワーメント測定（GEM）167,168
ジェンダー・バイアス　154
ジェンダー開発指数（GDI）　167,168
識字能力　126
市場　32,35,53,78,81,94,95,97,113,135,184,186,203
市場自由化　61
自助努力　252
持続可能　66,185
持続可能性　172
持続可能な開発　179
持続可能な開発に関する世界首脳会議　184
疾病予防　105
児童労働　11,90n,227
死亡率　199
資本主義　31,36,229
市民　38
市民社会　97
社会運動　17n,34,34,93,180
社会開発　13n,26,30n,101,180,209,268,270
社会開発サミット　102
社会関係資本　18n,69n
社会的排除　13
社会統合　129
弱者の武器　236
借款　244
自由　11,44,224,260
重債務貧困国（HIPC）　242,243n
従属理論　35n,86n
集団行為　33
周辺性　77
自由貿易地域　87
主体性　252
出生率　199
シュルツ，セオドア　133
小規模金融　61,69,91,168
条件（コンディショナリティー）　62
小農　59,65
情報　6,17,69,84,111n,133n,144n,226,249,255,274
植民地主義　74
食糧　179
食糧貧困　9
食糧不足　50
女性　64,69,89,92,98,118,134,164,182,203,214
所得貧困　9,49
人権　12,38,44,129,181
人権を基本に開発を考えるアプローチ　225
人口　52,54
人口置き換え水準の出生率　200
新興工業経済地域（NIEs）　79
人口増加　6,127,178
人口転換　199,209
人口爆発　6,196
人口ボーナス　209
人口問題　195
新国際経済秩序　4n
新自由主義　32,35,36,61,78n,94,229n
新植民地主義　243n
人的資本　129n,133

人道主義　224
新ポピュリズム　33,35,36,64n,98n
新マルサス主義　201
森林　181
森林資源　172

スコット，ジェームズ　59n,236
スラム　90,172,175,188,212

生計　17
生計アプローチ　20,36,45,64,67,68,95,98,217,234,261,269
政治生態論　56n,189n
製造業　73n
生態系（ecosystem）　171,172n,179,188
制度　18,19n,34,52,188,225,247
政府　31,35,76,81,94,95,97,186
生物多様性　59,173,181,182,185
セーフティネット　19n
世界教育フォーラム　136
世界銀行　35,36,37,42,61,81,113
世界食糧サミット　53
世界貿易機関（WTO）　86,207n
世界保健機関（WHO）　103,109
セクター　103,113,115
セクター・ワイド・アプローチ（SWAP）42,43,44,54,114,141
セックス　153
説明責任　96
ゼロサム関係　119
セン，アマルティア　10,130,167,224
潜在能力　11,52
潜在能力アプローチ　224

総合農村開発　60
贈与　244
組織　18

タ　行

第三世界　14
多国間援助　244
多国籍企業　80,88,91,246
ただ乗り　189
脱開発論　34,35,36,98n,228
WID →161n
WHO →世界保健機関
WTO →世界貿易機関
多様な関係者による協議　114

地球サミット　181,183
地球市民社会　233,234n
地球的規模の課題　151,171,186,195,228
地球の温暖化　173
知識　12n,27,68,85,112,190,190n,221n,231,235
知的財産権　187n
地方分権化　44,97n,119,135,142,168,190n
調査研究方法　16n
直接投資　246

DAC →開発援助委員会
適正技術　110

同時多発テロ　245
都市　27
都市化　210
特許　207,227
トヨティズム　28n
トリックル・ダウン仮説　28,227
トルーマン大統領　3

ナ　行

内発的発展　3n
ナショナリズム　133
南南貿易　87

南北問題　1
難民　12n,224

NISs →新興工業経済地域
二国間援助　244
ニセコ町　274
日常型の抵抗　236
日本の経験　271
2部門経済発展モデル　29
乳幼児死亡率　200
人間開発　13,102,180
人間開発指数（HDI）　13,167,168
人間の安全保障　259
人間の安全保障委員会　260
妊産婦　104,204

ヌスバウム，マーサ　167,226

農業　27,51,53,152
農業開発　51
農村　49
農村開発　51
ノンフォーマル　134,136

ハ　行

パートナーシップ　235,268
バイオテクノロジー　66
排出権取引　184,185n
バマコ・イニシアティブ　113
万人のための教育（EFA）　138,141
万人のための教育世界会議　135

PRSP →貧困削減戦略文書
PKO →平和維持活動
比較優位　86
東アジアの奇跡　81,271
一人っ子政策　203
平等アプローチ　163
貧困　6
貧困削減戦略文書（PRSP）　42,43

ファノン，フランツ　223
ファンクショニングス　11
フェアー・トレード　91,98,191
フェミニズム　226
フォーディズム　28n
付加価値　78
福祉アプローチ　162
復興支援　168,227,261
プライマリー・ヘルス・ケア　109
ブルントラント委員会　179
フレイレ，パウロ　131
文化　26,44,101,153,181,190,230
文化相対主義　231
紛争　164,168,261

平和維持活動（PKO）　263

貿易悲観論　85
貿易楽観論　85
ボーズラップ，エスター　163
ボーローグ，ノーマン　58
保健　152,164,260
保健システム　107
保健ワーカー　112
ポジティブサム関係　119
ボランティア　111,257

マ　行

マーケティングボード　62
マクロ経済と健康に関する委員会　116
マラリア　105,106,174,196
マルクス主義　33,35,36
マルサス，トーマス　201
マルサスの罠　201

水　173
緑の革命　57

ミレニアム開発目標（MDGs） 40,41,53,73,104,116,117,125,126,129,138,142,151,153,155,156,158,161,168,172,188,195,196,248,249,250,267
民営化 142,96,168
民主主義 32n,94,95,95,229

無償 244

モザー，キャロライン 166
モノカルチャー 74
モンテレイ合意 249

ヤ 行

UNEP →国連環境計画
UNDP →国連開発計画
有償 244
UPE 135,138
輸出加工区 80,152
輸出志向工業化 78
輸出代替工業化 78
UNICEF →国連児童基金
輸入代替工業化 76

幼稚産業 76

ラ 行

ラニス＝フェイ・モデル 29

リスク 19,36,37,45,64,69
リプロダクティブ・ヘルス 117,119
リプロダクティブ・ヘルスとライツ 165,168,204
良好な状態 103
離陸 29,133

ルイス，アーサー 29

レブレ，ルイスージョセフ 223

ローカル・アジェンダ21 182
ローマクラブ 178,202
ロストウ，ウォルト 29

著者紹介 ———

斎藤文彦（さいとう・ふみひこ）
1961年生まれ
1984年　同志社大学卒業
1986年　アメリカ　アマースト・カレッジ卒業
1988年　アメリカ　イェール大学大学院国際関係論修士課程修了
1988～93年　国際連合開発計画（UNDP）プログラム・オフィサー
1993～96年　（財）国際開発センター　調査部　研究員
1996年　龍谷大学国際文化学部　専任講師
2000年　同助教授
2002年　経済学博士（龍谷大学）
2006年 4 月～現在　同教授
主要著書
『現場から考える国際援助――国際公務員の開発レポート』日本評論社、1995年
『入門社会開発――住民が主役の途上国援助』（共著）国際開発ジャーナル社、1995年
『アフリカ――第三の変容』（共著）昭和堂、1998年
『参加型開発――貧しい人々が主役となる開発へ向けて』（編著）日本評論社、2002年
Decentralization and Development Partnerships: Lessons from Uganda, Springer-Verlag, Tokyo 2003年、2004年度日本国際開発学会賞受賞
ホームページ
http://www.world.ryukoku.ac.jp/~fumis96/

国際開発論《こくさいかいはつろん》

2005年 4 月30日／第 1 版第 1 刷発行
2015年10月30日／第 1 版第 7 刷発行

著　者／斎藤文彦
発行者／串崎　浩
発行所／株式会社日本評論社
〒170-8474 東京都豊島区南大塚 3 -12- 4　電話03(3987)8621(営業) 振替00100-3-16
http://www.nippyo.co.jp/　03(3987)8595(編集)

印　刷／精文堂印刷株式会社
製　本／井上製本所
装　幀／神田程史
Printed in Japan
ISBN 4-535-55319-X

ミレニアム開発目標：地域の概要

貧　困

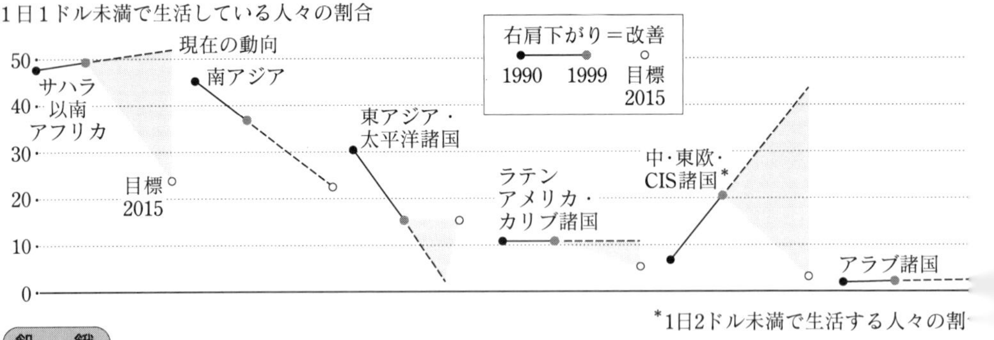

飢　餓

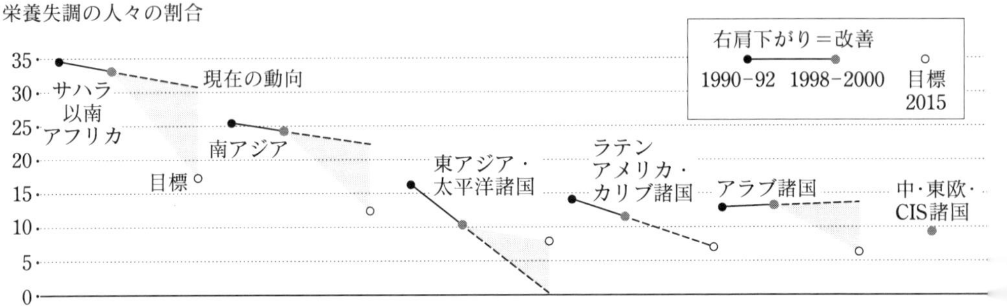

初等教育

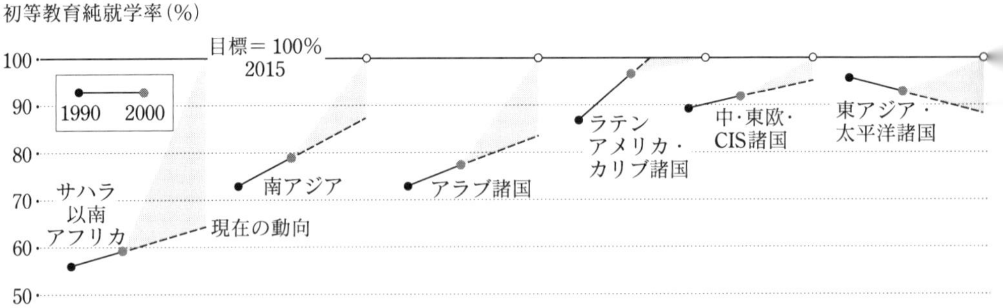

ジェンダー平等

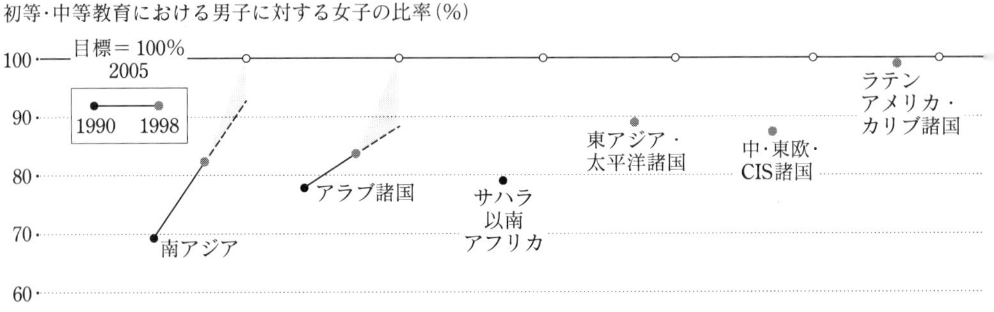